## 文库编委会

**主　编：** 李建平
**副主编：** 廖福霖　苏振芳　何贻纶　李建建
**编　委：** （按姓氏笔划排列）
　　　　　　王岗峰　刘义圣　何贻纶　李建平
　　　　　　苏振芳　陈少辉　陈永森　陈桂蓉
　　　　　　吴有根　张华荣　杨立英　林　卿
　　　　　　林子华　林旭霞　林修果　郑又贤
　　　　　　郑传芳　赵麟彬　郭铁民　黄晓辉
　　　　　　俞歌春　蔡秀玲　廖福霖　潘玉腾

# 福建师范大学省重点学科建设项目

中国社会主义市场经济研究专辑
专辑主编 李建建

朱婷 / 著

# 住房公积金问题研究

A Research on the Housing Provident Fund

社会科学文献出版社
SOCIAL SCIENCES ACADEMIC PRESS (CHINA)

# 马克思主义理论与现实研究文库
## 总序

神州大地风雷激荡，海峡西岸春潮澎湃。福建师范大学省重点高校建设项目《马克思主义理论与现实研究文库》与大家见面了。

本文库以坚持、发展和弘扬马克思主义为宗旨。这既是神圣的使命，又是历史的责任。马克思主义问世已经一个半世纪了，尽管她遭遇到各种各样的围攻、谩骂、禁锢、歪曲……但仍顽强地成长、广泛地传播、蓬勃地发展；尽管也有成百上千种理论、学说来与之较量，企图取而代之，但都无法得逞。"苏东剧变"虽然使世界社会主义遭受严重挫折，但无损马克思主义真理的光辉。马克思主义者在认真总结"苏东剧变"的教训后，将使马克思主义理论变得更纯洁、更成熟，朝着更健康的方向发展。

当20世纪即将结束的时候，英国广播公司在全球范围内举行过一次"千年风云人物"网上评选。结果，马克思被评为千年思想家，得票高居榜首。中国共产党人80多年来，坚持以马克思主义为指导，取得了革命和建设一个又一个的胜利，开创了中国特色社会主义道路，把一个贫困落后的中国，变成一个初步繁荣昌盛、欣欣向荣的中国。在进入21世纪后，中国共产党人再次庄严宣告，马克思主义是我们立党立国的根本指导思想，是全党全国人民团结奋斗的共同思想基础，并且以极大的决心和气魄，在全国实施马克思主义理论研究和建设的宏大工程，在马克思主义发展史上留下光辉的篇章。

马克思主义之所以具有如此强大的生命力和竞争力，在于她具有以下五个突出的品格。

一是科学性。一种理论、观点能称为科学，它必须满足两个条件：一是合理地解释历史的发展，特别是其中的一些难题、怪象；二是有效地预见未来，并为尔后的实践所证实。列宁在评价马克思一生中的两大发现之一唯物史观时这样写道："马克思的历史唯物主义是科学思想中的最大成果。过去在历史观和政治观方面占支配地位的那种混乱和随意性，被一种极其完整严密的科学理论所代替。这种科学理论说明，由于生产力的发展，从一种社会生活结构中发展出另一种更高级的结构，如何从农奴制度中生长出资本主义。"[①] 中国改革开放20多年的实践已向世人有力地证明中国所选择的建设中国特色社会主义道路及其指导思想马克思主义是完全正确的，而西方一些别有用心的人士所鼓吹的"中国崩溃论"等论调则是完全错误的。

马克思主义是科学，这就要求我们以科学的态度对待马克思主义。针对林彪、"四人帮"肆意割裂、歪曲毛泽东思想，邓小平提出要完整、准确地理解毛泽东思想，这是十分正确的。同样，我们对马克思主义的主要创始人马克思的学说也要完整、准确地理解。在这方面，由于种种原因，我们还做得不够理想。例如，对马克思主义哲学，我们主要通过恩格斯、列宁，甚至斯大林的著作来了解，而对马克思在《资本论》中所应用的十分丰富的辩证法思想，则研究得不多。《资本论》虽然主要是研究资本主义的这一特殊的市场经济，但同任何特殊事物中都包含着一般一样，透过资本主义市场经济这一"特殊"，马克思也揭示了市场经济的"一般"，这个"一般"对社会主义市场经济也是同样适用的。因此，我认为要从现时代的观点重新解读《资本论》，发掘那些有益于建设社会主义市场经济的东西。学术界有人提出要"回到马克思"、"走近马克思"、"与马克思同行"，但最重要的是要完整、准确地理解马克思。恩格斯在《资本论》第二卷序言中写道："只要列举一下马克思为第二卷留下的亲笔材料，就可以证明，马克思在公布他的经济学方面的伟大发现以前，是以多么无比认真的态度，

---

[①] 《列宁选集》第2卷，人民出版社，1995，第311页。

以多么严格的自我批评精神,力求使这些发现达到最完善的程度。"① 因此,我们对待马克思的著作,对待马克思的一系列"伟大发现",也要采取"无比认真的态度"和"严格的自我批评精神"。只有以科学的精神和科学的态度才能产生科学的结论。

二是人民性。列宁指出:"马克思学说中的主要的一点,就是阐明了无产阶级作为社会主义社会创造者的世界历史作用。"② 马克思主义从来没有隐讳,她是为无产阶级服务的,是无产阶级认识世界和改造世界的思想武器。但是,无产阶级又是人民群众的一部分——当然是核心部分。无产阶级的利益和广大人民群众的利益是相一致的,而且,无产阶级只有解放全人类,才能最后解放自己。可以说,马克思主义不仅是反映无产阶级利益的学说,同时也是反映最广大人民群众利益的学说。阶级性和人民性本质上是相一致的,只不过在不同的时期强调的侧重点有所不同罢了。在革命战争年代,强调马克思主义的阶级性,是完全必要的,也是十分正确的;在社会主义建设时期,随着社会主要矛盾的转换,在坚持马克思主义阶级性的同时,应该强调她的人民性,强调马克思主义反映最广大人民群众的根本利益要求。"三个代表"重要思想以及科学发展观、"执政为民"、"以人为本"、构建和谐社会、开展荣辱观教育等理论,一经问世就广为流行,受到了人民群众的热烈拥护,就是因为它们具有鲜明的人民性。过去很长一段时间中,由于受"左"的思潮的影响,我们把人权看成是资产阶级的观点,采取回避、批判的态度,结果在国际政治斗争中经常处于被动境地。这一情况在20世纪90年代发生了根本变化。1991年11月1日中国正式公布了《中国的人权状况》(又称《中国人权白皮书》),高度评价人权是一个"伟大的名词"、"崇高的目标",是"长期以来人类追求的理想"。以此为开端,中国掀起了研究人权、关心人权、维护人权的热潮,人权理论成了马克思主义理论体系的一个重要组成部分。从人权理论在我国所发生的变化,说明人民性的确应该成为马克思主义的一个重要特征。

三是实践性。"强调理论对于实践的依赖关系,理论的基础是实践,

---

① 《马克思恩格斯全集》第24卷,人民出版社,1972,第4页。
② 《列宁选集》第2卷,人民出版社,1995,第305页。

又转过来为实践服务。判定认识或理论之是否真理，不是依主观上觉得如何而定，而是依客观上社会实践的结果而定。真理的标准只能是社会的实践。"① 毛泽东同志在将近70年前讲的这段话，至今仍十分正确。马克思主义是放之四海而皆准的普遍真理，因为她揭示了人类社会发展的客观规律，为人类进步、社会发展，为全人类的最后解放指明了正确方向；但在实际运用马克思主义的理论时，又要同各国的具体实践相结合，不能生搬硬套，不能搞教条主义。实践在发展，马克思主义本身也要随着实践的发展而发展。马克思主义虽然诞生于19世纪，但她没有停留在19世纪。作为一个开放的理论体系，150多年来，她始终与时代同行，与实践同步。党的十六大把"与时俱进"作为中国共产党新时期思想路线的重要内容，把能否始终做到实践基础上的理论创新当做我们必须长期坚持的治党治国之道，正是对马克思主义实践性的高度重视和深刻体现。

社会实践是检验科学与非科学、真理与谬误的巨大试金石。当苏联解体、东欧剧变时，西方一些人兴高采烈，并且迫不及待地兜售所谓的"华盛顿共识"，把它当成是解决各国社会经济危机、走向繁荣富强的灵丹妙药。但实践表明，推行"华盛顿共识"的国家非但没有摆脱危机，反而陷入了更深重的灾难，"华盛顿共识"不得不宣告失败。与之形成鲜明对照的是，中国坚持和发展马克思主义，走中国特色社会主义道路，取得了令世人瞩目的伟大成绩。中国的成功实践已在国际上逐步形成了"北京共识"，这既是中国20多年来改革开放实践的胜利，也是中国化的马克思主义的胜利。

四是战斗性。马克思在《资本论》第一卷的序言中写道："在政治经济学领域内，自由的科学研究遇到的敌人，不只是它在一切其他领域内遇到的敌人。政治经济学所研究的材料的特殊性，把人们心中最激烈、最卑鄙、最恶劣的感情，把代表私人利益的复仇女神召唤到战场上来反对自由的科学研究。"② 由于马克思主义公然申明是为无产阶级和广大人民群众谋利益的，所以从她一问世，就受到了敌人的百般攻击，在其生命的途程中

---

① 《毛泽东选集》第1卷，人民出版社，1991，第284页。
② 《马克思恩格斯全集》第23卷，人民出版社，1972，第12页。

每走一步都得经过战斗。马克思一生中的主要著作大多是和资产阶级思想家进行论战的记录，就连《资本论》的副标题也是资产阶级"政治经济学批判"。"正因为这样，所以马克思是当代最遭嫉恨和最受诬蔑的人。"① 可是，当马克思逝世的时候，在整个欧洲和美洲，从西伯利亚矿井到加利福尼亚，千百万战友无不对他表示尊敬、爱戴和悼念。恩格斯十分公正地说："他可能有过许多敌人，但未必有一个私敌。"②

在我国，马克思主义已经处于意识形态的指导地位，在马克思主义的指引下，全党全国人民正在为实现第三步战略目标、推进现代化建设而努力。但是，也要清醒地看到，在新的历史条件下，巩固马克思主义在意识形态领域的指导地位面临的形势是严峻的。从国际看，西方敌对势力把中国作为意识形态的主要对手，对我国实施西化、分化的图谋不会改变。从国内看，随着社会主义市场经济的发展和对外开放的扩大，社会经济成分、组织形式、就业方式、利益关系和分配方式日益多样化，人们思想活动的独立性、选择性、多变性和差异性进一步增强。在这种情况下，出现非马克思主义甚至反马克思主义的思想倾向，也就不可避免了。面对这种挑战，我们不能回避，不能沉默，不能妥协，更不能随声附和、同流合污。苏联、东欧的前车之鉴，我们记忆犹新。我们应该表明态度，应该奋起反击，进行有理有据有说服力的批判，以捍卫马克思主义的科学尊严。例如，有人肆意贬低、歪曲、否定马克思的劳动价值论，企图动摇马克思主义政治经济学大厦的基石，难道我们能听之任之吗？有人千方百计地要把"华盛顿共识"推销到中国来，妄图使中国重蹈拉美、俄罗斯、东欧和东南亚一些国家的覆辙，我们能袖手旁观吗？当然不能！这不仅是党性立场所致，也是科学良知使然！在这一点上，我们应该向德国工人运动的老战士、杰出的马克思主义理论家弗朗茨·梅林学习，他在一个世纪前写的批判各种反马克思主义思潮的论文（已收入《保卫马克思主义》一书中，苏联1927年版，中文版为人民出版社1982年版），今天读来仍然感到新鲜和亲切。

---

① 《马克思恩格斯选集》第3卷，人民出版社，1995，第777页。
② 《马克思恩格斯选集》第3卷，人民出版社，1995，第778页。

五是国际性。1848年,当马克思、恩格斯出版《共产党宣言》,发出"全世界无产者,联合起来"的号召时,就注定了马克思主义是一种超越地域、肤色、文化局限的国际性的思想理论体系。当今,方兴未艾的经济全球化浪潮正深刻地影响着世界各国的经济社会进程,尽管这种影响有其积极的一面,但也会给许多发展中国家造成消极的甚至是严重的后果。这已为许多事实所证明。如何在经济全球化进程中趋利避害,扬善去恶,除了以马克思主义作指导外,别无其他更好的主义。因此,马克思主义的国际化,现在比以往任何时候都显得重要和迫切。西方垄断资本出于维护其根本利益的考虑,竭力反对马克思主义的国际化,也就不足为奇了。

中国共产党人把马克思主义普遍真理与中国具体实践相结合,产生了中国化的马克思主义,指引中国的革命与建设不断取得新的胜利。随着中国改革开放的不断深入、综合国力不断强大、人民生活不断改善、国际地位不断提高,世界各国对中国的兴趣日益浓厚。因此,"北京共识"、"中国模式"逐渐成为国际论坛的重要议题。看来,中国化的马克思主义正在走向世界,这不仅是马克思主义在中国85年发展的必然,也是当今世界经济社会形势发展的必然。作为中国的马克思主义者,应该感到自豪,因为对马克思主义的发展作出了自己的贡献;应该要有广阔的国际视野,不仅要关注世界的风云变幻,也要了解和研究国外马克思主义研究的动态。要积极推进国际的学术交流与合作,让中国化的马克思主义为世界各国朋友所了解,并与他们一道,共同推进马克思主义的发展。

以上所述马克思主义的五大品格,也是本文库所遵循的指导思想。福建师范大学历来重视马克思主义理论的教学与研究,20多年来在本科生、研究生中坚持开设《资本论》和其他马克思主义原著课程,出版、发表了许多用马克思主义立场、观点和方法分析问题、解决问题的论著。学校把马克思主义理论研究和学科建设紧密结合起来,迄今已获得理论经济学、历史学、中国语言文学等一级学科博士点、博士后科研流动站和马克思主义原理、马克思主义中国化、思想政治教育等二级学科博士点,培养了一大批有志于马克思主义理论教学和研究的学术骨干。2006年初,学校整合相关院系师资,成立了马克思主义研究院。本文库是学校学习、研究、宣传马克思主义理论的重要阵地,也是开展对外学术交流的重要平台。

本文库初步安排10辑。大体是：马克思主义哲学研究；《资本论》与马克思主义经济理论研究；中国社会主义市场经济研究；马克思主义中国化研究；思想政治教育研究；马克思主义发展史研究；社会主义经济发展史研究；国外马克思主义研究；西方经济学与当代资本主义研究；建设海峡西岸经济区研究等。每辑出若干本著作，计划用10年左右的时间，出版100本著作。本文库的出版得到福建省重点高校建设项目的特别资助和社会科学文献出版社的大力支持，在此表示衷心感谢！

胡锦涛同志十分重视实施马克思主义理论研究和建设工程，勉励参与这一工程的学者要进一步增强责任感和使命感，满腔热忱地投身这一工程，始终坚持解放思想、实事求是、与时俱进，大力弘扬理论联系实际的马克思主义学风，深入研究马克思主义基本原理，深入研究邓小平理论和"三个代表"重要思想，深入研究重大的理论和实际问题，为马克思主义在中国的发展，为全面建设小康社会、开创中国特色社会主义新局面作出新的更大的贡献。这段语重心长的话，也是本文库所追求的终极目标。

是为序。

李建平

2006年3月31日

# 绪 论

住房公积金是指国家机关、国有企业、城镇集体企业、外商投资企业、城镇私营企业及其他城镇企业、事业单位、民办非企业单位、社会团体（以下简称单位）及其在职职工缴存的长期住房储金。住房公积金制度是我国建立的一项专门针对城镇职工基本住房问题的社会保障制度，它旨在通过国家强制缴费的方式，为城镇居民建立住房公共积累基金，帮助城镇居民解决建造和购买住房所需的资金积累与融通问题，帮助城镇居民实现基本居住权。

随着我国改革开放的发展，我国的社会主义市场经济逐步取代了原有的计划经济，我国的城镇住房制度也不例外。20世纪80年代，我国开始逐步对新中国成立以来建立起来的高度集中的城镇住房统建统配制度进行改革，城镇住房由原来的国家和单位统一建造、统一免费提供逐步转变为由市场以商品货币形式供给。如何帮助城镇居民适应这一住房获取形式的转变呢？

20世纪90年代，我国城镇住房改革全面铺开，与改革相配套的措施也陆续推出。在借鉴境外经验和自我摸索的基础上，我国实行了从供需两个方面双管齐下帮助城镇居民适应住房改革的措施，即在供应方面，大力发展经济适用住房和廉租住房，并以政策指导价出售或出租给中低收入者；在需求方面，建立住房公积金制度，帮助城镇职工积累住房储金和获取住房融资，从而帮助职工实现购房，实现居住权。

1991年，我国开始实行住房公积金制度试点。1998年，住房公积金制度在我国全面建立起来。可以说，住房公积金制度与经济适用住房和廉租住房制度等一起构成了当前我国社会主义市场经济条件下的有中国特色的住房保障制度，它们有着相同的目标——帮助城镇职工实现基本住房需求。经过约20年的发展，我国住房公积金制度迅速发展和完善，但是，在该制度内部和外部还存在一些不利于住房公积金制度健康发展、不利于其住房保障目标顺利实现的因素。

对住房公积金制度发展中所存在的主要问题进行探讨既具有一定的理论意义，也具有一定的实践意义。一方面，我国住房公积金制度是在社会主义市场经济条件下建立和发展起来的，它需要适应我国特有的国情，因此，尽管境外有丰富的住房资金积累与融资的理论及相关实践经验，但它们并不完全适合我国国情。另一方面，尽管国内学者对住房公积金问题有不少的研究，但这些研究往往就事论事较多，系统性研究和理论创新较少。因此，我国住房公积金理论还有待发展和丰富。本书通过对住房公积金问题的系统探讨，可能发展和丰富我国住房公积金相关理论，如本书通过探讨住房公积金的来源，将可能丰富劳动力商品价值与工资决定理论；通过探讨住房公积金的基本功能、衍生功能和宏观调控功能，将可能丰富社会保障和宏观调控理论；通过对住房公积金问题的研究，也可能丰富对新形势下和谐社会建设特点和规律的认识与把握。

中共十六大报告第一次将"社会更加和谐"作为重要目标提出，中共十六届四中全会第一次把"和谐社会建设"与经济建设、政治建设、文化建设等其他三大建设并列。构建社会主义和谐社会必须注重社会公平，必须兼顾不同利益群体的诉求。同时，构建社会主义和谐社会必须正确处理各类社会矛盾，必须妥善协调各方面的利益关系。科学地研究和合理地解决住房公积金制度中所存在的问题无疑是构建社会主义和谐社会的重要一环。当前，我国城镇基本住房问题还比较严峻，住房公积金制度的内部建设和外部发展环境还存在诸多不完善的地方，它们影响了住房公积金效率的发挥及其住房保障目标的实现，影响了职工公平享受公积金互助福利，不利于社会和谐。加强对我国住房公积金问题的研究，为完善我国住房公积金制度提供对策建议，将可能为推进我国社会主义和谐社会建设作出一定贡献。

本书以马克思主义经济学理论和其他相关的西方经济学理论为指导，系统分析了我国住房公积金制度中所存在的问题。然后，为了促进我国住房公积金制度乃至整个社会保障制度的高效健康发展，在借鉴新加坡、德国、美国和中国香港等国家和地区的住房资金积累和住房融资模式经验的基础上，依据我国国情，本书提出了完善和发展我国住房公积金制度的建议与对策。

总括而言，本书主要探讨了如下几个方面的问题：

第一，分析了我国住房公积金的性质与目标，探讨了我国住房公积金制度在规定产权时所存在的问题。本研究发现，我国住房公积金的性质不明确，目标不确定，产权残缺。为了住房公积金的合理使用，为了维护住房公积金成员的利益，为了住房公积金制度的健康发展，我们应明确规定住房公积金的自助和互助双重性质，明确与维护住房公积金及其收益的个人所有权，并建立"居者有其屋"住房发展总目标和"住有所居"住房发展阶段性目标。

第二，分析了我国住房公积金功能发展存在的问题。本研究认为，我国住房公积金基本功能和衍生功能发展不协调，宏观调控功能发展不理想，不利于公积金住房保障目标的实现。为了优化住房公积金的功能，从制度外部来说，我国住房公积金应该与养老保险基金进行统筹管理，利用二者的互补性提高基金效率，即在二者总缴费率不变的前提下，降低养老保险缴费比重，增加住房公积金缴费比重，从而加速公积金住房保障目标的实现。同时，我们也应该允许个人以住房公积金账户余额填补自己的养老保险账户，允许以房产抵补自己养老保险账户资金，从而实现住房保障和养老保障的统筹优化。从制度内部来说，应要求职工对住房公积金进行有限提取和按个人缴存贡献贷款，应改住房公积金直接贷款支持保障性住房建设为住房公积金购买保障性住房建设债券的方式，使有限的住房公积金能较充分合理地发挥作用。同时，为了使住房公积金功能创新不致影响其基本的住房保障功能，我们应取消住房公积金收益的利息补贴功能、低保提取功能和大病大灾提取功能，改行住房公积金高等教育贷款功能。为了更好地发挥住房公积金的宏观调控功能，我们还应统一全国的住房公积金缴费率。

第三，研究了我国住房公积金贷款过程中所存在的贷款风险管理、贷款标准设置等问题。本研究认为，我国住房公积金贷款管理的风险意识和人本意识不强，贷款标准设置不够科学且变化随意，贷款资金来源有限。为了能提前防范和及时化解我国住房公积金贷款在未来可能会面临的诸多还贷风险，我们需要严格贷款条件，适量发行住房公积金抵押贷款债券，建立住房公积金还贷处理平台，并实行固定利差的阶段性利率调整政策。为了让住房公积金贷款标准走向稳定合理，让住房公积金贷款公平发放，我们应根据权责对等、普遍贷款和住房公积金充分利用三大原则建立住房公积金贷款模型进行放贷。

第四，研究了我国住房公积金贷款过程中所存在的贷款资金来源以及基金运用率等问题。本研究认为，我国住房公积金的来源有限，住房公积金运用率不高。为了拓展住房公积金的资金来源，使住房公积金贷款资金更为充裕，从而更好地实现公积金的住房保障目标，我们可采取的措施有由地方政府提供财政资金或发行专项免税债券、建立住房公积金住房抵押贷款二级市场、统筹养老保险与住房公积金缴费比例和改变住房公积金退休提取等。为了提高住房公积金的运用率，我们可通过发展二手房贷款和异地贷款、实行更为灵活优惠的利率政策和提升住房公积金贷款服务质量等方式，拓展住房公积金贷款业务。同时，我们还可通过发行地方保障性住房债券和完善短期国债品种与回购机制等，以利于住房公积金沉淀资金的投资。

第五，探讨了我国住房公积金管理体系存在的问题。本研究认为，我国住房公积金的内部决策执行体系和外部监管体系都不太完善。为了使住房公积金内部决策执行体系更完善，我们应适当压缩住房公积金管理委员会的规模，并适当增加专业人士代表，让住房公积金决策更民主更科学。我们可增设住房公积金管理委员会常务机构和内部审计机构，以增强管理委员会的日常监管职能。我们还应建立对住房公积金管理中心的管理评价机制，应明确代理银行代理业务时应负的责任，从而提高管理中心与代理银行的工作效率，促进住房公积金的安全。为了使住房公积金外部监管体系更高效，我们应加强中央级政府相关部门对住房公积金的立法与调控，应明确省级政府相关部门的监管与协调责任，还应加强（设区）市级政府相关部门的政策制订和管理责任，提高住房公积金政策制订时效和监管效率。

第六，分析了住房供应、财政体制、人事制度、金融环境以及社会环境等外部因素对我国住房公积金制度发展产生的影响。本研究认为，在住房供应方面，我国当前的住房供应与潜在需求较严重失衡，住房价格上涨过快，不利于民众购房和运用住房公积金。在财政体制方面，地方财力不足影响经济适用房建设，房地产税制不合理推动了房价上涨，都不利于民众购房和运用住房公积金。在人事制度方面，我国人事制度中还存在地方官员政绩评价机制不合理和任用机制不透明等问题，影响了保障性住房市场的发展和住房公积金的运用，也影响到住房公积金的安全。在金融环境方面，我国金融从业还不十分规范，金融管理还不够严格，债券市场也不十分完善，不利于住房公积金的健康和顺利运营。在社会环境方面，我国社会经营环境不佳，法制和执法环境不完善，社会保障体系不健全，非正式制度不完善，不利于住房公积金的专款专用与安全。因此，为了让更多老百姓买得起房和有机会运用住房公积金，为了让住房公积金有一个专一于住房基金积累和安全运营的外部环境，我们除应该回到1998年作出的以经济适用住房建设为主的正确决策上来之外，还必须加速财权与事权在各级政权间更合理地分配，必须进一步完善以民生指标为主的政绩评价体系，必须成立中央保障性住房建设专项基金并进行科学的转移支付，必须改善房地产税制，加快各地保障性住房的建设。同时，我们还应实行贫困者综合救助制度，加强社会价值观和社会舆论等非正式制度建设。

# 目　　录

**第一章　住房公积金研究的理论基础** ………………………………… 1
　第一节　马克思恩格斯的相关理论 ……………………………………… 1
　第二节　中国特色社会主义理论的相关思想 …………………………… 5
　第三节　西方经济学的相关理论 ………………………………………… 8

**第二章　我国住房公积金制度概述** …………………………………… 14
　第一节　我国住房公积金制度的建立和发展 …………………………… 14
　第二节　我国住房公积金的管理体系 …………………………………… 20

**第三章　我国住房公积金制度存在的问题** …………………………… 25
　第一节　我国住房公积金性质、目标不明确及产权残缺 ……………… 25
　第二节　我国住房公积金功能发展不协调 ……………………………… 34
　第三节　我国住房公积金贷款管理存在问题 …………………………… 42
　第四节　我国住房公积金管理体系不完善 ……………………………… 52
　第五节　住房公积金制度中的问题对效率的影响 ……………………… 61

**第四章　我国住房公积金性质、产权及目标的完善** ………………… 70
　第一节　我国住房公积金性质的明确与产权的完善 …………………… 70
　第二节　我国公积金住房保障目标的明确 ……………………………… 78

**第五章　我国住房公积金功能的优化** ………………………………… 86
　第一节　我国住房公积金功能的外部统筹优化 ………………………… 86
　第二节　我国住房公积金功能的内部自我优化 ………………………… 94

## 第六章　我国住房公积金运营管理的加强……102
- 第一节　我国住房公积金贷款风险管理的加强……102
- 第二节　我国住房公积金贷款标准的完善……110
- 第三节　我国住房公积金运用率的提高……120
- 第四节　我国住房公积金贷款资金来源的适度拓展……127

## 第七章　我国住房公积金管理体系的完善……135
- 第一节　我国住房公积金内部决策执行体系的完善……135
- 第二节　我国住房公积金外部监管体系的完善……143

## 第八章　改善影响我国住房公积金制度的外部环境……149
- 第一节　影响我国住房公积金制度的外部环境……149
- 第二节　住房供应环境的改善……160
- 第三节　财税与人事环境的改善……170
- 第四节　金融与社会环境的改善……176

**结　论**……183

**参考文献**……186

**附录1　住房公积金管理条例**……195

**附录2　国务院关于进一步深化城镇住房制度改革加快住房建设的通知**……203

**后　记**……208

# 第一章
# 住房公积金研究的理论基础

理论是对客观规律的认识、把握和提炼，是进行科学研究的依据和基础。对住房公积金问题的研究迫切需要寻求合适的理论支持。我们认为，马克思恩格斯等人的一些相关理论能为人们认识住房公积金的性质以及研究其他住房公积金问题提供理论指导，同时，在建设中国特色社会主义的过程中所形成的一些理论也能为我们的研究提供思想支撑。不仅如此，我们认为，西方经济学中的某些概念与理论也可能为研究住房公积金问题提供方法论的支持，此处择其大者作简要说明。

## 第一节 马克思恩格斯的相关理论

马克思恩格斯等经典作家的许多理论都可能为我们的研究提供指导，但具体到对住房公积金问题的研究，马克思恩格斯的劳动力商品价值与工资理论以及有关社会总产品分配与社会保障基金的理论具有特别重要的意义。

### 一 劳动力商品价值与工资理论

马克思认为，在雇佣关系下，劳动力是商品，具有使用价值和价值。与其他商品使用价值的最大不同是，劳动力商品是价值的源泉，劳动者通过劳动创造商品价值，而工资是劳动力商品的价值或价格。劳动力蓄含在人体内，所以劳动力商品的生产就是人自身的生产，生产它的费用应该是维持劳动者的劳动能力和养育后代所必需的各种生活资料的费用。具体来说，生产劳动力商品应包括以下三个部分费用：一、维持劳动者自我生存所需的生活资料的费用；二、劳动者养育后代所需的生活资料的费用；三、劳动者接受教育和训练所需的费用等。住房既是劳动者自己生存所必不可少的生活资料，也是其繁育后代所必需的生活资料，因此，根据马克思劳动力商品价值理论，住房费用应该是劳动力商品价值的必要组成部分。住房公积金是我国强制职工积累的住房储金，是帮助城镇居民实现基本住房需要的基金。根据马克思劳动力商品价值理论，住房公积金应是职工工资的住房费用部分的积累，是劳动力商品价值即工资的必要组成部分。由此可见，马克思劳动力商品价值理论为我们认识职工的工资构成提供了理论指导，也能帮助我们明确住房公积金的性质。

马克思认为，工人劳动既创造出了相当于他劳动力商品的价值，还创造出了超出劳动力商品价值的价值，资本家是劳动力商品的购买者，因此，雇佣工人所创造的超过劳动力商品价值的价值全部归资本家所有。虽然劳动力商品价值由维持劳动者的劳动能力和繁育后代所必需的各种生活资料的费用决定，但是，马克思认为，劳动力不是普通商品，劳动力商品的价值即工资，作为社会收入分配关系，虽然最终是由生产资料所有制关系所决定，但它还包含着历史的和道德的因素。也就是说，劳动者维持劳动能力和繁育后代所必需的各种生活资料的多少和类别不像普通商品的价值那样，只由生产技术决定，而会受一定社会的历史和道德因素的影响，随社会历史的发展变化而不断发展变化。

随着社会思想道德文化水平的提高和有关劳动与工资立法的日益健全，工人不再仅仅是劳动力，而是社会公民。生活资料作为工人生存"必不可少的需要"，其范围在逐渐扩大，它不仅要完全满足工人作为劳动力生存的需要，而且还需要满足工人作为社会公民的需要，如社会交往需要、履行社会职能需要、精神文化需要、自我发展需要和安全保障需要等。正如马克思所说："所谓必不可少的需要的范围，和满足这些需要的方式一样，本身是历史的产物，因此多半取决于一个国家的文化水平"[1]。

马克思虽然是对资本主义下的工资状况进行理论阐述和分析，但他对工人工资的看法对我们社会主义国家仍然具有指导意义。由于历史和道德因素的影响，我国职工工资以及住房公积金的发展具有了一些新的情况。尽管如此，我们依然可能根据马克思的工资理论对此拥有清晰的看法。

---

[1] 《马克思恩格斯全集》第23卷，人民出版社，1995，第194页。

首先，我国职工工资包含着历史的因素，住房公积金的建立与发展具有历史性。在改革开放前，在高度集中的政治经济体制下，我国职工工资的住房费用部分以实物福利形式存在。随着改革开放和社会主义市场经济的建立，我们需要采用市场方式解决住房问题，即需要把住房实物福利还原为货币工资，再以商品货币方式实现住房消费。因此，我国职工工资的住房消费部分，就是在历史因素的作用下，由原来计划经济时代的住房实物分配形式，转变为现在的职工及其单位为职工个人缴纳的住房公共积累基金形式。

其次，我国职工工资包含着社会主义道德的因素，住房公积金的发展与道德相关。我国是社会主义国家，为了帮助城镇居民实现住房商品化，国家通过公共服务方式为职工建立住房公积金，并随着经济的发展逐步提高住房公积金缴纳比例，还免征了单位和职工所缴住房公积金应征的所得税，使职工工资水平不断提高，住房公积金日益壮大，解决住房问题的能力不断增强。

最后，马克思的工资理论为我们关注和宏观控制住房公积金缴纳及职工工资水平提供了理论指导。根据马克思的工资理论，我们可以认识到，住房公积金是职工工资的组成部分，保护住房公积金缴费即保护工人的工资权益。当前，我国还存在很多企业拒绝为职工缴纳住房公积金或少缴、迟缴住房公积金的情况，因此，我们认为，国家关注住房公积金缴费情况、关注劳动力工资水平是必要的，责令甚至强制单位为职工缴纳住房公积金也是保护工人工资权益的必要行为。

## 二 有关社会总产品分配及社会保障基金的理论

马克思指出，社会发展的必要条件是社会总产品必须经过分配和再分配，形成补偿基金、积累基金和消费基金。在他看来，社会总产品在作为消费基金分配给劳动者个人时，应先做三项扣除："第一，用来补偿消费掉的生产资料部分；第二，用来扩大再生产的追加部分；第三，用来偿付不幸事故、自然灾害等的后备基金或保险基金"[①]。三项扣除后，剩余的社会产品作为消费资料，在进行个人消费品分配之前还必须扣除如下几个部分，"第一，和生产没有关系的一般管理费用；第二，用来满足公共需要的部分，如学校、保健设施等；第三，为丧失劳动能力的人设立的基金"[②]。

---

[①] 《马克思恩格斯全集》第 3 卷，人民出版社，1995，第 303 页。
[②] 马克思：《资本论》第 3 卷，人民出版社，2004，第 960 页。

至于社会保障基金的来源，马克思指出："利润的一部分，即剩余价值的一部分，从而只体现新追加劳动的剩余产品（从价值方面来看）的一部分，必须充当保险基金。在这里，这个保险基金是不是由保险公司作为一种单独的业务来管理，这丝毫也不会改变问题的实质。这种基金是收入中既不作为收入来消费也不必用作积累基金的唯一部分"[①]。恩格斯在《反杜林论》中也指出："劳动产品超出维持费用而形成的剩余，以及生产基金与后备基金从这种剩余中形成的积累，过去和现在都是一切社会的、政治的、智力的继续发展的基础"[②]。马克思恩格斯关于社会总产品分配与社会后备或保险基金的论述指出了社会总产品的分配与再分配方式、意义及社会保障基金的来源及目标，在他们看来，社会总产品的分配与再分配也是社会发展的必要条件。很显然，他们所说的"用来偿付不幸事故、自然灾害等的后备基金或保险基金"，"用来满足公共需要的部分，如学校、保健设施等"和"为丧失劳动能力的人设立的基金"等便是我们现在所说的社会保障基金。

马克思恩格斯对社会总产品的分配与再分配及建立社会保障基金的论述虽然只是针对资本主义生产和消费，但这些理论对社会主义产品分配与社会保障基金的建立仍然具有重要的理论指导意义，同时也对我们认识住房公积金的性质与目标等方面有重要意义，具体体现在如下几个方面：

第一，社会主义社会也必须进行生产和消费，以保障人类的生存与发展，因此，我们也应对社会总产品实行分配与再分配。第二，社会主义应顺应时代需要，建立相应的保障基金。住房公积金就是顺应时代需要的产物，它是适应我国社会主义市场经济发展需要而建立的专用住房积累基金，是为了促进城镇基本住房投资和建造的基金，同时也是为了帮助城镇居民实现基本居住需求的基金。第三，社会保障基金是消费基金的扣除，对未来社会、政治和个人发展具有重要的作用。我国住房公积金就是用于消费的产品的适当扣除与积累，有利于解决个人及家庭的住房问题，为劳动者及其后代的发展提供良好的居住环境，有利于促进社会稳定，实现社会和谐。我国住房公积金制度的建立与发展可以说是马克思恩格斯关于社会总产品分配理论及有关社会保障基金理论的运用，我们对住房公积金问题的研究显然要运用马克思恩格斯的相关理论作指导。

---

① 《马克思恩格斯选集》第3卷，人民出版社，1995，第538页。
② 《马克思恩格斯选集》第3卷，人民出版社，1995，第302页。

## 第二节 中国特色社会主义理论的相关思想

中国特色社会主义理论是中国共产党和中国人民的伟大创造，是马克思主义的中国化，是社会主义建设和发展的重要指针。研究中国住房公积金问题无疑要以中国特色社会主义理论做指导。中国特色社会主义理论体系庞大、内容丰富，它们对我们的研究都有极为重要的指导作用，限于篇幅，这里只侧重谈两个方面。

### 一 邓小平理论

邓小平理论是以邓小平为主要创立者、以建设有中国特色社会主义为主题的理论。邓小平理论对中国社会主义发展的道路、所处的阶段、根本任务、建设的外部条件、建设的政治保证、战略步骤、领导力量和依靠力量及祖国统一等重大问题作出了理论概括和指导。邓小平理论指出：一、在社会主义的发展道路问题上，应走自己的路，不把书本当教条，不照搬外国模式，以实践作为检验真理的唯一标准。二、在社会主义的发展动力问题上，应坚持改革，改革是一场革命，也是解放生产力，是中国现代化的必由之路。三、在社会主义建设的外部条件问题上，应实行对外开放，吸收和利用世界各国的一切先进文明成果来发展社会主义。四、在社会主义建设的政治保证问题上，应坚持中国共产党的领导、坚持马克思列宁主义与毛泽东思想。

邓小平理论是一场以"实事求是"为精神实质的思想解放运动，是马克思主义与当代中国实际和时代特征相结合的产物，是党和人民实践经验和集体智慧的结晶，是当代中国的马克思主义，是马克思主义在中国发展的新阶段。邓小平理论形成了新的建设有中国特色社会主义的科学体系，是对马克思列宁主义、毛泽东思想的继承、发展与创新。

邓小平理论告诉我们，第一，应坚持中国共产党的领导、坚持马克思列宁主义与毛泽东思想，这是完善我国住房公积金制度的政治保证。第二，应以马克思主义为指导，以实践作为检验真理的唯一标准，解放思想，按照"实事求是"的精神研究我国住房公积金制度中存在的问题，建设和完善有中国特色的住房公积金制度。第三，应不断创新和发展住房公积金制度。事物是不断发展的，僵化停滞没有出路，我们应不断分析住房公积金制度在实际发展过程中出现的新情况、新问题，不断创新和发展住房公积金制度。第四，不要照搬西方国家的住房资金积累与融资经验，但应以开放的眼光，吸收和利用世界各国的一切先进文明成果或经验来发展完善住房公积金制度。新加坡中央公积金制度、德国住房互助储蓄银行制度、美国住房抵押贷款二级市场发展模式等都是具有各国国情和特色的住房资金积累与融资制度，我们应以马克思主义为指导，根据我国国情，合理借鉴它们的经验，让有中国特色的住房公积金制度发展更加完善。

**二 科学发展观**

科学发展观是坚持以人为本，全面、协调、可持续发展这一发展观的简称。科学发展观的本质是马克思主义发展观，它对发展的内涵、发展的依靠力量、发展的目的、发展的方式等基本问题做出了科学的回答。

在科学发展观中，发展是第一要务，以人为本是核心，全面协调可持续发展是基本要求，统筹兼顾是根本方法，其中主要包含如下几个方面的内涵。第一，要全心全意为人民服务。科学发展观强调应把人的发展和人的利益作为工作的出发点和落脚点，解决好人民群众最关心的利益问题，做到发展为人民，发展成果由人民共享。第二，要全面发展。科学发展观强调应以经济建设为中心，大力推进经济建设、政治建设、文化建设、社会建设的协同进步，促进政治文明、物质文明、精神文明、生态文明的协同发展，同时促进人的全面发展。第三，要坚持协调发展。科学发展观强调各地区、各部门、各领域按合适比例和结构良性发展，城乡、区域、经济社会及人与自然的和谐发展，协调国内发展与对外开放，促进政治、经济、文化、社会建设的协调发展。第四，要坚持可持续发展。科学发展观强调经济发展与人口资源环境要协调发展，人与自然要和谐发展，要发展循环经济，建设资源节约和环境友好型国家。第五，要坚持统筹兼顾。科学发展观强调正确认识和妥善处理社会主义建设和发展中的一些关系，兼顾个人利益和集体利益，兼顾局部利益和整体利益，兼顾当前利益和长远利益，充分调动各方面的积极性。

科学发展观坚持以马克思主义世界观和方法论为指导，它是立足于社会主义初级阶段这一基本国情的科学理论，是在总结我国发展实践和借鉴国外先进经验的基础上、适应我国发展新形势需要而提出的重大战略思想。科学发展观全面揭示了发展的丰富内涵，对马克思主义发展理论与中国特色社主义理论做出了重大理论创新，是马克思主义中国化的最新成果，是我国经济社会发展的重要指导方针，是发展中国特色社会主义必须坚持和贯彻的重大战略思想。

住房公积金制度中的问题是我国当前经济和社会发展中的一个重要问题，科学发展观对研究和完善住房公积金制度显然具有重大的指导作用，它具体体现在如下几个方面：

第一，发展和完善住房公积金制度应坚持以人为本。住房公积金发展涉及覆盖面问题、缴存比例和按时缴存问题、提取条件和贷款量问题，这些问题关系到社会成员利益与社会公平。我们应坚持人本方向，解决好人民群众的这些与住房公积金有关的现实利益问题，实现好、维护好、发展好最广大人民的根本利益。

第二，发展和完善住房公积金制度应坚持全面发展的观点。住房公积金制度建设既是政治建设，也是经济建设、社会建设，完善住房公积金制度即是实践和贯彻科学发展观中的全面发展观。我们应坚持以经济建设为中心，推进住房公积金制度建设，推动社会的全面发展。

第三，发展和完善住房公积金制度应坚持协调发展的观点。住房公积金制度是一个以（设区）市统筹的制度，涉及全国众多城市，涉及住房和城乡建设部、财政部、中国人民银行等众多部门。我们应坚持协调发展的观点，使各地的住房公积金在制度覆盖上、缴费比例上协调一致，使各地的住房公积金运用协调一致，良性运行。住房公积金的发展还受到外部的住房供应环境、财税环境和社会环境的制约，因此，我们还应协调外部环境与住房公积金发展的关系，促进住房公积金制度的顺利发展。

第四，发展和完善住房公积金制度应坚持可持续发展的观点。住房公积金是来源有限的基金，我们应坚持可持续发展观点，建立合理的住房公积金提取和贷款标准，实现住房公积金的可持续发展。同时，我们应设法减少住房公积金沉淀资金，提高住房公积金的运用效率，使住房公积金实现节约利用目标。

第五，发展和完善住房公积金制度应坚持统筹兼顾的观点。住房公积金是强制积累的个人住房储金，以低存低贷原则发放互助贷款，这就涉及住房公积金成员间的个人利益与集体利益问题。我们应坚持统筹兼顾的观点，正确认识和妥善处理住房公积金所涉及的个人利益与集体利益，促进社会和谐。

总之，用科学发展观指导住房公积金问题的研究，有可能合理地解决住房公积金制度中所存在的问题，促进住房公积金制度全面协调并可持续地发展，促进社会和谐。

## 第三节 西方经济学的相关理论

对住房公积金问题的研究离不开马克思主义理论的指导，同时，对此问题的研究也需要运用一些西方经济学理论进行分析。下面主要谈及西方经济学中公共产品与公司治理理论、交易成本与委托—代理理论和制度演化理论等概念与理论，略述它们对研究住房公积金问题所可能提供的理论支持。

### 一 公共产品与公司治理理论

根据产品的排他性和竞争性特点，社会产品可分为两类，一类是具有排他性和竞争性的私人产品，另一类是具有非排他性和非竞争性的公共产品。公共产品不仅包括物质产品，同时还包括各种公共服务。公共产品根据非排他性和非竞争性程度的不同，又可分为两类，一类是具有完全非竞争性和非排他性的产品，属于纯公共产品；另一类是具有有限的非竞争性或有限的非排他性的公共产品，它介于纯公共产品和私人产品之间，属于准公共产品。

社会产品的配置有两种方式，一是市场配置，二是计划配置。生产公共产品与市场机制是矛盾的，私人不会主动生产公共产品。然而，公共产品是全社会成员所必须消费的产品，它的满足状况是一个国家福利水平的反映，因此它必须由人民大众的代理人即政府来设法提供。政府可以由自己亲自生产和提供公共产品，也可委托私人生产和提供公共产品。一般来说，由于缺乏竞争，完全由政府生产和提供公共产品，往往存在效率损失。而委托私人生产公共产品的方式能化解政府公共生产效率不高的难题，同时又能满足公共需要，是目前公共产品生产的主要方式，对于准公共产品的供给尤其如此。

公司治理理论即采用法人治理结构对公司进行治理的理论。公司作为法人，是由法律赋予了人格的团体人、实体人，需要有相适应的组织体制和管理机制，赋予法人决策执行权利与责任，这种公司内部管理体制即为公司法人治理结构。法人治理结构是现代企业制度中最重要的组织管理模式，这种治理结构能使公司法人有效地活动起来，是公司制度的核心。《公司法》是公司治理结构的法制基础。按照公司法的规定，法人治理结构一般由股东大会、董事会、监事会和经理四个部分组成。《公司法》对法人治理结构各部分的产生和组成、相应的权利与责任、行事的规则等都有明确规定。具体来说，股东大会由公司股东组成，行使公司所有者的权利；董事会由公司股东大会选举产生，对公司的发展目标和重大经营活动作出决策，维护出资人的权益；监事会对公司的财务和董事等经营者的行为进行监督；经理由董事会聘任，是公司的经营者和董事会决策的执行者。

法人治理结构的建立应当遵循以下四大原则：一、法定原则。公司法人治理结构关系到公司所有者、决策者、经营者、监督者的基本权利和义务，凡是法律有规定的，应当遵守法律规定。二、职责明确原则。公司法人治理结构的各组成部分应当有明确的分工，在这个基础上各司其职，各负其责，避免职责不清、分工不明而导致的混乱，影响各部分正常职责的行使，影响整个功能的发挥。三、协调运转原则。公司法人治理结构的各组成部分是密切地结合在一起运行的，只有相互协调、相互配合，才能有效率地运转，有成效地治理公司。四、有效制衡原则。公司法人治理结构的各部分之间不仅要协调配合，而且还要有效地实现制衡，包括不同层级机构之间的制衡，不同利益主体之间的制衡。

住房公积金制度是一种公共服务，是准公共产品，通过公共产品理论可知，住房公积金制度必须由政府提供。另外，公司治理结构是现代企业制度的核心，是较为高效的企业管理模式。很显然，为了提高住房公积金的管理效率，住房公积金应采用公司治理模式。实际上，我国住房公积金制度采用了住房公积金管理委员会决策、住房公积金管理中心进行具体管理的管理模式，即类似于公司治理模式的治理结构。可以看到，通过公共产品和公司治理理论，我们有可能更为明确住房公积金的产品性质和管理模式，同时还有助于我们更便利地研究我国住房公积金决策执行中存在的问题，进一步完善对住房公积金的管理。

## 二 交易成本与委托—代理理论

古典经济学认为，市场是完美而无摩擦的，市场交易不需要成本，市场能通过完全自由的竞争实现对资源的有效配置。但是科斯等人发现，市场机制并非完美无缺，市场交易是有成本的。威廉姆森将交易成本区分为"事先的"和"事后的"交易成本两类，事先的交易成本是指"起草、谈判、保证落实某种协议的成本"，事后的交易成本是交易已经发生之后，当事人想退出某种契约关系所必须付出的费用,交易者发现事先确定的价格有误而需要改变原价格所必须付出的费用,交易当事人为政府解决他们之间的冲突所付出的费用和为确保交易关系的长期化与连续性所必须付出的费用等。

交易费用是企业产生与扩展的原因,企业的边界由企业内行政管理费用与市场费用相比较而决定。当企业的规模扩大时,内部行政费用上升,当增加的费用接近节省下来的市场费用时,企业的规模就不再扩大。也就是说,企业为了减少交易费用,实行产权扩大或合并,即实行产权一体化,这样就可以更"合理地、有效地配置各种资源,以便把资源更多地用于能给个人和组织带来最大满足和效用的活动"①。

交易成本与产权一体化理论说明,交易是有成本的,为了节约成本,企业的规模应该适度。我国住房公积金是以(设区)市为统筹单位的基金,除一些大城市外,大部分中小城市的住房公积金都不大,服务人口不多,不利于管理成本的节约,影响了管理效率。交易成本与产权一体化理论提示我们,可以适当扩展基金规模,如与其他社会保险基金进行一体化管理,这无疑开阔了我们的视野,为我们发展住房公积金提供了新的思路。

委托—代理理论是制度经济学契约理论的主要内容之一。在委托—代理关系中,由于委托人与代理人的效用函数不一样,委托人追求的是自己财富的最大效益,而代理人追求的是自己工资津贴收入、奢侈消费和闲暇时间最大化,因此必然导致两者的利益冲突。如果没有有效的制度安排,代理人的代理行为很可能难以实现委托人的最大利益,甚至最终损害委托人的利益。为了使代理人尽可能按委托人利益行事,也为了使委托人不损害代理人的正当权益,双方必须签订均衡合同进行约束。均衡合同即委托人与代理人之间达成的合同,信息经济学将达成委托—代理均衡合同的条件概括为两个:参与约束与激励相容。②

委托—代理存在道德风险。其中,道德风险是由于不完全契约使负有责任的经济行为者不能承担全部损失造成的。解决道德风险的方法有两种:一是设计共担风险的最优契约;二是实行限制性分配制度。③ 对于有多个代理人的情况,一般可采用"相对业绩评估"的方式进行限制性分配。"相对业

---

① 林子华、张华荣:《产权一体化新探》,《福建师范大学学报(哲社版)》2009年第1期。
② 国彦兵编著《新制度经济学》,立信会计出版社,2006,第204页。
③ 《马克思恩格斯选集》第3卷,人民出版社,1995,第444页。

绩评估"是指：如果一个委托人同时有几个代理人，他们代理的工作完全相同，一个代理人的工作能够提供另一个代理人工作的信息，那么代理人的工资不仅要依赖自己的产出，还要考虑其他代理人的产出。这种相对业绩评估的分配方式能排除外生的不确定性，让代理人的努力能更直观地表现出来。

我国所制定的住房公积金制度是多科层的科层制管理体系，从中央到地方一共有四个科层，每一个科层又有城乡发展和住房建设部门、财政部门和中国人民银行或分行等多个部门，管理中存在一对一、一对多两种委托—代理关系。委托—代理理论告诉我们，复杂的住房公积金委托—代理体系如果没有有效的制度安排，代理人的代理行为很可能难以实现委托人的最大利益，甚至最终损害委托人的利益。为了使代理人尽可能按委托人的利益行事，也为了使委托人不损害代理人的正当权益，双方必须签订均衡合同进行约束，以激励和约束代理人的行为，提高住房公积金管理效率。

### 三　制度演化理论

"制度是人类设计的、构造着的政治、经济和社会关系的一系列约束"①。正式制度是由国家制定和颁布的强制实施的制度，非正式制度则存在于风俗习惯和人们内心的信念之中，以口谕、舆论的方式相互传递，世代相传。

公共选择理论认为，政府失灵是经常存在的事实，政府失灵主要表现在政府决策效率不高，政府机构运转低效，政府扩张和政府寻租。另外，政府是制度的建设者，政府失灵往往导致制度失灵，制度失灵主要在于不遵守制度的预期效用超过遵守时的效用，或制度的实施不具有绝对的强制性，违反制度成本较低。政府失灵和制度失灵要求我们不断完善政府决策制度，完善各项社会制度。

制度的主观性是指制度的可选择性、可改造和可设计性。人类是有理性的，人对制度的主观设计是可能的，但是人类的理性又是有限的，人类的每一次制度设计都具有相对性，永恒完美的制度是不存在的。另外，社会制度包括基本制度和非基本制度，社会基本制度相对稳定，而非基本制度则始终处于变化状态中。我们应适时地对不健全、不完善的具体制度即非基本制度

---

① 辛鸣：《制度论》，人民出版社，2005，第40页。

进行调整和改革，以更完善、更充分地表现基本制度。制度的主观性和非基本制度的可变性也要求我们不断提高认识能力，不断改革和完善非基本制度。

新制度经济学认为，只要是有意识地推动制度变迁或者对制度变迁施加影响的单位，都是制度的演化主体。制度的演化主体大致可分为四种："民众"、"利益集团"、"政府"、"精英"。[1] 民众是制度演化的基础力量。在现实社会中，个人由于人数太多不便集体协商，因此个人主体最后往往由社会团体替代进行协商。利益集团即社会团体，它是制度演化的直接推动者和参与者。利益集团与民众的差别就在于它以较高水平的组织性为特征，比较有效地克服了普通个人在社会中势单力孤的状况。从社会学角度看，政府也是一种利益集团，但由于其来源不同，不是自发组织的，而是社会推选的，加之又是代表整个社会的利益，所以政府作为制度演化中的一个主体，与利益集团有明显不同的参与方式，它是制度演化的终极力量。精英是制度演化的重要力量。精英或精英阶层通过他们的专业技能与思想认识，能设计出一些更好的制度框架和制度安排，能有意识地引导社会向制度应该演化的方向更快一些、成本更低一些去做。[2]

制度演化理论告诉我们：一、住房公积金制度是我国政府制订和实施的一项非基本制度，必然存在政府失灵。目前，我国住房公积金虽然采用公司式治理模式，但它的管理人员实行政府任命，工作人员实行事业编制，从而导致权力寻租的存在，因此，我们需要对住房公积金制度进行完善。二、住房公积金存在制度失灵。由于违反制度的处罚很低，有些单位拒绝为职工缴纳住房公积金，有些单位故意迟缴或少缴住房公积金，有些成员非法提取住房公积金，还有些管理人员贪污挪用住房公积金，从而导致制度失灵，这些都要求我们进一步完善住房公积金制度。三、住房公积金制度存在主观性。如住房公积金收益分配主观随意，住房公积金贷款标准随意设置和调整，不利于保护职工利益，因此，针对制度的主观性，我们也需要进一步完善住房公积金制度。四、住房公积金制度的发展完善离不开民众、政府和精英的作用。我国住房公积金制度的完善离不开政府的领导，离不开民众的推动，也离不开政治精英们的设计。我们应以科学发展观为指导，顺应人民的利益，

---

[1] 辛鸣：《制度论》，人民出版社，2005，第13页。

[2] 辛鸣：《制度论》，人民出版社，2005，第167~173页。

汇聚民众、政府和精英的共同力量，推动住房公积金制度的进一步发展完善。

## 本 章 小 结

本章介绍了与住房公积金发展相关的一些主要理论。

马克思劳动力商品价值与工资理论、马克思社会总产品分配与有关社会保障基金的理论为正确认识住房公积金性质提供了理论指导，为我国住房实物分配向住房公积金转变提供了理论解释。邓小平理论为如何研究和发展完善住房公积金提供了理论指导，科学发展观则为住房公积金制度的改革与完善指明了目标和方向。西方经济学中的公共产品与公司治理理论、交易成本与委托—代理理论和制度演化理论等为研究和完善住房公积金管理体系，提高住房公积金制度效率提供了理论支持。

# 第二章
# 我国住房公积金制度概述

住房公积金制度是我国建立的一项专门针对城镇基本住房问题的社会保障制度，它旨在通过国家强制缴费的方式，为城镇居民建立住房公共积累基金，试图以此方式解决城镇居民建造和购买住房所需的资金积累与融通问题，促进城镇居民基本居住权的实现。我国住房公积金制度建立后，逐步实现了帮助城镇居民住房向商品化、货币化的转变，同时逐步完善了住房公积金法规，建立了从中央到地方的四层住房公积金委托—代理管理体系，帮助部分城镇职工实现了基本住房目标。

## 第一节 我国住房公积金制度的建立和发展

配合城镇住房制度改革，20世纪90年代，我国建立了住房公积金制度。经过近20年的发展，我国住房公积金制度逐步完善，公积金住房保障取得了巨大成就。

### 一 住房公积金制度建立的背景

城镇住房改革是我国住房公积金制度建立的现实基础。新中国成立后，我国实行高度集中的计划经济，城镇实行统建统配的住房制度。统建统配是一种高福利的住房建造与分配政策，即城镇住房几乎全部由国家和单位投资建设，然后按职级免费分配给职工居住。由于城镇住房和其他服务实行由单位高福利分配的方式，因此，我国城镇职工的工资很大部分以实物福利形式存在，职工所能领取的货币工资并不高，我国是当时全世界实行低工资高福利的少数国家之一。

随着20世纪80年代改革开放的推进，我国计划经济开始全面向市场经济转变。为了与市场经济相适应，我国高度集中的城镇住房制度也面临改革，简称"房改"。"房改"终结了住房的福利性实物分配制度，它使得住房不再由国家和单位统建统分，而是允许市场建造，实行商品货币分配。1980年6月，我国城镇住房改革进入试点和逐步改革时期。1991年，国家首次明确提出将现行公房福利分配转变为商品货币分配。1998年，我国城镇住房改革全面铺开。

城镇住房改革是关系所有城镇职工基本居住问题和国家改革发展稳定大局的一件大事。对于一般城镇居民来说，从长期免费分配住房这一非市场化行为到市场租房或购房这一市场化行为的转变既是家庭消费观念的大转变，也是家庭消费支出结构的巨变。但传统低工资制度使城镇居民鲜有积蓄，难以独自解决庞大的建购住房资金这一新的课题。对于国家来说，国民的基本住房问题是一个关系全局发展的基本生活问题，因为国民只有"安居"才可能"乐业"，否则，家庭生活和社会安定都将受到影响，房改也可能难以推行。但如何帮助城镇居民转变住房消费方式，让居民在市场经济下买得起房或有适合的住房居住，对国家来说也是一个前所未有的新课题。显然，调整以往的高福利低工资的工资结构，使以往的实物福利回归货币工资形式，帮助城镇居民积累住房基金，是帮助城镇居民实现住房方式转变的必然要求。

## 二　住房公积金制度建立的过程

自20世纪90年代初开始，我国住房公积金制度开始试点并逐步推广，到90年代末期，这一制度已在我国全面建立起来。

### （一）制度的试点与推广

1991年5月，上海市开始进行新加坡式公积金模式试点，在上海建立了住房公积金制度。上海市结合中国的国情，实施了"建立住房公积金、提租发补贴、配房买债券、买房给优惠、建立房委会"这一五位一体的住房制度改革方案。上海市住房公积金制度建立后，不仅增加了职工购房基金，而且大大扩展了建房资金来源，上海市城镇住房以每年100万套以上的速度递增，极大地缓减了当地职工住房紧张的局面。上海市住房公积金制度试点的成功，迅速引起了全国的关注。

1992年，国务院召开第二次城镇住房制度改革会议，会议肯定了上海市建立住房公积金制度对城市房改的积极作用，要求各地结合当地的实际情况逐步推行这一制度。继上海住房公积金制度试点成功之后，1992年，北京、天津等城市相继进行了住房公积金制度试点，1993年试点陆续扩展到辽宁、黑龙江和湖北等地。

1994年7月，国务院住房领导小组办公室人员深入到上海、北京、天津等地，对住房公积金制度试点情况进行了考察与总结。随后，国务院发布了《关于深化城镇住房制度改革的决定》(国发〔1994〕143号文件）（以下简称《决定》），《决定》明确提出要全面推行住房公积金制度，要求所有的行政机关和企事业单位及其职工均应按要求建立住房公积金制度。同时，《决定》把建立住房公积金制度和发展经济适用住房并举，作为房改的重要内容。从此，住房公积金制度从试点阶段进入全面推行阶段。

至1998年，除西藏外，我国其他30个省、自治区、直辖市的地、市、县共建立了2000多个住房公积金管理中心，城镇住房公积金制度在我国全面建立起来。住房公积金制度建立后，接过了原来由住房储蓄银行执行的政策性基金任务，住房储蓄银行业务大幅度萎缩。2000年后，建立了10多年的两个住房互助储蓄银行——烟台和蚌埠住房互助储蓄银行改为商业银行。从此，作为房改配套政策的唯一的全国性住房基金积累与融通制度——住房公积金制度的地位正式确立。

**（二）有关的法制建设**

随着住房公积金制度的发展，公积金在住房保障方面的作用也逐步显现，既促进了保障性住房建设，也帮助了诸多住房公积金成员购房。随着时间的推移，有关住房公积金的各种法律法规逐步建立并获得了完善。

住房公积金法制建设包括两个方面，首先是《住房公积金管理条例》的制订与实施。《住房公积金管理条例》是当前指导我国住房公积金工作的最高法律文件。早在住房公积金制度试点时期，《住房公积金管理条例》的制订工作就已同时展开。1996年国务院成立了《住房公积金管理条例》起草领导小组和起草办公室，经过实地调研、考察和广泛征求意见，起草了《住房公积金管理条例》。1999年4月3日，经国务院第十五次常务会议审议通过，《住房公积金管理条例》（国发〔1999〕262号）正式发布实施。2000年，建设部联合财政部、中国人民银行等单位，对省、自治区、直辖市的部分地区进行贯彻《住房公积金管理条例》执法检查。通过检查和分析，检查组总结了《住房公积金管理条例》的不足，并对其进行了修改完善。2002年3月24日，修改后的《住房公积金管理条例》（国发〔2002〕350号）重新公布实施。

其次是根据《住房公积金管理条例》，建设部陆续制定了一些住房公积金具体实施意见和办法，用以指导住房公积金具体工作的开展。如2002年出台了《关于完善住房公积金决策制度的意见》（建房改〔2002〕149号），对住房公积金管理委员会的组建及职责作了具体明确的规定；2004年《住房公积金行政监督办法》（建金管〔2004〕34号）发布，规定了各级政府在住房公积金监管中的职责和权限；2005年又发布了《关于住房公积金管理若干具体问题的指导意见》（建金管〔2005〕5号），对住房公积金建立以来出现的一些主要问题作出了指示。由于《住房公积金管理条例》的颁布及住房公积金具体实施意见和办法的制定实施，我国住房公积金制度的发展日益规范。

**（三）管理的规范**

随着住房公积金条例和法规的制定与实施，住房公积金管理日趋规范与完善，这主要表现在以下几个方面。

第一，住房公积金的机构设置和组织建设日益完善。在《住房公积金管理条例》颁布以前，我国住房公积金的机构设置与管理比较散乱。全国各县、市不论大小都纷纷建立住房公积金管理中心，有的地方把住房公积金管理中心归入地方政府管理，有的则由地方房改办兼管。1999年《住房公积金管理条例》出台后，对住房公积金管理中心的设置与住房公积金的管理组织建设作出了明确规定。《住房公积金管理条例》规定，直辖市和省、自治区人民政府所在地的市以及其他（设区）的市（地、州、盟）应设立一个负责住房公积金管理运作的管理中心，县（市）则不设立住房公积金管理中心。直辖市和省、自治区人民政府所在地的市以及其他（设区）的市（地、州、盟），应设立住房公积金管理的决策机构——住房公积金管理委员会。依据《住房公积金管理条例》，1999年以后，我国各地开始对住房公积金管理中心进行调整归并，并成立住房公积金管理委员会。截至2006年5月底，我国住房公积金管理中心从原来的2577个调整到300多个，管理人员从2万多人减少到1.5万人。全国343个住房公积金管理中心几乎全部成立了住房公积金管理委员会，我国住房公积金管理日渐规范。

第二，住房公积金缴存日益规范。一是缴存对象日益明确。《住房公积金管理条例》颁布以前，对是否应把外资企业、民办企业及其职工纳入住房公积金缴存对象存有争议，《住房公积金管理条例》的颁布明确了我国的住房公积金缴存对象为"国家机关、国有企业、城镇集体企业、外商投资企业、城镇私营企业及其他城镇企业、事业单位、民办非企业单位、社会团体（以下统称单位）及其在职职工"，住房公积金管理中心为每个职工设立一个住房公积金账户，个人及单位缴存的住房公积金都必须归入个人住房公积金账户。二是缴存比例规定日益明确。《住房公积金管理条例》颁布以前，各地住房公积金缴费比例比较自由随意。《住房公积金管理条例》的颁布明确了缴存标准，规定职工和单位实行等比例缴费，双方住房公积金月缴存比例都不得低于职工上一年度月平均工资的5%，最高不得超过12%。如果单位缴存住房公积金有困难，在经本单位职工代表大会或者工会讨论通过，并通过住房公积金管理中心审核、报住房公积金管理委员会批准后，可以降低缴存比例或者缓缴。如果单位经济效益好转，可再提高缴存比例或补缴。三是缴存基数日益规范。《住房公积金管理条例》颁布以前，各地没有规定住房公积金缴存基数或规定比较随意。《住房公积金管理条例》颁布后，各地纷纷开始以当地上一年平均工资的两倍或三倍为缴存基数最高限额，以当地最低工资为缴存基数最低限额。

第三，住房公积金使用和收益分配规定日益明确。一是住房公积金使用日益明确。《住房公积金管理条例》颁布以前，住房公积金大量用于单位住房建设和项目建设，用于职工购房的资金很少，住房公积金投资也很不规范。《住房公积金管理条例》颁布后，明确了单位和职工缴存的住房公积金以保证职工个人建购住房的提取和贷款为主。同时，《住房公积金管理条例》明确规定，只有在保证职工住房公积金提取和贷款的前提下，经住房公积金管理委员会批准后，住房公积金才可以用于购买国债。二是住房公积金收益分配日益明确。住房公积金收益来源于贷款和购买国债的获利。对于这些收益，在《住房公积金管理条例》颁布以前，各地的分配比较随意。《住房公积金管理条例》颁布以后，它明确了收益的两个使用方向，一是必须按规定划入住房公积金个人账户。住房公积金个人账户按照国家规定的利率计息，即当年缴存按银行活期利率计息，上年结转按三个月定期存款利率计息。二是余下部分分别用于住房公积金管理中心的管理费用、住房公积金贷款风险准备金和城市廉租住房建设的补充资金。住房公积金贷款风险准备金按不低于住房公积金增值收益的60%核定，或按不低于年度住房公积金贷款余额的 1% 核定。住房公积金管理中心的管理费用,按照略高于事业单位的标准编制全年预算支出总额,在报本级人民政府财政部门批准后,从住房公积金收益中先上交本级财政,再由本级财政拨付。余下收益则全部用于廉租房建设。

### 三 住房公积金制度取得的成就

经过近 20 年的发展,住房公积金不断壮大,保障能力不断增强,促进了城镇住房建设,并支持了大量职工购房,取得了令人瞩目的成就。

#### (一) 保障能力不断增强

我国住房公积金制度正式建立后,发展非常迅速,制度覆盖面和基金保障能力不断增强。1998 年底我国住房公积金制度全面建立时,除东部沿海城市缴存人数比例较高外,其他许多城市的住房公积金缴存人数不到该缴人数的 50%,全国住房公积金累计缴存额仅为 1231 亿元。至 2008 年末,我国住房公积金实际缴存人数已上升至 7745.09 万人,约占应缴人数的 70%,全国住房公积金累计缴存额达 20699.78 亿元。短短 10 年时间,住房公积金缴存人数大量增加,保障能力迅速增强。

#### (二) 在住房建设中发挥过较大作用

1999 年《住房公积金管理条例》颁布以前,住房公积金曾主要用于项目贷款和单位贷款。截至 2000 年 6 月底,全国住房公积金贷款余额 73.6 亿元,其中用于城镇住房建设的贷款占 71.7%,大大促进了城镇住房的建设与发展。但由于住房公积金资金有限,为了集中力量支持职工购房,《住房公积金管理条例》停止了住房公积金对单位住房建设的贷款,住房公积金在住房建设中的作用受到限制。

#### (三) 支持了大量职工购房

自住房公积金制度建立以来,我国住房公积金提取总额、贷款总额逐年增加,住房贷款户数较快增长,支持了大量职工购买自住住房。如表 2-1 所示。

如果从住房公积金提取总额、贷款总额衡量,1999 年,我国住房公积金累计发放贷款金额才 320 亿元,而至 2008 年,我国住房公积金累计发放贷款金额达 10601.83 亿元,不到 10 年时间,住房公积金累计发放贷款额增加了 30 倍。同时,住房公积金还被大量提取用于住房购买和住房贷款偿还。

表 2-1　我国住房公积金提取、个人住房贷款情况表

| 年份 | 实际缴存职工（万人） | 累计缴存总额（亿元） | 累计提取总额（亿元） | 当年发放贷款户数（万户） | 累计发放贷款户数（万户） | 当年发放贷款金额（亿元） | 累计发放贷款金额（亿元） |
| --- | --- | --- | --- | --- | --- | --- | --- |
| 2000 | — | 2405 | 754 | — | 210 | — | 970 |
| 2005 | 6329.72 | 9759.47 | — | — | 524.24 | — | 4599.09 |
| 2006 | 6916.87 | 12687.37 | — | 171 | 695.24 | 1765.24 | 6364.33 |
| 2007 | 7187.91 | 16230.30 | 6625.19 | 134.80 | 830.04 | 2201.57 | 8565.90 |
| 2008 | 7745.09 | 20699.78 | 8583.54 | 131.13 | 961.17 | 2035.93 | 10601.83 |

资料来源：根据住房和城乡建设部网站公布数据整理。住房和城乡建设部网站：http://www.mohurd.gov.cn。

截至 2000 年底，全国累计提取住房公积金 754 亿元；截至 2008 年底，住房公积金提取总额达 8583.54 亿元，8 年增长超过 10 倍，提取总额中约 80% 为购房提取和住房贷款偿还提取。如果从公积金住房贷款户数来衡量，截至 2000 年底，全国住房公积金累计向近 210 万户家庭发放了住房公积金个人贷款，截至 2008 年末，全国住房公积金累计为 961.17 万户职工家庭发放了住房公积金个人贷款。如果按每户贷款为夫妻两个公积金成员计算，那么，截至 2008 年底，我国住房公积金约帮助 1/4 的成员实现了自有住房。

## 第二节　我国住房公积金的管理体系

委托—代理是指一个或多个行为主体根据一种明示或隐含的契约，指定、雇用另一些行为主体为其服务，同时授予后者一定的决策权利，并根据后者提供的服务数量和质量对其支付相应的报酬。如果当事人双方，其中代理人一方代表委托人一方的利益行使某些决策权，则委托—代理关系随之产生，其中，授权者就是委托人，被授权者就是代理人。在科层组织中，每一位个体（除最末端）一般既是委托人，又是代理人。[①] 我国住房公积金管理体系就是一个由多个科层组成的多重委托—代理体系。

---

① 国彦兵编著《新制度经济学》，立信会计出版社，2006，第 243 页。

## 一 住房公积金管理体系的委托—代理结构

我国住房公积金以（设区）市为统筹单位，由（设区）市建立住房公积金管理中心对本市及其下辖区、县的住房公积金进行管理，住房公积金管理中心直属（设区）市人民政府。我国住房公积金实行科层制管理，从内部决策执行到外部监管大致有五个科层，形成四层委托—代理关系，如图2-1：

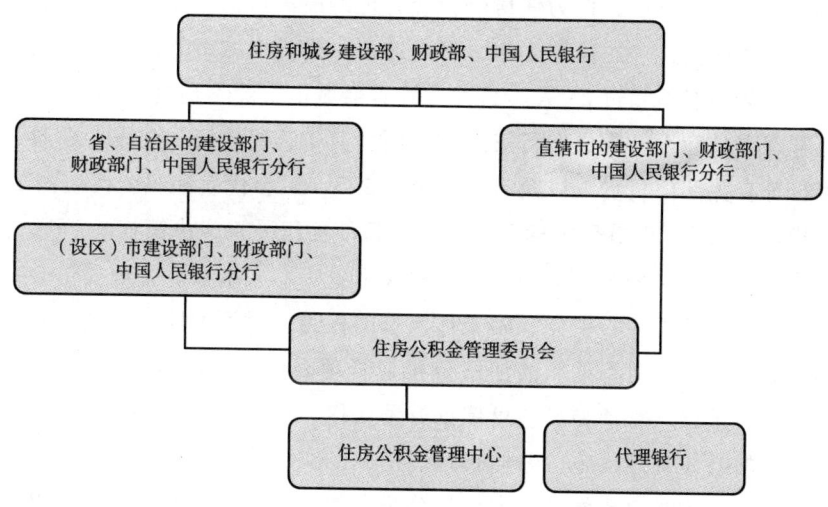

图2-1 我国住房公积金委托—代理关系图

我国住房公积金管理体系从上到下共有住房和城乡建设部、财政部、中国人民银行等国家级政府部门，省级相应部门，市级相应部门，住房公积金管理委员会和住房公积金管理中心（代理银行）等五个科层。这五个科层之间形成了住房公积金管理委员会和住房公积金管理中心（代理银行）这一委托—代理关系，这是住房公积金的内部决策执行体系。同时，它们还形成了住房和城乡建设部、财政部、中国人民银行与省级相应部门，省级相应部门与市级相应部门（直辖市除外）及市级相应部门与住房公积金管理委员会等三层委托—代理关系，这是住房公积金的外部行政监管体系。此外，审计机关和人民群众等也是住房公积金的监督者。

## 二 住房公积金的内部决策执行体系

住房公积金管理委员会和住房公积金管理中心是住房公积金的决策执行

机构,是整个住房公积金管理体系的核心。其中,住房公积金管理委员会是住房公积金的内部决策机构,住房公积金管理中心是住房公积金的内部决策执行机构。

按照2002年修订后的《住房公积金管理条例》和《关于完善住房公积金决策制度的意见》(建房改〔2002〕149号)的规定,直辖市和省、自治区人民政府所在地的市以及其他(设区)的市(地、州、盟),应当设立住房公积金管理委员会,作为住房公积金管理的决策机构。公积金管理委员会委员实行任期制,一届任期5年,可以连任。委员由城市人民政府聘任,委员会总人数一般不超过25人,直辖市和省会城市一般不超过30人。住房公积金管理委员会人员构成实行三三制原则,其中人民政府和建设、财政、人民银行等有关部门负责人以及有关专家占1/3,工会代表和职工代表占1/3,单位代表占1/3。委员会定期召开会议,行使住房公积金决策权。

住房公积金管理委员会的具体权责如下:一、人事权。管理委员会有推荐住房公积金管理中心主任、副主任人选的权力,对不称职的主任、副主任可提出更换建议,对不称职的住房公积金管理委员会委员可提出更换建议。二、直接决策权。管理委员会可依据有关法律、法规和政策,制定和调整住房公积金的具体管理措施,并监督这些措施的实施。管理委员会负责拟订住房公积金的具体缴存比例,确定住房公积金的最高贷款额度。三、审议决定权。管理委员会负责审批住房公积金的归集和使用计划,审议和决定住房公积金增值收益分配方案,审批住房公积金归集和使用计划执行情况的报告,审批单位提出的缓缴住房公积金或降低住房公积金缴存比例的申请,审议住房公积金的年度预算和决算,听取财政部门、人民银行对住房公积金监督情况、对受委托银行办理的住房公积金金融业务监管情况的通报,听取住房公积金管理中心进行相应整改的汇报,并对住房公积金管理中心作出相应的决议或处理意见。四、代理银行决定权。管理委员会有权依照中国人民银行的有关规定,指定商业银行代理住房公积金业务。

住房公积金管理中心由中心主任、副主任负责,贯彻公积金管理委员会决策,对中心日常事务进行管理。具体职责如下:编制和执行住房公积金的归集和使用计划;记载职工住房公积金的缴存、提取和使用等情况,并负责住房公积金核算;审批住房公积金的提取和使用,并负责住房公积金的保值和贷款归还;编制住房公积金归集和使用计划执行情况的报告等。此外,住房公积金管理中心还需编制住房公积金年度预算、决算。

除了住房公积金管理委员会和住房公积金管理中心这一主要决策执行机构之外，由于公积金实行银行托管，因此公积金管理体系中还同时存在住房公积金管理委员会与代理银行之间的委托—代理关系。受委托办理住房公积金金融业务的商业银行（以下简称受委托银行或代理银行）负责代管住房公积金，并办理住房公积金账户的设立、缴存、住房公积金贷款和还贷、提取、结算等金融业务。

### 三　住房公积金的外部行政监管体系

住房和城乡建设部、财政部、中国人民银行与省级相应部门，省级相应部门与市级相应部门和市级相应部门与住房公积金管理委员会等三层委托—代理关系共同构成住房公积金的外部监督管理体系。在这外部的三层委托—代理关系中，（设区）市级政府及其相关部门享有人事和监督权，省级政府及其相关部门享有监督权，中央政府及其相关部门享有政策制定、业务指导和监督权。

就（设区）市级政府及其相关部门来说，在人事上，市政府负责住房公积金管理委员会人员的委任与撤销。在监督上，市财政部门负责对本行政区内住房公积金管理和使用情况进行监督。就省级相应部门来说，它们主要通过检查、考核等方式对住房公积金管理中心进行监督，监督的内容主要包括"本行政区域内住房公积金管理法规、政策执行情况"、"住房公积金管理和使用的全过程"及"对住房公积金管理中心负责人的监督，发现问题及时向设区城市人民政府反映"。①

就部级部门来说，住房和城乡建设部、财政部和中国人民银行负责拟定住房公积金政策、公积金管理中心考核评价体系、住房公积金财务管理和会计核算制度等政策，并组织、领导和监督这些政策的执行。建设部必须"依托现有网络，建立健全国家、省（自治区）和设区城市三级联通的住房公积金监督管理信息系统，对全国住房公积金管理和使用情况进行适时监督"。"组织、指导对住房公积金管理中心工作业绩、管理水平、服务质量和风险控制能力的考核工作"②则由建设部与财政部共同负责。住房公积金财务管理和会计核算制度执行情况的监督则由财政部单独负责。

---

① 《住房公积金行政监督办法》（建金管〔2004〕34号）。
② 《住房公积金行政监督办法》（建金管〔2004〕34号）。

### 四 住房公积金的其他监管主体

除接受行政监管体系监管外，住房公积金管理中心还必须接受专业审计机关的监督。审计机关是国家设立的专业监管机构，主要进行事后的审查监督。另外，职工和单位作为住房公积金缴存者，对住房公积金管理中心享有监督权。《住房公积金管理条例》规定，职工和单位有权查询本人及本单位住房公积金的缴存和提取情况，住房公积金管理中心和受委托银行不得拒绝查询；职工和单位可以向受委托银行或住房公积金管理中心申请复核有异议的住房公积金账户存储余额。此外，职工享有住房公积金所有权，因此职工有权揭发、检举、控告挪用住房公积金的行为。

## 本 章 小 结

本章主要介绍了我国住房公积金制度的建立和初步发展情况。为了帮助城镇居民解决房改后的基本居住问题，20世纪80、90年代，我国建立了住房公积金制度。我国住房公积金制度以（设区）市为单位建立，形成了以住房公积金管理委员会和住房公积金管理中心为核心，住房和城乡建设部等国家级政府与金融部门、省级相应部门、市级相应部门等三个行政科层共同监管的住房公积金管理体系。经过近20年的发展，我国住房公积金制度覆盖人数逐年增加，基金日益壮大，管理日渐规范，已成功帮助部分成员实现基本住房目标。

# 第三章
# 我国住房公积金制度存在的问题

住房公积金制度是我国人民设计的一项非基本制度。在住房公积金制度建立和发展的近 20 年中，虽然我国住房公积金在帮助成员建购住房上发挥了积极作用，但是由于种种原因，它还存在诸多问题，这些问题不仅影响了住房公积金的制度效率，也制约了住房公积金住房保障目标的实现。

## 第一节　我国住房公积金性质、目标不明确及产权残缺

这里所谓的住房公积金的性质主要包括两个方面，即住房公积金的来源属性与使用方式。住房公积金的目标即是指住房公积金的发展方向和目的。产权是经济所有制关系的法律表现形式，住房公积金的产权包括所有权、占有权、使用权、收益权和处分权等。受长期计划经济影响，我国住房公积金制度对住房公积金的性质、目标及产权规定不够完善，而在这方面所存在的问题将可能影响住房公积金制度的效率与健康发展。

### 一　住房公积金性质不明确

当前，我国住房公积金制度只明确了住房公积金的使用性质，即住房公积金是专用于住房的"长期住房储金"，但对住房公积金来源的属性，对住房公积金的使用方式没有做出明确规定，从而影响了对住房公积金缴费的合理控制和住房公积金的合理使用，不利于控制成员间的收入差距，不利于保证成员间住房公积金享受的公平。

## （一）住房公积金来源的属性不明确

我国《住房公积金管理条例》明确规定，住房公积金由个人及其单位共同缴纳，归职工个人所有。按照马克思劳动力商品价值理论和我国劳动工资的实际发展情况，住房公积金应是劳动力商品价值的必要组成部分，是个人工资的强制积累。但是，《住房公积金管理条例》并没有明确规定公积金的职工工资性质，因而对其控制不严，从而使公积金缴费成为扩大国民收入差距的重要渠道，不利于社会公平，不利于住房保障目标的普遍实现。

由于对住房公积金来源的属性没有明确界定，所以住房公积金没有成为居民收入调控点，因此，我国的公积金缴费政策就比较宽松，有一个可自由选择的浮动比例区间。一般来说，单位和个人的公积金缴费率可在5%~12%之间选择。由于浮动区间的存在，选择最高和最低缴费率的单位，职工公积金收入相差一倍多。除公积金缴费有浮动区间外，各地还对住房公积金的最低和最高起征点、最低和最高缴存额进行了规定。一般来说，各地住房公积金最低起征点即缴费工资基数下限为当地上一年度最低工资标准，上限为当地上一年度平均工资的2~3倍。有些地方还对住房公积金的月缴存额上下限进行了规定。由于缴费率和缴存基数的累积效应，最后，成员的公积金账户收入差距高达5~10倍。

以天津市为例，2008年度天津市规定住房公积金缴存基数不得低于上一年度本市最低月工资标准即740元，不得超过本市上一年度在岗职工月平均工资总额的3倍即8469元，单位核定的住房公积金缴存基数低于740元的和领取基本生活费的职工，以740元为缴存基数。① 依照规定，如果以同样的缴费率计算，则天津市符合最高起征点的职工，其公积金账户所获得的公积金缴存数额比该市最低起征点职工的相应数额高11倍多。实际情况也确实如此。2008年一整年，天津市最低收入者的公积金账户所获公积金缴存额不足2000元，符合最高条件者当年的公积金积累则有2万多元，二者相差10倍多。如此巨大的公积金缴费差距，扩大了成员间的收入差距，不利于低工资成员和缴费率低的成员实现住房保障目标。

与天津市相比，厦门市的公积金缴存差距更大。自1992年建立住房公积金制度以来，厦门市公积金缴存比例进行了12次调整，成员间的缴存差

---

① 天津市住房公积金管理中心：《天津市2008年住房公积金缴存额》，搜狐焦点网：http://dev.fz.focus.cn/news/2008-11-27/578246.html。

距越来越大。1992年至1997年5月底,厦门市住房公积金缴存比例一直是5%。1996年,厦门市规定住房公积金月缴存额最低下限为15元,最高上限为70元,最高缴存额只有最低缴存额的4倍多。后来,厦门市公积金缴存比例不断上调。2009年10月,厦门市规定单位和职工的住房公积金缴存比例可根据自身实际情况在8%~12%范围内确定。2010年12月,厦门市住房公积金缴存比例统一调整为12%。但是,厦门市的省、部属单位和非公有制企业等106家单位长期实行15%的公积金缴存比例。目前,厦门市住房公积金月缴存额下限为90元,上限为3646元(指单位和个人缴存总额,下同),中央、省、外地市驻厦单位、非公有制企业、市属国有企业单位及副省级以上领导干部,缴存上限为4557元。[①] 由此可见,厦门市一般单位的住房公积金最高缴存额达最低缴存额的40倍,省、部属单位和非公有制企业的住房公积金最高缴存额达最低缴存额的50倍。这一差距比天津市更大,更不利于社会公平,不利于低公积金收入者住房保障目标的实现。

**(二)住房公积金使用方式不明确**

从使用方式来看,我国住房公积金具有明显的自助和互助性质。《住房公积金管理条例》规定,职工除离休退休、完全丧失劳动能力并与单位终止劳动关系、出境定居等情形可以提取职工住房公积金账户内的存储余额外,还可在"购买、建造、翻建、大修自住住房"、"偿还购房贷款本息"、"房租超出家庭工资收入的规定比例"时提取账户余额。由此可见,住房公积金是职工自己积累、自己使用的自助住房基金。同时,《住房公积金管理条例》还规定,"缴存住房公积金的职工,在购买、建造、翻建、大修自住住房时,可以向住房公积金管理中心申请住房公积金贷款","住房公积金的存、贷利率由中国人民银行提出,经征求国务院建设行政主管部门的意见后,报国务院批准"。我国住房公积金贷款资金完全来自职工的缴存,且在实践中,我国住房公积金一直实行"低存低贷"政策,这就意味着我国住房公积金同时具有互助性质。但是,我国《住房公积金管理条例》并未对住房公积金使用的互助与自助两种性质进行明确界定。

由于我国未对住房公积金使用的互助与自助性质进行明确界定,因此也不可能对住房公积金使用过程中成员利益不公等问题进行周全的考虑与处

---

① 《厦门住房公积金12月起执行新标准,最高4557元最低90元》,新浪网:http://fj.sina.com.cn/news/g/xm/2010-11-27/102381133.html。

理,从而容易导致住房公积金使用中的结果不公。我国住房公积金是强制积累的"低存低贷"基金,住房公积金账户的存款利率,当年缴存按商业银行活期利率记入个人住房公积金账户,上年结转按商业银行三个月定期存款利率记入个人账户,住房公积金贷款按低于同期商业银行贷款利率的中国人民银行规定利率执行。显然"低存"对个人来说存在公积金收益损失,公积金打算通过"低贷"设计以弥补个人"低存"造成的损失。但是,由于我国《住房公积金管理条例》并没有对"低存低贷"这一互助性质进行明确界定,因此不可能对"低存低贷"中获益职工的获益度进行明确限制,也不可能对"低存低贷"中收益损失职工的损失进行明确弥补,从而导致收益不公。

到目前为止,我国公积金成员真正使用公积金贷款的人并不多,有些人在建购住房时虽提取了自己的公积金,但未进行公积金贷款;有些人则从未动用过公积金,直到退休才一次性提取自己的公积金。对于这些从未使用公积金贷款或使用不多的人来说,他们的住房公积金"低存"损失无法获得或无法全部获得补偿。而对于使用了住房公积金贷款的人来说,他们的"低存"损失从"低贷"中获得了补偿或超额补偿。这样,公积金没有完全实现公平互助,不利于成员结果公平。

而且,住房公积金使用的互助与自助性质不明确,不利于公积金的合理使用和住房保障目标的实现。因为住房公积金互助与自助两种使用性质的模糊并存不便于住房公积金的明确和规范使用,容易导致公积金资金沉淀或不足,影响到公积金住房保障作用的发挥。事实也确实如此。如南京市住房公积金管理中心自觉资金丰裕,开始于 2008 年提高公积金贷款的最高额度,结果不久之后却出现资金不足,住房公积金提取、贷款都存在困难,最后只好暂停公积金贷款。[①] 为了避免出现南京这样的问题,许多公积金管理中心干脆保守放贷。于是,相反的情况又发生了,公积金出现大量沉淀资金。当前,全国公积金沉淀资金达 3000 多亿元。

## 二 住房公积金目标不明确

我国住房公积金制度的设计者对住房公积金给出的发展目标是"促进

---

[①] 《南京公积金本月起只贷一次,暂对第二套住房说不》,新华网:http://news.xinhuanet.com/house/2007-09/04/content_6658210.htm。

城镇住房建设，提高城镇居民的居住水平"，但是，这一目标不够明确，对公积金重点保障对象的规定也不太清晰，而对保障目标的实现更是缺乏明确具体的决心与要求，因而不利于公积金有针对性地发展，不利于公积金作用的充分发挥和住房保障目标的实现。

（一）住房发展目标不确定

"促进城镇住房建设，提高城镇居民的居住水平"是一个非常笼统的公积金住房发展目标。不过，从1998年颁布的《关于进一步深化城镇住房制度改革加快住房建设的通知》（国发〔1998〕23号）（以下简称《通知》）推测，我国公积金最先应该是打算为实现"居者有其屋"目标发挥作用的。因为1998年的这一文件要求全面推行和不断完善住房公积金制度，建立以经济适用房为主的住房体系，实行低收入家庭租赁由政府或单位提供的廉租住房、中低收入家庭购买经济适用住房、高收入家庭购买商品住房的住房政策。既然《通知》规定低收入者和中低收入者的住房问题由廉租住房和经济适用住房等保障性住房解决，且经济适用住房是我国的主要住房建设方式，那么，我们可以据此推测，"居者有其屋"就是我国住房发展的目标，当然也应是住房公积金的目标。

但由于我国住房发展目标并未明确提出，因此国家住房政策具有探索性、可变性。2003年，国务院颁布《关于促进房地产市场持续健康发展的通知》（国发〔2003〕18号），打算从普通商品住房发展角度来实现"居者有其屋"，并明确要求住房公积金做好配合协助工作。文件要求各地"要根据市场需求，采取有效措施加快普通商品住房发展，提高其在市场供应中的比例。对普通商品住房建设，要调控土地供应，控制土地价格，清理并逐步减少建设和消费的行政事业性收费项目，多渠道降低建设成本，努力使住房价格与大多数居民家庭的住房支付能力相适应"，"要加强住房公积金归集工作，大力发展住房公积金委托贷款，简化手续，取消不合理收费，改进服务，方便职工贷款"。但是，2003年的这一政策转变改变了经济适用房发展为主的政策，变为普通商品房发展为主的政策，导致房价连年不断快速上涨，大量居民买不起房，"居者有其屋"目标实现困难，住房公积金作用难以发挥。

不久，我国住房发展目标干脆由努力帮助人们购买和拥有住房转变为帮助人们租赁或购买住房，即从"居者有其屋"变为"住有所居"。2007年党的十七大报告就提出："努力使全体人民学有所教、劳有所得、病有所医、老有所养、住有所居，推动建设和谐社会。"公积金住房保障目标不明确使得许多住房公积金管理中心放松了公积金住房专用意识，随意增加公积金大病提取、低保提取等与住房无关的新功能，不利于公积金住房保障作用的发挥。

### (二) 住房保障对象不明确

在我国的住房公积金文件中，对于公积金住房保障对象并没有明确的说明。1994年国务院发布的《关于深化城镇住房制度改革的决定》（国发〔1994〕43号）只是规定，建立住房公积金制度，并建立"以中低收入家庭为对象、具有社会保障性质的经济适用住房供应体系和以高收入家庭为对象的商品房供应体系"。1998年国务院发布《关于进一步深化城镇住房制度改革加快住房建设的通知》（国发〔1998〕23号），要求全面推行和不断完善住房公积金制度。文件要求对不同收入家庭实行不同的住房供应政策：最低收入家庭租赁由政府或单位提供的廉租住房，中低收入家庭购买经济适用住房，高收入家庭购买、租赁市场价商品住房。虽然没有明确住房公积金的保障对象，但从以上文件可以看出，住房公积金的建立是为了帮助低收入者、中低收入者和高收入者按不同的住房供应方式实现各自的住房目标。既然高收入家庭自己有能力购买、租赁市场价商品住房，那么，廉租住房和经济适用住房所对应的低收入家庭和中低收入家庭就是公积金的主要保障对象，从后来各地住房公积金管理中心所规定的住房公积金最低和最高工资起征点及最低和最高缴费限额，我们也可以看出这一点。

但是，由于《住房公积金管理条例》并没有明确界定经济适用住房的重点保障对象，因此，在后来的经济适用房建造和购买政策中，就出现了各种建造标准和购买标准，不利于经济适用住房政策与住房公积金的配合，不利于公积金住房保障目标的实现。针对这种状况，最后，中央开始严格限制经济适用房建造标准及购买人群，规定只有低收入者才可以购买经济适用住房。于是，中低收入者被明确排除在经济适用住房之外，成为买不起商品房但又不适合保障性住房的"夹心层"，这又影响到中低收入者公积金住房保障目标的实现。

### (三) 住房保障程度不明确

我国公积金住房保障程度不明确。1994年国务院发布的《关于深化城镇住房制度改革的决定》（国发〔1994〕43号）明确认识到，实行住房公积金制度有利于转变住房分配体制，有利于住房资金积累，有利于政策性住房抵押贷款制度的建立,从而能提高职工购、建住房能力,促进住房建设。1998年国务院《关于进一步深化城镇住房制度改革加快住房建设的通知》(国发〔1998〕23号)进一步明确建立和完善以经济适用住房为主的多层次城镇住房供应体系,职工以工资、住房公积金、个人住房贷款以及住房补贴等共同组成购房资金实现购房。这就说明住房公积金只是购房资金来源的一部分,只是协助成员实现住房目标,但协助的程度有多大,这些文件及后来的《住房公积金管理条例》都未明确。由于保障程度不明确,因此,我国住房公积金缺乏扩充资金来源的动力与压力,不会设法提供充足贷款和优质服务满足成员的需求,从而降低了住房公积金的吸引力。同时,保障程度不明确也使得各地住房公积金管理中心过于宽松或谨慎放贷,导致公积金不足或大量沉淀,不利于公积金住房保障作用的充分发挥。

### 三 住房公积金产权残缺

产权残缺是由于产权界定的困难或者外力的强制等原因导致产权所有者不能完全行使产权权利束中的所有权、占有权、使用权、支配权等一项或多项权利。一般而言,当国家对私有产权加以限制时,就会引起私有产权的残缺。"权利之所以常常变得残缺,是因为一些代理者(如国家)获得了允许其他人改变所有制安排的权利。对废除部分私有权利束的控制已被安排给了国家,或已由国家来承担"[①]。产权残缺是造成利益受损的根本原因,它导致了收益权的不完整,进而导致产权主体不能享有权利所带来的全部利益的现象。住房公积金是公共产品,其产权较为复杂,由于受长期公有经济思想的影响,我国对住房公积金产权的规定不十分全面,也不完全合理,从而影响到缴纳住房公积金的成员的利益及基金的安全。

### (一)住房公积金收益权和控制权配置不合理

我国住房公积金制度对住房公积金的所有权规定十分明确。我国《住房公积金管理条例》明确规定,"职工个人缴存的住房公积金和职工所在单位为职工缴存的住房公积金,属于职工个人所有"。尽管如此,我国住房公积金的产权依然存在残缺之处。住房公积金的产权残缺主要表现在资产的收益权和控制权在制度内没有合理地配置,影响到职工利益。我国住房公积金是国家代为管理的强制积累基金,根据所有权和收益权对应原则,住房公积

---

① 科斯、阿尔钦、德姆塞茨等:《财产权利与制度变迁》,上海三联书店,1995,第188页。

金运营产生的收益除支付相应的管理运营费用等开支外，应为全体成员所有。而我国《住房公积金管理条例》却规定，住房公积金成员个人只能获得国家规定的"低存"利息，其他公积金收益即通常所说的公积金增值收益除用于住房公积金管理中心的管理费用外，还"用于建立住房公积金贷款风险准备金和建设城市廉租住房的补充资金"。

住房公积金贷款风险准备金是为住房公积金贷款者准备的风险金，这就是说，本应属于大家共有的公积金增值收益，在为少数贷款者的风险服务，其他成员利益受损。城市廉租住房是针对低收入者的救助性住房，城市廉租住房建设是公共产品，应由政府承担。然而，我国《住房公积金管理条例》规定公积金增值收益余额用于城市廉租住房建设的补充资金，即是用本应属于大家共有的收益代替公共财政为极少数低收入对象服务，此规定混淆了公积金增值收益的性质与政府的职能，不利于公共财政及服务型政府的建立，也不利于保护公积金成员的利益。

### （二）住房公积金使用权与处分权规定不完整

在使用权的分配上，我国《住房公积金管理条例》明确规定，在职职工个人拥有住房公积金提取和贷款权。在处分权的分配上，《住房公积金管理条例》明确规定中央政府拥有公积金政策制定权，住房公积金管理委员会拥有公积金决策权，住房公积金管理中心享有公积金管理权。同时，《住房公积金管理条例》也明确禁止了住房公积金管理中心的一些不合适的公积金管理行为，如规定住房公积金管理中心不得挪用住房公积金、不得向他人提供担保等。但《住房公积金管理条例》对禁止职工、公积金管理委员会和管理中心行使使用权或处分权的规定还不十分具体细致。

产权残缺理论认为，"有收益权而无控制权的人就不会考虑资源损耗的代价而拼命追求收益，有控制权而无收益权的人就不会认真去改进控制方法而提高收益"[①]。由于我国公积金管理委员会和公积金管理中心没有公积金收益权，却有公积金控制权，而有关公积金控制权的规定又不完善，因此他们容易随意动用公积金处分权，随意增设公积金使用权。如近几年，许多公积金管理委员会和公积金管理中心随意增加自己对公积金的处分权，陆续推出公积金基本生活提取、大病大灾提取、教育提取和贷款利息补贴等一些新

---

① 张峰：《产权残缺与利益公共补偿——基于市场与政府职能边界的理论探讨》，《中南财经政法大学学报》2010年第4期。

的政策，允许低收入家庭或大灾病家庭提取公积金作为基本生活或治病救灾、接受教育等之用，公积金的使用权被随意扩大。处分权的随意扩大和个人公积金使用权的随意增设不仅影响了公积金的住房储金性质，也影响到个人住房公积金积累及对其他成员的互助，影响了整个公积金住房保障目标的实现。

### (三) 住房公积金管理中心的经营管理权和收益权受限

我国住房公积金管理中心的经营管理权和收益权受到严格限制，具体来说表现在两个方面，一是沉淀资金（又叫结余资金）经营管理权受限，二是沉淀资金收益受限。就沉淀资金经营管理来说，当前，由于连年积累，我国公积金沉淀资金达3000多亿元，但我国住房公积金管理中心无权对它进行投资，资金浪费严重。就沉淀资金收益来说，政策规定，住房公积金管理中心在银行的专户资金余额属于超额准备金，享受超额准备金利率。但当国家超额准备金利率下调过快时，可能出现公积金存款利率与超额准备金利率之间的利率倒挂，产生经营风险。2003年12月央行调整金融机构存款利率，超额准备金利率由1.89%下调至1.62%，这与当时3个月的固定存款利息1.72%产生了利率倒挂。2005年3月，中国人民银行再次下调金融机构超额准备金利率，由1.62%下调至0.99%，住房公积金管理中心却必须承担"保值增值"压力，甚至进行违规的高风险投资，危及住房公积金安全。

就收益权来说，我国住房公积金管理中心是一个直属城市人民政府的不以营利为目的的独立经营和单独核算的事业单位，但我国住房公积金管理中心没有独立的收益权。《住房公积金管理条例》规定，住房公积金管理中心的管理费用，由住房公积金管理中心按照规定的标准编制全年预算支出总额，报本级人民政府财政部门批准后，从住房公积金增值收益中上交本级财政，由本级财政拨付。住房公积金管理中心的管理费用标准，由省、自治区、直辖市人民政府建设行政主管部门会同同级财政部门按照略高于国家规定的事业单位费用标准制定。结果由于"有控制权而无收益权的人就不会认真去改进控制方法而提高收益"[①]，因此住房公积金管理中心的管理效率难以提高。

---

① 张峰:《产权残缺与利益公共补偿——基于市场与政府职能边界的理论探讨》，《中南财经政法大学学报》2010年第4期。

## 第二节 我国住房公积金功能发展不协调

随着住房公积金制度的发展,它对住房公积金功能的规定越来越丰富,使得我国住房公积金除了其基本功能之外,逐步产生了衍生功能和宏观调控功能等。但是,我国住房公积金功能的发展并不十分和谐顺畅,基本功能的发展不够协调,衍生功能的发展脱离了基本功能这一立足点,宏观调控功能的发展也未对基本功能的实现产生多少促进作用,这些都影响到公积金住房保障作用的发挥和住房保障目标的实现。

### 一 住房公积金基本功能发展不协调

住房保障是我国住房公积金的基本功能,用于住房的提取和贷款(以下简称住房提取和住房贷款)是我国住房公积金基本功能的实现形式。我国住房公积金打算通过对住房建造与购买两方同时进行资金支持,来帮助城镇居民实现住房目标。但是,当前我国公积金对住房建造与购买双方同时进行贷款存在资金困难,即使是只针对购房者的住房公积金提取和贷款也难以恰当掌控,这些都影响到公积金住房保障目标的实现。

#### (一) 城镇住房建设促进功能不确定

为了"促进城镇住房建设,提高城镇居民的居住水平",更好地实现住房公积金的住房保障功能,在住房公积金制度建立之初,我国住房公积金曾充当了项目贷款、单位贷款的资金来源。但是,在短短几年的实践中,住房公积金资金量的有限性和建房、购房资金量的巨大需求之间的矛盾就凸显出来。1999年颁布的《住房公积金管理条例》明确了住房公积金融资的单向性,即只能用于与个人有关的住房提取使用和贷款功能,项目贷款、单位贷款建房功能同时停止。

但是,项目贷款、单位贷款建房功能停止后,公积金却开始出现大量沉淀资金。针对住房公积金沉淀过多的现状,2009年10月16日,住房和城乡建设部、财政部、发改委、人民银行、监察部、审计署、银监会等七部门联合印发《关于利用住房公积金贷款支持保障性住房建设试点工作的实施意见》(以下简称《意见》),开始了中国目前最大的公共基金——住房公积金闲置资金用于支持保障性住房建设的试点工作。《意见》规定可将50%以内的住房公积金结余资金以贷款方式用来支持保障性住房建设,贷款利率按照5年期以上个人住房公积金贷款利率上浮10%执行,贷款必须定向用于经济适用房、列入保障性住房规划的城市棚户区改造安置用房、特大城市政府投资的公共租赁房建设,禁止用于商品住房和城市基础设施建设。

虽然公积金沉淀资金投资城镇住房建设有利于促进城镇住房开发,符合住房公积金目标,也有利于提高公积金利用效率,但由于住房建造周期较长,住房建造贷款回收慢,这使得公积金的流动性较低,从而可能使公积金重新陷入个人贷款资金不足的局面,这将对住房保障目标的实现产生不利影响。而且公积金投资城镇住房建设当前还处于试点阶段,能否大范围推广和有力促进城镇住房建设还很难说。

(二)住房提取和住房贷款难以恰当掌控

住房公积金帮助提高城镇居民的居住水平主要是通过公积金提取和贷款帮助城镇居民购买自住住房实现的。近几年,我国公积金贷款条件不断放宽,贷款额度不断提高,住房提取的条件也越来越宽松。北京市住房公积金最高贷款额从较早时期的30万元,调整到2007年7月1日的60万元,再调整到2008年11月6日的80万元,职工用住房公积金贷款购买经济适用房、限价房由以往必须同时满足"建立住房公积金账户12个月以上、必须足额正常缴存住房公积金12个月以上、申请贷款时处于缴存状态"等三个条件,放宽为只要"建立了住房公积金账户,哪怕只交了第一个月的住房公积金,就可顺利贷到款"。[1] 2009年,天津市出台新规定,自2009年6月13日至2010年6月30日在本市行政区域内购买商品住房、限价商品住房、私产住房或定向销售(安置)经济适用住房的职工及其配偶,除可以提取自己和配偶的住房公积金外,还可申请提取双方父母住房公积金。除可申请公积金住房贷款外,职工购建住房还可以提取自己和配偶的住房公积金。[2]

除购建住房可提取公积金,近几年,居民租赁住房也可提取住房公积金。而且,各地公积金租房提取的条件也竞相放宽。2009年7月,天津市规定,职工在本市租赁住房用于自住,并在国土房管部门登记备案的,可以申请提取本人及配偶的住房公积金,提取金额合计不超过房租发票记载的房租金额,但职工已有其他住房的,不能通过租房提取住房公积金。同年,湖

---

[1]《北京公积金贷款最高可达104万元》,地产中国网:http://house.china.com.cn/second/view/22400.htm。

[2]《津职工买房可提取父母公积金,租房也可用公积金》,365地产家居网:http://news.house365.com/gbk/hfestate/system/2009/06/30/001328810.shtml。

南省长沙市也允许租住本市廉租房和房租超过家庭工资收入15%的家庭提取个人住房公积金支付房租。山东省莱芜市住房公积金管理中心也于2009年推出新政，允许进城或进各类园区的农民工，凭相关凭证提取住房公积金用于支付房租。

住房公积金是来源有限的资金，随着住房公积金个人住房贷款及购建住房和租房提取条件等功能的同时展开和条件的日益放宽，公积金需求更加难以把握，住房公积金管理中心更加难以掌控公积金缴存与使用间的平衡，从而容易导致公积金提取和贷款资金不足或公积金大量结余沉淀，影响公积金住房保障功能的发挥和住房保障目标的实现。

## 二　住房公积金衍生功能发展不协调

近几年，我国住房公积金衍生出基本生活保障、大病大灾提取、教育提取等一些新的功能。但是，这些衍生功能主要是为了解决成员家庭生活困难或满足困难家庭特殊支出需求，没有能紧紧围绕公积金住房保障目标展开工作。而且，实现这些衍生功能需要对公积金进行提取，这就减少了公积金个人账户的积累，影响到个人及其他成员公积金住房保障目标的实现。

### （一）基本生活保障功能脱离了住房保障目标

近几年，各地纷纷放宽住房公积金提取条件，允许生活困难者提取住房公积金。早在几年前，天津市就允许享受居民最低生活保障及领取失业保险金的职工提取住房公积金。2009年，湖南长沙市政府颁布《长沙市住房公积金管理条例》，规定从当年7月1日起正式允许享受城镇居民最低生活保障的家庭提取住房公积金。同年，陕西省政府出台《进一步加强住房公积金管理提高使用率的意见》，规定职工享受城镇最低生活保障的，可申请提取本人住房公积金；经住房公积金所有者同意，可申请提取配偶及其子女的住房公积金。

公积金基本生活保障提取功能虽然能缓解职工的生活困难，但它偏离了公积金住房保障目标，使住房公积金变为了生活救助基金，不利于公积金住房保障作用的发挥和住房保障目标的实现。

### （二）大病大灾提取脱离了住房保障目标

在允许住房公积金提供基本生活保障功能的同时，许多地方还允许发生大病大灾的家庭提取住房公积金，这种新的提取政策的目的有的是为了灾病本身，有的则是为了缓解灾病家庭的生活困难。

天津市和南京市的新住房公积金提取政策主要是为了灾病本身。天津市规定,从 2007 年 5 月 21 日起,职工本人、配偶或未成年子女患白血病等 13 种重大疾病之一住院治疗的,职工及其配偶可申请提取住房公积金。2009 年,天津市又进一步把重大器官移植、冠状动脉搭桥术等 10 种重大疾病或手术住院治疗的家庭列入住房公积金重大疾病提取之列。① 南京市以医疗费金额设定大病提取标准,规定若职工医疗费超出 4 万元,可以提取住房公积金账户内的余额。②

长沙市和广州市等地的新住房公积金提取政策则主要是为了解决灾病家庭的生活困难。2009 年,湖南长沙市正式允许本人或者其配偶、父母、子女遭受重大疾病等突发事件而造成生活特别困难的家庭提取住房公积金。③ 陕西省则对职工遇突发自然灾害造成家庭生活严重困难等情况,允许申请提取本人住房公积金,经住房公积金所有者同意,可申请提取配偶及子女的住房公积金。④ 2009 年广州市也开始酝酿住房公积金重大疾病提取,拟允许因职工或配偶及未成年子女患重大疾病造成家庭生活困难的职工提取住房公积金。⑤

大病大灾提取功能虽然能帮助重大灾病家庭,但它也偏离了公积金住房保障目标,使住房公积金变为了大病大灾救助基金,不利于公积金住房保障作用的发挥和住房保障目标的实现。

(三) 教育提取脱离了住房保障目标

教育提取是针对生活困难家庭而言的,但不同地方对公积金教育提取家庭的子女受教育阶段和提取用途的规定不完全相同。有的地方规定只有贫困家庭且子女接受高等教育才能提取公积金,且提取的公积金只能用于教育花费,如 2009 年山东省莱芜市住房公积金管理中心推出新政策,允许子女考上或在读国家承认学历的全日制普通大学且享受居民最低生活保障的家庭,

---

① 《天津患大病可预支公积金》,网易新闻中心:http://news.163.com/07/0530/16/3FON2BI30001124J.html。
② 《南京公积金细则出炉,1 年医药费超 4 万可提公积金》,腾讯网:http://news.qq.com/a/20061230/000706.htm。
③ 《患大病也可提取公积金余额》,长沙楼市网:http://www.cs6s.com/ArticleView_ 20926_ 1.htm。
④ 《陕西:大病就医可提取住房公积金》,新华网:http://news.xinhuanet.com/life/2009 - 03/28/content_ 11088667.htm。
⑤ 《广州公积金提取酝酿大变革,患 10 种大病或可提用》,广西健康网:http://www.gxjk.cn/news/2009/0612/article_ 5661.html。

申请提取本人和配偶的住房公积金，用于支付子女上大学期间的学杂费，提取额度不得超过当年实际支付的学杂费用。有的地方则既无教育阶段限制，也无具体用途限制，只要是贫困家庭且有子女上学，就可提取住房公积金，如2009年，陕西省规定只要是有子女上学的特困家庭，就可申请提取本人住房公积金，经住房公积金所有者同意，可申请提取配偶及子女的住房公积金。

教育提取功能虽然能帮助困难家庭缓解生活困难或帮助困难家庭子女完成高等教育，但它也偏离了公积金住房保障目标，使住房公积金变为了生活救助基金或教育救助基金，不利于公积金住房保障功能的发挥和住房保障目标的实现。

（四）贷款利息补贴偏离了互助公平原则

2009年7月1日开始实施的《长沙市住房公积金管理条例》第31条规定："职工使用住房公积金贷款购买经济适用住房、普通商品房后，享受城镇居民最低生活保障的，可以向管理中心申请住房公积金贷款利息补贴。具体办法由管理中心拟订，报管委会批准后实施。"贷款利息补贴功能虽然有利于帮助低收入者实现住房保障目标，但这样一来，住房公积金便变为救助极少数低收入者的住房救助基金，不符合公积金公平互助的性质。

## 三　住房公积金宏观调控功能发展不理想

我国住房公积金宏观调控的目标在于稳定和促进经济发展，它主要通过住房公积金缴费、贷款利率、贷款标准、廉租房建设和国债购买等政策变化来达到稳定和促进经济发展的目标。但是，我国住房公积金在稳定和促进经济发展方面的作用有限，而且，住房公积金宏观调控政策的实施往往还影响到公积金住房保障目标的实现。

（一）缴费基数和缴费比例调控导致社会不公

2007年美国发生次贷危机，引起全球金融危机。受危机影响，我国许多企业发展面临困难。如为了帮助困难企业渡过难关，2009年，天津市决定对困难企业和新设企业的住房公积金缴费进行特别照顾。天津市规定，经"市受金融危机影响困难企业审核认定领导小组"审核认定，并在本单位职工大会或职工代表大会上讨论同意，本市困难企业可申请按不低于2008年度本市最低月工资标准820元核定缴存基数，按单位、职工不低于各5%的缴存比例，缴存 2009 年度住房公积金，① 这就在不违反国家住房公积金最低缴存比例不得低于 5% 的政策下，给困难企业降低了住房公积金缴费负担，有利于增强企业竞争力，稳定和发展经济。同年，新颁布的《天津市住房公积金归集管理办法》规定，新设立的企业在设立当年可按不低于 5% 的比例缴存住房公积金，并在设立之日起三年内提高到全市统一缴存比例，这一灵活的缴存规定也有利于天津市招商引资，促进地区经济发展。

像天津这样的住房公积金缴费基数和缴存比例调整虽可在减轻企业负担的同时，保证一定的住房公积金缴纳与积累，是经济困难时期提高企业竞争力，又继续维持住房公积金住房保障功能的一种变通办法，但相对于全市其他企业的职工来说，这些被调控企业的职工，其住房公积金缴存与积累会受到一定影响，并可能在一定程度上影响到他们公积金住房保障目标的实现，从而不利于社会公平。同时，如果各地都对部分企业实行优待，则不利于企业间的公平竞争和全国统一市场的形成。

### （二）贷款利率调控难以奏效

利率调控是货币政策的重要手段。自 2003 年以来，我国房价快速上涨，住房结构失衡，经济整体过热，与此相对应，我国实行从紧的货币政策，着力稳定房价，改善住房结构。在从紧的货币政策下，住房公积金贷款利率随商业贷款利率不断上调。从 2002 年 2 月至 2008 年 9 月，住房公积金贷款利率多次上调，五年以下（含五年）的贷款利率从 4.05% 上升到 4.77%；五年期以上贷款利率从 3.60% 上升到 5.22%。由于住房公积金贷款是政策性贷款，因此其升幅小于商业贷款利率。结果，在商业性住房贷款普遍下降的情况下，住房公积金贷款额度却连年上升。表 3-1 显示了住房公积金个人贷款与四大银行个人住房贷款情况。

如表 3-1 所示，2005 年公积金个人贷款余额仅为 2096.2 亿元，仅相当于我国四大银行商业性个人住房贷款余额的 16.51%。但到 2006 年底，公积金贷款余额达 3804.71 亿元，贷款余额已相当于四大银行商业性个人住房贷款余额的 19.16%，2008 年末这一比例上升至 20.43%。公积金贷款迅速上升虽然在一定程度上促进了公积金目标的实现，但却与国家宏观调控目标要求减少住房贷款、遏制住房需求不完全相符。

---

① 《津职工买房可提取父母公积金，租房也可用公积金》，365 地产家居网：http://news.house365.com/gbk/hfestate/system/2009/06/30/001328810.shtml。

表 3-1 住房公积金个人贷款与四大银行个人住房贷款情况比较表

| 年份 | 住房公积金个人贷款余额<br>（亿元） | 住房公积金个人贷款余额与四大银行个人<br>住房贷款余额比（%） |
| --- | --- | --- |
| 2005 | 2096.2 | 16.51 |
| 2006 | 3804.71 | 19.16 |
| 2007 | 5074.33 | 18.77 |
| 2008 | 6094.16 | 20.43 |

资料来源：根据住房和城乡建设部网站公布数据及中国人民银行2005、2006、2007、2008年主编的《中国房地产金融发展报告》编制。

2008年下半年，金融危机开始对中国实体经济产生影响，我国经济发展渐入下行通道，阶段性住房需求大幅滑落。随后，国家的宏观调控政策转向保增长扩内需。与扩张的货币政策相对应，商业性贷款利率迅速下调，住房公积金贷款利率也随之迅速下调。从2008年9月至12月，住房公积金贷款利率五次下调，五年以下（含五年）的贷款利率从4.77%下降到3.33%；五年期以上的住房公积金贷款利率从5.22%下降到3.87%。但是，由于商业贷款利率的高折扣竞争以及整体经济环境的影响，公积金贷款仍出现下降。2009年3月23日，住房和城乡建设部通报指出，全国住房公积金个人贷款增速明显放缓。显然，以贷款利率下调促进公积金贷款、扩大内需的宏观调控政策也不一定奏效。

（三）贷款标准调控难以达到目标

由于逐年积累，住房公积金沉淀资金越来越大。为了提高住房公积金使用率，也为了与上涨的房价相对应，各地纷纷改变贷款标准，放宽住房公积金贷款限额和条件。福州市2008年8月开始提高住房公积金贷款金额上限，住房公积金贷款最长期限也由20年延长至30年。[①] 同年10月，上海出台《关于促进本市房地产市场健康发展的若干意见》，从税费、房贷首付、贷款限额等方面给予购房政策优惠。2008年北京也对政策性住房加大了公积金贷款支持力度，规定90平方米以下的经济适用房、限价房，购房人申请住房公积金贷款的首付款比例降至10%，同时将不受楼盘封顶才能放款的限制。在积极的贷款政策下，当年11月上海住房公积金政策效果开始显现，

---

① 《福州市将公积金贷款最长期限延长至30年》，住房和城乡建设部网站：http://www.mohurd.gov.cn。

住房公积金个贷发放额开始走高,其他地方也出现了阶段性住房公积金提取和贷款额增加、自住性住房消费上升的局面。受从紧货币政策、第二套房贷限制政策、CPI上升对家庭购房消费的挤压和美国次贷危机等因素影响,2008年第一季度,上海的个贷发放户数同比和环比出现了负增长,发放户数同比减少0.22万户,降幅达9.44%,环比减少1.72万户,降幅达45.26%。[1] 表3-2显示了这种情况。

表3-2 我国住房公积金提取、个人住房贷款情况表

| 年份 | 实际缴存职工（万人） | 累计缴存总额（亿元） | 当年发放贷款户数（万户） | 当年发放贷款金额（亿元） |
| --- | --- | --- | --- | --- |
| 2005 | 6329.72 | 9759.47 | — | — |
| 2006 | 6916.87 | 12687.37 | 171 | 1765.24 |
| 2007 | 7187.91 | 16230.30 | 134.80 | 2201.57 |
| 2008 | 7745.09 | 20699.78 | 131.13 | 2035.93 |

资料来源:根据住房和城乡建设部网站公布数据整理。住房和城乡建设部网站:http://www.mohurd.gov.cn。

由表3-2可以看出,2007、2008年公积金贷款条件和最高限额放宽以后,全国贷款总额比2006年多出数百亿元,但贷款户数却反而比2006年下降近1/4。这说明公积金贷款条件和最高限额调整只是更大力度地帮助了个别成员购房,但并没有达到帮助更多成员实现公积金住房保障目标的目的。

**(四) 增值收益建廉租房影响不大**

1999年《住房公积金管理条例》规定,住房公积金的增值收益"用于建立住房公积金贷款风险准备金、住房公积金管理中心的管理费用和建设城市廉租住房的补充资金"。为了进一步明确住房公积金在廉租房建设资金上的支持度,2007年政策进一步规定"住房公积金增值收益在提取贷款风险准备金和管理费用之后全部用于廉租住房建设"[2]。在政策的指引下,2006年我国用于建设廉租住房的补充资金约26亿元。截至2006年末,累计上缴同级财政部门的城市廉租住房建设补充资金超过50亿元,2007年累计补充

---

[1] 《2008年一季度上海公积金贷款户数呈负增长》,搜狐焦点网:http://sz.focus.cn/news/2008-05-29/478930.html。

[2] 《国务院关于解决城市低收入家庭住房困难的若干意见》(国发〔2007〕24号)。

资金达 79 亿元，2008 年这一数字上升至 96.98 亿元。① 这些资金虽有效地支持了我国的廉租住房建设，增加了公共住房供应，对于低收入者住房保障目标的实现有一定的积极作用，但是，相对于政府每年成百上千亿元的廉租房建设投入来说，住房公积金增值收益对廉租房的投入有限，难以对廉租房的供应状况和住房保障目标的实现状况产生重大影响。

**（五）购买国债调控力量有限**

配合从紧的货币政策，2007、2008 年住房公积金管理中心连续减少了国债购买，从而帮助国家减少了流通中的货币量。2007 年末住房公积金购买国债余额为 405.76 亿元，比上年末减少 114.29 亿元，减少了 21.98%。2008 年末，住房公积金购买国债余额为 393.14 亿元，同比减少 12.62 亿元，减幅为 3.11%。② 虽然国债购买增减对国家宏观调控起着一定的配合作用，但与国家整体力度相比，住房公积金国债购买调控的力量是有限的，如 2009~2012 年的三年中，我国财政计划投入的宏观调控资金就高达 4 万亿元之多。而且，住房公积金国债购买增减还影响到住房公积金的使用，从而影响到公积金的住房保障作用发挥或公积金保值增值，进而对住房保障目标的实现产生影响。

## 第三节 我国住房公积金贷款管理存在问题

住房公积金贷款是我国住房公积金管理中最重要、最复杂的一项内容。目前，我国住房公积金贷款管理存在的问题主要表现在住房公积金贷款风险管理意识不强、住房公积金贷款标准设置不够科学、住房公积金贷款的人本服务意识不强等方面，这些问题的存在影响到住房公积金贷款的安全性与公平性，也直接关系到公积金住房保障目标能否较快实现。

### 一 住房公积金贷款风险管理意识不强

**（一）现存风险管理不积极**

当前，我国住房公积金贷款风险主要表现为个人逾期贷款风险和单位逾

---

① 住房和城乡建设部：《全国住房公积金缴存使用情况》，住房和城乡建设部网站：http://www.mohurd.gov.cn。
② 住房和城乡建设部：《全国住房公积金缴存使用情况》，住房和城乡建设部网站：http://www.mohurd.gov.cn。

期贷款风险。2008年末，我国住房公积金个人贷款逾期余额为2.47亿元，逾期率（逾期贷款占贷款余额的比例）为0.04%（具体情况见表3-3）。1999年《住房公积金管理条例》颁布以前，我国曾发放了许多经济适用房和危旧房改造等项目贷款。截至2000年6月底，全国住房公积金不良贷款（主要是项目贷款）余额73.6亿元，不良率为34.5%。经过多年努力催收，到2008年末，我国仍有项目贷款、单位贷款和挤占挪用资金余额12.67亿元未收回（具体情况见表3-4）。

表3-3 住房公积金个人逾期贷款情况表

|  | 2006年 | 2007年 | 2008年 |
| --- | --- | --- | --- |
| 个人贷款逾期余额（亿元） | 2.71 | 2.80 | 2.47 |
| 逾期率（%） | 0.07 | 0.06 | 0.04 |

资料来源：根据住房和城乡建设部网站公布的数据编制，住房和城乡建设部网站：http://www.mohurd.gov.cn。

表3-4 住房公积金项目贷款、单位贷款回收情况表

单位：亿元

|  | 2006年 | 2007年 | 2008年 |
| --- | --- | --- | --- |
| 回收项目贷款等 | 20.12 | 8.75 | 4.77 |
| 项目贷款等余额 | 26.19 | 17.44 | 12.67 |

资料来源：根据住房和城乡建设部网站公布的数据编制，住房和城乡建设部网站：http://www.mohurd.gov.cn。

当前，我国住房公积金个人逾期贷款比例较低，大多数逾期贷款都是由一些可以克服的原因造成的，对住房公积金安全的威胁不算太大。如有些贷款者是因为阅读贷款合同不仔细，没有按照合同上约定的日期还款，造成逾期；有些是联络信息或委托扣款账号发生变更后，没有及时通知住房公积金管理中心，造成信息不畅导致拖欠；有些是贷款利率变更后仍按照原利率还贷，导致扣款无法进行，造成拖欠。另外，还贷者出差在外也经常导致还贷逾期。数据显示，真正恶意欠贷的人数只占逾期欠贷人数的15%左右。[①] 由于个人逾期贷款比例不大，且恶意逾期者较少，因此，住房公积金管理中心

---

① 万涛：《公积金贷款一定要按月还钱，逾期不还个人信用记录受损》，银川新闻网：http://www.ycen.com.cn/content/2009-03/10/content_646345.htm。

逐渐放松了对住房公积金个人逾期贷款的管理,没有建立完善的预警机制和分类处理平台。而我国住房公积金项目贷款、单位贷款等逾期贷款是历史原因造成的普遍现象,住房公积金管理中心责任不大,因此,各住房公积金管理中心对其追讨的责任感也普遍不强,不利于住房公积金制度的正常发展。

**(二)潜在风险管理意识不强**

随着住房公积金贷款标准的发展变化及外部环境的变化,我国住房公积金贷款在未来的潜在风险将远比当前复杂。我国住房公积金贷款未来潜在风险主要可能由失业、贷款条件过松、房市泡沫、保障性住房滞销及市场利率波动等因素引起,但我国住房公积金贷款管理者对住房公积金贷款未来的潜在风险因素没有明确的认识,也未采取积极的预防与应对措施。

就失业风险来说,自住房公积金制度建立以来,我国经济一直处于快速上升时期,城镇职工失业率很低,因而由失业引起的贷款逾期不多。但是,随着我国产业结构的转变和世界经济的波动,高就业率可能难以持续,从而可能增加因失业引起的逾期还贷风险。同时,当前加入住房公积金制度的单位大多为行政事业单位、国有企业和大型私企,这些单位抗风险能力较强,职工就业比较稳定,因此其逾期还贷风险不高。但是,随着住房公积金制度的强化和覆盖面的扩大,广大中小民营企业职工也将加入住房公积金制度。中小企业抗风险能力较低,其员工的失业风险增加,因此住房公积金个人贷款的还贷风险可能随之增加。但由于失业风险导致的住房公积金贷款逾期经历不多,因此,我国住房公积金管理者缺乏预防和处理这些风险的意识和经验,不利于住房公积金安全。

就贷款标准过松和房市泡沫风险来说,近几年,我国住房公积金贷款标准不断放宽,包括首付比例要求过低,住房公积金贷款额度只考虑房产价值,不考虑个人住房公积金缴费年限与缴费总额,不考虑个人月收入情况等,导致个人负债比例过高,如果遇到经济严重下滑或房价急剧下跌,则原来的住房公积金贷款者可能成为逾期贷款或"负资产"人士,不利于住房公积金贷款安全。同时,近几年我国房价飞速增长,严重脱离大众购买力,房市明显存在泡沫。当前,我国正在采取措施调控房地产市场,希望房价回归理性。但由于有前期暴利支撑,近期我国房产成交量在宏观调控政策下虽出现下跌,但房价却岿然不动。如果我国调控手段长期坚持不动摇,或进一步加大调控手段与力度,那么,房产商可能会出现资金链紧张并降价抛售房产,从而可能促使房价一步步下跌,导致房市泡沫破灭,并可能使住房公积金抵押贷款获得者成为"负资产"人士。在"负资产"情况下，这些"负资产"人士有可能选择抛弃而不是继续拥有房产，住房公积金安全受到威胁。我国住房公积金管理中心是事业性单位而非专业的金融性单位，贷款风险管理意识和管理手段本身就比较缺乏。2010年，我国几大商业银行都做了贷款抗风险能力测试，但全国的所有住房公积金管理中心却没有做。另外，由于房市泡沫引起的个人逾期贷款或负资产风险在我国住房公积金贷款历史中并不多见，因此，我国住房公积金管理者缺乏预防和处理这些风险的意识和经验，这也都不利于住房公积金安全。

就保障性住房滞销风险来说，2009年，我国又开始了保障性住房建设贷款试点。一般来说，在我国当前保障性住房严重不足的情况下，保障性住房不存在滞销问题。如果保障性住房销售快，建设资金的周转就快，住房公积金贷款风险就小。但是，我国保障性住房往往位置偏远，配套设施不足，价格也不便宜，吸引力大打折扣。2008年，我国深圳、武汉等地就普遍出现了保障性住房滞销的情况。因此，住房公积金直接贷款建设保障性住房也是存在一定还贷风险的。而且，与住房公积金个人贷款相比，住房公积金放贷保障性住房建设更简便，责任更小，因此各地住房公积金管理中心都热衷于进行保障性住房建设贷款，这就使得住房公积金贷款的风险更大。但是，住房公积金直接贷款建设保障性住房是完全政策性而非市场化的放贷，对于这种完全政策性的贷款，住房公积金管理者基本没有风险管理意识，这对住房公积金安全非常不利。

就市场利率波动风险来说，当前，我国住房公积金实行浮动利率制度。浮动利率消除了住房公积金管理中心的经营风险，但增加了贷款者的还贷风险。如果贷款利率上升过快，住房公积金贷款者的还贷负担将迅速增加。如果住房公积金贷款者每月的还贷额迅速增加并超过其收入的一定比例，则可能增加其还贷困难，影响住房公积金安全。假若再遇上通货膨胀或消费价格指数过快上涨，还贷情况可能会更糟。由于市场利率波动风险在我国住房公积金贷款历史中较少见到，因此，我国住房公积金管理者缺乏预防和处理这些风险的意识和经验，不利于住房公积金安全。

## 二 住房公积金贷款标准不够合理

住房公积金贷款标准是指住房公积金贷款额度和贷款条件的设立和调整及其遵循的原则。自20世纪90年代住房公积金制度建立以来，各地政府对住房公积金贷款标准进行过多次调整，近几年尤其如此。如北京市住房公积金最高贷款额从较早时期的30万元，调整到2007年7月1日的60万元，再调整到2008年11月6日的80万元。同时，北京市新规还允许贷款额根据3A信用等级进行适当上浮，个人信用评估机构评定的信用等级为AA级的，其住房公积金贷款额可上浮15%，即92万元；AAA级的借款申请人，贷款金额可上浮30%，即104万元。此外，2008年北京市住房公积金管理中心还规定，职工用住房公积金贷款购买经济适用房、限价房，不再需要满足以往的"缴存住房公积金12个月以上"等规定，现在只要"建立了住房公积金账户，哪怕只交了第一个月的住房公积金，就可顺利贷到款"。① 上海市也已将住房公积金贷款上限由2005年的30万元上调至2008年的80万元，并于2009年再次上调至110万元。② 从2008年8月11日起，福建省直住房公积金贷款最高额度也由原来的双方35万元提高到45万元；单方则由原来的28万元提高到35万元。③ 合肥市则自2008年11月17日起，对缴存住房公积金职工购买自住住房，在还清首次住房公积金贷款后，允许办理第二次住房公积金贷款。④ 随着住房公积金缴存额的增加和购房负担的增加，适当提高住房公积金贷款额度是必要的，但是，我国各地住房公积金贷款标准的设置比较随意，⑤ 影响到住房公积金制度的公平与可持续发展。下面我们将主要以北京市住房公积金贷款标准的设置和调整为例，说明我国住房公积金贷款标准存在的问题。

### （一）贷款标准没有完全贯彻责权对等原则

根据北京市住房公积金管理中心的说法，住房公积金贷款额度的调整不是随意的，北京市住房公积金贷款额度2008年调整至80万元是有其合理依据的，它依据了"责权对等"原则。⑥ 北京市住房公积金管理中心称，"北

---

① 《北京公积金贷款最高可达104万元》，地产中国网：http://house.china.com.cn/second/view/22400.htm。
② 《上海公积金贷款最高110万，优惠政策包括二套房》，搜狐网：http://news.sohu.com/20090106/n261600123.shtml。
③ 《住房公积金贷款额度、期限和利率》，福建省直公积金网：http://www.fjszgjj.com/new.asp?ArticleID=236。
④ 《合肥解禁第二次住房公积金贷款》，人民网：http://house.people.com.cn/GB/98384/99154/100028/8339140.html。
⑤ 王彬、石浩：《德国住房储蓄模式对我国公积金运作的启示》，《西部财会》2004年第6期。
⑥ 《北京公积金今起最高可贷80万，公积金拟每月可支取》，新华网：http://news.xinhuanet.com/house/2008-11/06/content_10314330.htm。

京职工的工资在不断变化，缴存公积金也在增加，应该是缴存了多少公积金，就可以贷到多少款"。根据责权对等原则，2008年北京市"公积金最高缴存额为2392元/月，如果这些钱全部还贷，可以贷款的最高额度为43万元，而由于贷款是以家庭为单位，按夫妇双方计算，最高可贷86万元"。"责权对等"原则确实是住房公积金贷款应该依据的原则，因为住房公积金是互助住房储金，为了实现互助，成员有按时缴纳住房公积金并为其他成员提供贷款互助支持的责任，同时也有按贡献大小享受互助贷款的权利。

北京市住房公积金贷款额度的确定依据的是贷款者15年的缴存额，但是一般来说，职工的住房公积金缴存年限因参加工作年龄不同和退休年龄不同而不完全相同，大致为20~40年。如果所有职工都统一按15年的缴存额予以贷款，则不能体现不同职工的责任差别，所以北京等地的住房公积金贷款额度确定并不能真正做到责权对等。同时，贷款条件过于宽松也使个人责权难以真正对等起来。因为住房公积金是互助储金，贷款来源于成员的缴费积累。北京新的住房公积金贷款条件是只要缴存一个月就能获得住房公积金贷款，贷款额度还可根据信誉提高，贷款时间最长可达退休年龄，这就意味着有些贷款者可能只享受了住房公积金贷款权利，而几乎不可能承担互助责任。这种责权的非对等性不仅不利于成员间的公平互助，也不利于住房公积金制度的可持续发展。另外，福建省直住房公积金贷款最高额度实行单职工与双职工的差别对待，夫妻双职工成员的贷款额不是单职工成员贷款额的两倍，而是低于两倍，这种规定虽符合家庭的现实需要，但却违背了权责一致原则，不利于住房公积金贷款的公平发放。

**（二）贷款标准没有真正依据普遍性原则**

根据北京市住房公积金管理中心的说法，住房公积金贷款额度调整还依据了"普遍性"原则。[1] 北京市住房公积金管理中心称，"2005~2007年数据显示，北京市公积金贷款笔数占总缴存人数的1%"。如果一笔贷款以家庭为单位，按夫妇双方计算，则为2%，即一笔或一对夫妇的公积金贷款，约有50对夫妇缴存人在支持它。于是，根据此原则，北京市"2007年底，公积金缴存人平均账户资金余额为1.7万元，以此计算，一笔公积金贷款最高额度应不超过1.7万元×50＝85万元"。"普遍性"原则确实是住房公积

---

[1] 《北京公积金今起最高可贷80万，公积金拟每月可支取》，新华网：http://news.xinhuanet.com/house/2008－11/06/content_ 10314330. htm。

金贷款应该依据的原则,因为住房公积金是帮助国民实现住房需求的储金,应为所有成员实现住房需求而不应只为部分成员实现住房需求提供帮助。然而如果以此作为放贷的依据,则意味着让北京市每一对夫妻成员都获得公积金贷款大概需要50年时间。但公积金只给在职职工放贷,假如按大多数夫妻的住房公积金缴存年限30年计算,则大概只有60%的夫妻成员在退休前可得到住房公积金贷款,这显然与住房公积金互助贷款的普遍性原则不太相符,不利于成员公平地、普遍地实现互助贷款。

### (三) 贷款标准难以实现满足中低收入者的基本住房需要原则

根据北京市住房公积金管理中心的说法,住房公积金贷款额度调整还依据了保障中低收入者的基本住房需要的原则。[①] 目前,中小户型住房面积界定为建筑面积90平方米以下。按有关部门测算,2008年北京市普通商品住房均价在1.1万至1.2万元/平方米。以此标准,职工基本住房总房价应为99万元至108万元,除掉首付款20%,住房公积金贷款最高额度也应在80万元至86万元之间。

满足中低收入者的基本住房需要等原则确实是住房公积金贷款应该依据的原则,因为住房公积金是专为住房设立的专项基金,理应尽最大可能帮助每一个成员实现基本住房目标。但是,住房公积金是强制职工根据工资固定比例缴存的数量非常有限的储金,住房公积金贷款是政策性住房互助储蓄贷款,它只能根据有限的资金供应量提供有限的且必须付出一定义务的贷款,而无法根据资金需求量满足职工全部的贷款需要,否则就会出现资金供求失衡。如南京市住房公积金管理中心近几年曾根据住房公积金大量沉淀的状况提高住房公积金贷款额,但不久却出现了住房公积金入不敷出的状况,最后不得不紧急出台住房公积金贷款新政,下调住房公积金贷款额,停止二次贷款,以维持基金供需平衡。

### (四) 贷款标准中有关第二次贷款的规定不太合理

合肥市允许办理第二次住房公积金贷款的规定也不太规范。因为它规定只要还清第一次贷款,并且是购买自住住房就可以办理第二次公积金贷款,而没有对第二次贷款额度与第一次贷款额度、期限等进行关联性规定,容易导致成员责权不对等。

---

① 《北京公积金今起最高可贷80万,公积金拟每月可支取》,新华网:http://news.xinhuanet.com/house/2008-11/06/content_10314330.htm。

## 三 住房公积金贷款的人本意识不足

### (一) 贷款管理的人本意识不强

当前,我国公积金贷款管理是一种粗放式的管理,主要实行的是资金量目标管理,如一年必须实现多少贷款额度。而真正科学细致的住房公积金贷款管理应该更注重贷款的质和贷款对人需求的满足,即住房公积金贷款发放是否合理,是否公平和尽可能地满足了贷款者的贷款需求,是否帮助尽量多的成员实现了住房目标等。这种住房公积金贷款管理的人本意识要求公积金管理者对公积金贷款供求进行合理的分析与科学细致的管理,并想办法解决公积金人本化贷款中存在的障碍,但我国的公积金贷款管理却没有做到这一点。

首先,管理者没有采取积极措施解决住房公积金贷款有限性问题。公积金是强制积累的封闭式住房储金,其基金由城镇职工按规定工资比例缴纳而成。由于公积金所覆盖职工人数有限,且受公积金缴费比例限制,因此公积金积累总量有限。由于基金总量有限,公积金个人住房贷款规定了严格的贷款条件与最高贷款限额。目前,我国消费性住房的首付比例一般为20%,其余80%的资金需要贷款支持。2008年,全国共发放住房公积金个人贷款131.13万笔,合计2035.93亿元。根据公积金实际缴存职工人数7745.09万人计算,如果一笔贷款包含夫妻两个公积金成员,那么公积金当年仅为约3.4%的成员提供了贷款,且平均每对夫妻成员贷款为15万多元。假若按2007年全国住房均价3645元/平方米和城镇人均居住面积25平方米计算,那么,一个三口之家首付后的住房贷款约需要22万元,公积金仅提供了2/3的贷款资金。国家统计局公布的贷款余额数据也显示,2008年末,公积金个人贷款余额约为商业性个人住房贷款余额的1/5。由此可见,个人住房贷款需求数额庞大,公积金仅为少部分人提供了有限的个人住房贷款。公积金贷款的有限性大大降低了公积金的吸引力,也不利于公积金住房保障目标的实现,但是,公积金管理中心并未设法解决这一问题。

其次,管理者没有积极解决住房建购资金严重不足的问题。计划经济时代,由于国家对住房实行统建统分,建房资金有限,住房发展缓慢,城镇住房紧张。实行房改后,城镇居民对住房建购的需求一下子释放出来,住房建造资金需求巨大。房改实行以来,随着商品房市场的迅速发展,我国房地产市场也迅速壮大。1997年我国房地产企业完成住房投资仅1539万元,2007

年这一数字达 18005 万元,<sup>①</sup> 10 年增长了 10 倍多。1997 年我国房地产开发企业共开工住房面积 10996.64 万平方米,2007 年这一数字增长至 78795.51 万平方米,<sup>②</sup> 10 年增长了 6 倍多。但是,即使是如此迅速的房地产投资与发展,也还远未解决我国城镇居民的住房问题。这主要是因为房价太高,老百姓买不起房。这就需要政府大量建造和提供廉价的政策性住房。但近几年的实践证明,地方财政没有足够的资金支持政策性住房建设,政策性住房建设资金缺口巨大,而住房公积金成立时所计划的帮助城镇住房发展的目标却因资金紧张而搁浅。在这种情况下,公积金管理者也没有采取积极有效的措施促进保障性住房建设,从而为居民购房和运用公积金贷款创造条件。

(二) 贷款服务的人本意识不强

受长期计划经济思想影响,我国住房公积金贷款行政管理意识浓厚,而人本服务意识比较淡薄,主要表现在公积金贷款服务水平提高缓慢、公积金异地贷款受到制约、公积金贷款利率过高和二手房不放贷等方面。公积金服务意识淡薄影响了公积金贷款服务水平的提高,降低了公积金贷款的吸引力,不利于公积金贷款的发展和公积金住房保障目标的实现。

首先,公积金贷款服务水平提高缓慢。我国各地公积金管理中心的公积金贷款服务方式落后,服务水平提高缓慢,不利于住房公积金贷款的发展。一直以来,我国住房公积金贷款手续烦琐,不仅表格和证明材料多,还得亲自多次反复在住房公积金管理中心和代理银行间进行资格审核,费时费力。公积金贷款的还贷提取也非常落后,一年只可提取一次,简称"年年提"。提取者每年都必须重复烦琐的过程,并到住房公积金管理中心排长队办理。另外,由于住房公积金一年只能提取一次,因此职工在提取住房公积金之前,必须先自己偿还贷款。虽然我国已有少数地方的公积金提取由"年年提"升级成了"月月转",但绝大多数地方还迟迟未见动静。这种落后的非人本的服务方式不仅降低了住房公积金的使用效率,也影响了个人使用住房公积金贷款的积极性,不利于公积金贷款业务的发展,不利于公积金住房保障目标的实现。

其次,公积金异地贷款服务不足。2009 年 3 月,辽宁省 14 个城市共同

---

① 国家统计局编《2008 中国统计年鉴 (5-32)》,国家统计局网站:http://www.stats.gov.cn/tjsj/ndsj/2008/indexch.htm。

② 国家统计局编《2008 中国统计年鉴 (5-19)》,国家统计局网站:http://www.stats.gov.cn/tjsj/ndsj/2008/indexch.htm。

签订了《住房公积金异地贷款合作协议》。根据协议，辽宁省内 14 个城市的居民今后可通过住房公积金贷款实现在省内异地购房。按照协议，正常缴存住房公积金的职工如果选择异地购房，可以向购房所在地的住房公积金管理中心申请异地贷款，并执行当地住房公积金异地贷款政策，购房所在地的住房公积金管理中心负责贷款申请审核并办理抵押等担保手续。同时，贷款职工、购房所在地和住房公积金缴存地的住房公积金管理中心等三方，将签订《异地贷款职工住房公积金提取使用协议》。待协议生效后，购房所在地的管理中心将发放贷款，贷款职工直接向购房所在地管理中心办理还款。缴存地管理中心必须确保办理异地贷款职工的住房公积金只能用于偿还异地贷款本金、利息及罚息。虽然辽宁省 14 个城市一起为公积金异地贷款开了绿灯，但就全国来看，这种允许公积金异地贷款的方式并不普遍。

除了没有普遍推广外，各地对公积金异地贷款的要求也各不相同。如广州市对住房公积金异地贷款进行了非常苛刻的规定。广州市规定，住房公积金异地提取者必须是在广州市行政区域外购买自住住房，且所购房产须在本人户籍所在地、工作地，或是在配偶户籍所在地、工作地，否则不予提取。[①] 这就限制了有些成员想在父母所在地或其他地方购买住房并获得公积金贷款的机会。另外，省际城市之间的公积金异地购房贷款合作还很少见到。总的来说，全国住房公积金异地贷款发展比较缓慢，同时很多地方即使允许公积金异地贷款，也设置了很多障碍，限制了成员对公积金的使用，制约了公积金贷款业务的发展和住房保障目标的实现。

再次，公积金二手房贷款和二次房贷业务发展不积极。虽然近几年，公积金贷款条件有所放宽。如湖北省鄂州市住房公积金管理中心曾从中低收入家庭的实际情况出发，根据房地产市场行情和价格走势，适时调整住房公积金个人贷款政策，积极拓展二手房贷款业务。安徽省合肥市也曾对缴存住房公积金职工家庭购买自住住房，在还清首次住房公积金贷款后，允许办理第二次住房公积金贷款。不过，允许二次房贷或二手房贷款也只是个别地区的个别现象，且大多为权宜之计，并没有长期普遍实施，从而制约了成员使用公积金贷款，影响了公积金住房目标的实现。

最后，公积金贷款利率与环境不符。我国住房公积金贷款利率虽然比商

---

① 国家统计局编《2008 中国统计年鉴（5-19）》，国家统计局网站：http://www.stats.gov.cn/tjsj/ndsj/2008/indexch.htm。

业贷款利率低，但绝对利率并不低。受传统生活习惯影响，一些国人还不习惯这种消费方式，因此，他们会尽量选择以向亲朋好友借钱的方式筹资购房。有些国人即使使用公积金贷款，但也会尽可能少贷。对这些人来说，公积金贷款业务不符合他们的需求，公积金的充分运用受到影响。

## 第四节　我国住房公积金管理体系不完善

以住房公积金管理中心为中心，我国住房公积金建立了类似公司治理结构的住房公积金内部决策执行体系和多层级多部门并行管理的外部行政监管体系。但受传统计划经济影响，我国住房公积金公司式治理方式不完善，导致公积金决策执行体系行政化，不利于住房公积金制度的健康发展。同时，我国住房公积金统筹层次不高，外部行政监管体系的委托—代理链过长，职责交错，容易产生监管漏洞。另外，审计监督和大众监管手段也没有充分运用起来。这些无疑给腐败提供了机会，影响了公积金安全。

### 一　住房公积金的内部决策执行体系不完善

#### （一）住房公积金公司式治理结构功能虚化

公共产品不仅包括各种物质产品，同时还包括公共服务。公共产品是非盈利产品，从本质上讲，生产公共产品与市场机制是矛盾的，市场不会主动提供公共产品。而公共产品是全社会成员必须消费的产品，它的满足状况反映一个国家的福利水平，因此，它必须由政府直接提供或由政府委托私人来提供。一般来说，公共产品委托私人生产，效率较高。最现代的市场生产组织方式是法人治理模式，完善的法人治理结构有利于提高管理效率。法人治理模式又称公司治理模式，是现代企业制度中最重要的组织架构。公司作为法人，是由法律赋予了人格的团体人、实体人，需要有相适应的组织体制和管理机制，具有决策执行权利，并承担责任。按照《公司法》的规定，法人治理结构由股东会或者股东大会、董事会、监事会和经理等四个部分组成，它们的产生和组成、行使的职权、行事的规则等，由《公司法》明确规定。法人治理结构的建立应当遵循法定原则、职责明确原则、协调运转原则和有效制衡原则。我国住房公积金管理中心是直属城市人民政府的不以营利为目的的财政独立的事业单位，实行由住房公积金管理委员会决策、公积金管理中心实施的公司化治理方式，但我国住房公积金的公司式治理结构主要是形似，各组成部分的功能并没有得到很好的落实。

首先，住房公积金公司式治理不彻底，不利于调动公积金管理中心的积极性。我国住房公积金管理与实施的最高法律依据只是国务院颁布的行政法规——《住房公积金管理条例》，但《住房公积金管理条例》对公积金公司化治理缺乏明确规定，只作了实行公积金管理委员会决策与公积金管理中心管理等类似公司化治理结构的规定。在公积金管理中心的人员任用上，我国不是聘任经理和雇员，而是任命国家工作人员对公积金管理中心进行管理。同时，住房公积金管理中心缺乏公司化治理应有的财政自主权。这种非真正公司化的人事和财政管理体制显然不利于调动公积金管理中心的积极性，以促使其降低成本、增加经营收益、改进服务。我国各地住房公积金贷款风险准备金几乎都过量提取，就是公司化治理功能不完善的结果。

其次，住房公积金管理委员会人事权不足，难以对公积金管理中心形成有效约束。在住房公积金管理委员会和公积金管理中心的委托—代理关系中，住房公积金管理委员会对公积金管理中心有人事推荐权但没有人事决定权，有财政和行政监督权但没有处分权。《关于完善住房公积金决策制度的意见》（建房改〔2002〕149号）、《住房公积金行政监督办法》（建金管〔2004〕34号）明确规定，住房公积金管理委员会有推荐住房公积金管理中心主任、副主任人选和对不称职的主任、副主任提出更换建议的权力，但最终的人事决定权在城市人民政府；住房公积金管理中心违反财政法规，一般由国务院财政部门或者省级财政部门作出处罚；住房公积金管理中心违反其他规定，由国务院建设行政主管部门或者省、自治区人民政府建设行政主管部门依据管理职权，责令限期改正，对负有责任的主管人员和其他直接责任人员，依法给予行政处分。委托代理双方这种监管与被监管、处分与被处分责权的非对称性使得住房公积金管理委员会的监管权力大大弱化，难以对公积金管理中心形成有效约束。

最后，住房公积金管理委员会非常设，决策监管功能虚化。我国住房公积金管理委员会不是常设机构，一年只召开两至三次会议，决定委托银行选择、公积金缴存率变化、贷款标准变更、国债购买总量等原则性事务，具体的管理操作都由住房公积金管理中心决定并实施，因此，公积金管理中心是金融活动的真正决策与实施者。而且，公积金管理中心主任大多由当地建设系统相当级别的领导担任，很多重大决议在进行全体会员的表决前，都是先由公积金管理中心做一些事前的意见统一工作，因此，公积金管理中心地位突出，公积金管理委员会则形同虚设，决策流于形式。由于管理委员会非常设，不可能对公积金管理中心进行实时监管，只能通过公积金管理中心每年递交的季度或年度报告及财政预算和决算草案进行表面和事后监督，这无疑给公积金管理中心管理者腐败提供了机会。1999年8月至2004年1月15日，郴州市住房公积金管理中心主任李树彪利用职务之便先后作案44次，每年平均作案10多次，[①] 郴州市住房公积金管理委员会都未能发现，由此可见管理委员会监管真空之大。

### （二）住房公积金管理中心的激励与约束机制不完备

我国住房公积金管理中心实行事业性人事制度，市场激励与约束机制难以发挥作用，加之目前大部分住房公积金管理中心目标责任机制没有完全建立起来，因而它们的管理和服务效率难以提高。同时，我国住房公积金管理中心对财务违规行为的约束制度不健全，纵容了公积金案件的发生。

首先，公积金管理中心人事激励与约束机制不完善，公积金管理和服务效率难以提高。我国住房公积金管理中心实行事业性人事制度，市场竞争机制难以发挥作用，需要通过建立目标责任制的方式来激励公积金管理中心加强管理。但是，当前我国绝大多数公积金管理中心没有建立目标责任制，没有树立明确的公积金管理目标，没有明确公积金管理中心领导及职员的岗位职责，没有建立科学合理的公积金管理目标与岗位评价、奖惩机制。因此，我国公积金管理中心管理和服务效率不高，且缺乏改进的动力。

其次，公积金管理中心财务制度不健全，不利于公积金管理中心的管理与公积金的安全。公积金管理中心财务制度不严格，主要表现在专用账户资金的随意调度、随意做假账、印鉴管理松懈与合同签署程序草率等方面。当前，我国住房公积金实行特设账户，专款专用。但2004年，新疆克拉玛依市独山子区住房公积金管理中心副主任马士虎擅自从国债投资账户上发放虚假委托贷款80万元。2005年7月，马士虎又擅自将两笔共计150万元住房公积金从住房公积金管理中心建行账户划出，随后指使银行工作人员制作假对账单应付检查。最严重的是，2004年1月，马士虎私自带着公积金管理中心印信与乌鲁木齐金新信托公司签订3000万元国债委托投资协议。协议分阴阳两份合同签订，投资信托合同收益率为5%，补充协议收益率给马士

---

[①] 《湖南郴州副市长雷渊利被双规，其子正在英国留学》，中国专利法律网：http：//www.zhuanlilawyer.com/html/2005 - 4 - 25/2005425105029.htm。

虎个人，为 3.01%。最后，马士虎成功贪污，3000 万元投资则由于金新信托公司非法集资案发而打了水漂。① 2004 年 4 月至 12 月间，梁某利用担任北京市住房公积金管理中心东城管理部外企营业厅个贷员的身份，在负责审核贷款的过程中，违反有关规定，收取好处费后，明知刘某等人提交的 37 份住房公积金贷款申请不符合资格条件，却擅自予以审批，致使刘某等人诈骗住房公积金贷款共计 1376.2 万元，给北京市住房公积金管理中心造成人民币 940.3 万元的损失。② 从新疆及北京等事件可以看出，我国住房公积金管理中心财务管理制度不健全或执行不严格，给腐败提供了机会，影响了公积金的安全。

（三）住房公积金决策执行机构与代理银行关系不健全

在住房公积金内部管理体系中，由于住房公积金委托银行管理，因此形成了住房公积金管理委员会与代理银行的委托—代理关系及住房公积金管理中心与代理银行的业务关系。对公积金管理中心来说，自己与代理银行都是公积金管理委员会的代理人，处于同等地位并形成业务关系，理应相互约束。但是，我国住房公积金管理委员会与代理银行存在不完全契约，从而使得代理银行有机会产生道德风险。同时，住房公积金管理中心与代理银行的业务关系也发生异化，不利于公积金业务的正常发展。

首先，住房公积金管理委员会与代理银行存在不完全契约，代理银行容易产生道德风险。根据委托—代理理论，道德风险是由于不完全契约使负有责任的经济行为者不能承担全部损失造成的。由于在这不完全契约和不确定性存在的情况下，代理人不可能承担他们行动的全部后果。③ 解决道德风险一是应设计共担风险、期限适宜的最优契约，二是实行限制性分配制度。④ 但是，我国公积金管理并未达成最佳委托—代理契约，也未实行限制性分配制度，从而不利于消除道德风险。

一种道德风险是合作积极性与代理服务水平可能下滑。根据原有规定，银行代理住房公积金收缴和提取业务，住房公积金管理中心不需支付银行佣

---

① 《新疆官员花 100 万当上公积金管理中心副主任》，腾讯网：http://news.qq.com/a/20091015/000940.htm。
② 王巍：《北京公积金管理中心干部滥用职权致损失 900 余万》，北京益房网：http://bj.efw.cn/news/n11770.html。
③ 国彦兵编著《新制度经济学》，立信会计出版社，2006，第 206 页。
④ 国彦兵编著《新制度经济学》，立信会计出版社，2006，第 207 页。

金。同时，住房公积金在银行的专户存款，银行也不需支付住房公积金管理中心利息。后来，新的规则改为住房公积金余额在银行享有超额准备金率，同时，公积金管理中心也须按缴费和提取人次付给银行佣金。很明显，无论是老规则还是新规则，公积金管理中心与代理银行的合约都没有明确的约束性和激励性。因为在这种合约下，短期来说，代理银行积极办事没有额外的回报激励，而如果采取拖延支付或消极办理的方式，还可获取对专户资金的低成本使用。长远来说，由于银行间住房公积金业务不易转接，一旦住房公积金管理委员会选定了代理银行，就意味着代理银行获得了住房公积金业务的长期代理权。由于没有限制性分配政策，长期代理合同往往会对代理人激励不足。因此，在这种激励和约束不足的合约下，公积金代理银行一旦确定，就容易产生道德风险，合作积极性与代理服务水平可能下滑，从而损害住房公积金管理中心及公积金成员的利益，影响成员使用住房公积金的积极性。

另一种道德风险是合谋。我国住房公积金由银行托管，住房公积金贷款的发放也是在代理银行进行。通过住房公积金管理中心与代理银行的共同审核批准后，个人住房公积金贷款由代理银行从住房公积金托管在银行的基金账户中划转给个人所购住房的房产公司。银行代理住房公积金住房贷款，按贷款利率的5%收取手续费，不承担任何资金风险。根据委托—代理理论，委托代理双方的效用函数往往是不一致的，代理人并不一定为委托人的利益服务，甚至不惜以牺牲委托人的利益为代价来谋取私利。代理人可以利用两种方式获得对委托人的优势地位：一是利用委托人难以观察到的私人信息而获得优势；二是利用委托人难以观察到的行动而获得优势地位。[1] 在住房公积金委托贷款中，通过委托放贷，代理人完成委托贷款任务，收取佣金，委托代理双方目标一致。但在代理放贷的过程中，代理银行逐渐掌握了贷款者的特性，即住房公积金贷款者大都工作稳定、信誉较高，是优质贷款客户。统计数据显示，2006年全国住房公积金个人贷款平均逾期率为0.07%，2007年为0.06%，2008年为0.04%，都不超过0.1个百分点。[2] 在掌握了这一信息后，在利益的驱使下，代理银行会设法把这些优质

---

[1] 国彦兵编著《新制度经济学》，立信会计出版社，2006，第205页。
[2] 住房和城乡建设部：《全国住房公积金管理情况通报》，住房和城乡建设部网站：http://www.mohurd.gov.cn。

第三章 我国住房公积金制度存在的问题 57

客户据为己有,因为银行自我放贷的回报率比代理贷款的佣金回报高很多。于是,在私利的诱惑下,代理银行开始怠慢住房公积金委托贷款,拖延办理时间,甚至以发放住房开发贷款为条件与房产商合谋,假借房产商的名义拒绝购房者使用住房公积金贷款购房,要求购房者必须使用商业贷款,即向代理银行贷款,从而影响住房公积金的运用及公积金住房保障作用的发挥。

其次,住房公积金管理中心与代理银行关系异化,容易导致二者的勾结,影响公积金安全。按《住房公积金管理条例》规定,担任公积金资金托管的代理银行由住房公积金管理委员会选定,选定的代理银行须设立住房公积金专用账户,对住房公积金进行资金托管并代办委托业务。但是,由于公积金管理委员会不是常设机构,且监管权限不足,住房公积金管理中心成了代理银行事实上的选择者和委托者,从而给代理银行与住房公积金管理中心勾结创造了条件。由于未明确规定代理银行在与住房公积金管理中心业务交往中需要承担的责任与风险,因此,代理银行可以任意行事,不仅没必要约束公积金管理中心的行为,相反,它还因公积金管理中心有事实上的新增公积金存款的代理银行选择权而对公积金管理中心唯命是从,对公积金管理中心在住房公积金收支管理和运营过程中的所有要求,包括虚假委托贷款、违规抵押贷款、不合理的转账和做假账等,一一照办。这样,代理银行与住房公积金管理中心就由本来的平行且互相约束的关系变为了类似老板和下属的关系,公积金管理中心是老板,是管理者、经营者与风险承担者,掌握着公积金的调度权,代理银行是办事员,听从住房公积金管理中心的指令,至于指令是否合乎规则,银行无须考虑,只需绝对服从。

如新疆克拉玛依市独山子区住房公积金管理中心副主任马士虎擅自将两笔共计150万元住房公积金从公积金管理中心建行账户划出以及申请有明显违规行为的委托贷款,因为住房公积金管理中心是"银行大客户,银行不承担任何风险,也就给办理了"[1]。2004年1月中旬,郴州市住房公积金管理中心主任李树彪以职务便利,假借他人名义从建行郴州市支行申请住房公积金贷款500万元。他以100名申请者签名、每人贷款5万元的委托贷款方式进行住房公积金贷款,因为没有面批,这起贷款明显违规、虚假,但因李

---

[1] 《新疆官员花100万当上公积金管理中心副主任》,腾讯网:http://news.qq.com/a/20091015/000940.htm。

树彪的身份，贷款得以成功。如农业银行郴州市分行就是因为曾从李树彪手中争取到4000余万元住房公积金存款，作为回报，李树彪的堂弟欧阳山青才能从该行获得19笔贷款，其中最大一笔金额达1000万元。① 代理银行与住房公积金管理中心关系的异化大大损害了公积金的安全，不利于公积金住房保障目标的实现。

## 二　住房公积金的外部监管体系不完善

### （一）住房公积金委托—代理链过长

我国住房公积金管理中心是（设区）市政府的下属单位，住房公积金政策制定权却在住房和城乡建设部。由于委托代理层级过多，且全国住房公积金管理中心众多，住房公积金发展状况和发展环境各地不一，住房和城乡建设部又远离基层，难以及时全面地掌握各地住房公积金发展动向与需要，因此，我国住房公积金政策制定除了容易发生时滞，往往还缺乏针对性和灵活性，从而使地方决策延误，降低了公积金的使用效率。

我国住房公积金连年来积累了大量沉淀资金。2008年，我国开始酝酿住房公积金沉淀资金用于支持保障性住房建设的试点工作，但直到2009年10月16日，住房和城乡建设部、财政部、发改委、人民银行、监察部、审计署、银监会等七部门才联合出台《关于利用住房公积金贷款支持保障性住房建设试点工作的实施意见》。一项住房公积金试点政策历时一年多才制定出来，体现了我国住房公积金政策制定的迟滞性。这种政策迟滞导致各地数千亿元沉淀资金长时间闲置浪费，住房公积金资本效益受损。同时，试点方案中规定可以用50%的沉淀资金投资保障性住房建设的规定也没有顾及我国东、中、西部的情况差异，从而可能不利于各地公积金的合理使用。

### （二）住房公积金管理委员会结构不合理

住房公积金管理委员会是我国住房公积金的决策机构，由政府、单位和职工等三方代表组成，实行民主决策。一般来说，个人民主只限于人数较少时，当人数较多时，个人民主往往会被团体民主所代替，而只有当利益集团很发达，而且各利益集团之间形成了相互制衡的局面时，团体民主才可能实现。②

---

① 《湖南郴州副市长雷渊利被双规，其子正在英国留学》，专利法律网：http://www.zhuanlilawyer.com/html/2005-4-25/2005425105029.htm。

② 辛鸣：《制度论》，人民出版社，2005，第170页。

首先，住房公积金管理委员会三方力量不均，容易导致决策行政化和管理中心人事行政化。我国住房公积金管理委员会人员太多，一般都有二三十人。二三十人的委员会较大，一般不利于个体民主协商及提高决策效率。而且，住房公积金管理委员会代表虽来源于政府、单位和职工三方，但政府代表来源较为集中，意见容易统一，单位代表和职工代表来源比较分散，意见难以协调，最后往往导致住房公积金管理委员会决策偏于行政化。

住房公积金管理委员会决策偏行政化容易使公积金管理中心人事行政化，容易产生政府与公积金管理中心的关联与勾结，造成政府对公积金管理中心行政监管的真空，从而给贪污挪用住房公积金提供了机会。事实证明也确实如此。《住房公积金管理条例》规定，我国住房公积金管理委员会设主任委员1人，副主任委员1~3人，经全体委员推举产生。但由于代表政府的利益集团的作用，公积金管理中心主任和副主任的推荐也行政化，基本上都是由政府官员或政府赏识的人士担任，从而形成政府、住房公积金管理委员会与公积金管理中心人事上的关联，使本来应当各自独立的住房公积金决策和行政管理一体化，使我国住房公积金管理中心变为政府机构的延伸，而不是真正实行独立的公司式治理的机构。如《住房公积金管理条例》明确规定1999年后各住房公积金管理中心应停止发放住房公积金项目贷款，但直到2003年，直接管理住房公积金的郴州市副市长雷渊利，利用其职务及其与公积金管理中心主任李树彪的关系，乱批条子，继续发放住房公积金项目贷款，用于郴州市步行街项目和郴州市郴江河综合治理工程、东骏广场等项目建设。

其次，住房公积金管理委员会结构不合理，不利于科学决策。住房公积金决策的非科学性主要体现在决策的非专业性和非公平性上。我国住房公积金管理委员会由政府、单位和职工等三方代表组成，缺乏社会保障等专业人士的参与或社会保障等专业人士的参与不足。由于缺乏专业精英的参与，决策往往过于粗糙，不利于住房公积金制度按其本质要求发展。我国当前住房公积金贷款标准的确定与调整就体现了决策的非专业性与非科学性，导致了住房公积金贷款供求失衡、权责不对等和风险过高等诸多问题，不利于住房公积金制度的顺利发展和住房保障目标的顺利实现。

(三) 住房公积金行政监管体系不完善

我国住房公积金管理中心所管理的资金量庞大，但公积金外部监管体系却不完善，给公积金腐败提供了机会。

首先，行政监管网络复杂，容易导致重复监管或监管漏洞，不利于住房公积金安全。我国住房公积金外部行政监管体系共有中央、省、（设区）市三个科层，与住房公积金管理中心（住房公积金管理委员会）形成三层委托—代理关系。这三层委托—代理关系共同织成了一个纵横交错的公积金行政监管网络。就纵向来说，主要有国务院住房和城乡建设部，省、自治区人民政府相应部门和市政府相应部门这三级。就横向来说，三级政府的相应财政部门、中国人民银行或分行也与建设部门一道，对住房公积金管理中心进行财政监管。

委托—代理理论认为，有效的委托—代理关系必须建立在双方都是独立主体的基础上，这样双方才可能是约束与激励下的效用最大化者，双方才可能权责对等地签订均衡合约。但是由于涉及政府层级过多，同时，同一政府层级的监管部门也过多，我国住房公积金难以建立起体现单一权力控制中心的科层制，难以实现各科层权责的对等，容易出现委托代理双方的信息不对称，产生道德风险。同时，这种行政监管网络体系还容易出现多个部门的监管职能重叠交错或监管真空，给腐败以可乘之机。此外，我国住房公积金行政监管多为事后监管，实时监管不够，也给腐败提供了机会。

就具体的权责规定来说，住房公积金各科层间的确出现了委托—代理权责的不一致。在住房公积金外部行政监管体系中，《关于完善住房公积金决策制度的意见》（建房改〔2002〕149号）、《住房公积金行政监督办法》（建金管〔2004〕34号）明确规定，（设区）城市人民政府（建设部门）有聘任和解聘住房公积金管理委员会委员的权力；（设区）城市财政部门负责对本行政区内住房公积金管理和使用情况进行监督。但是，如果住房公积金管理委员会违反规定审批住房公积金使用计划，必须由国务院建设行政主管部门会同国务院财政部门或者由省、自治区人民政府建设行政主管部门会同同级财政部门，依据管理职权责令限期改正，这就把本来应该属于市级政府部门的权力转移到了上一层级。同时，对于公积金管理中心，省级部门也"要加强对住房公积金管理中心负责人的监督"，发现问题及时向市级部门反映，这就把本该属于公积金管理委员会监管的责任转到了省级。这种越级监管导致了每一层委托—代理关系中的委托者监管权力的剥夺，使委托人难以对代理人形成有效约束，委托—代理关系名存实亡，从而造成监管真空。

其次，非专业监管影响住房公积金安全。一般来说，金融机构都会有专职的监管机构对其进行严格监管。但是，我国住房公积金管理中心不是银行业，不属于银监会的监管范围；也不是保险业，不属于保监会的监管范围；也不是证券机构，不属于证监会的监管范围。事实上，我国公积金管理中心并不是一个真正的金融机构，因此仅由财政部门和中国人民银行共同进行既不专业且分工也不明确的财务与资金监管，这就意味着住房公积金管理中心的金融管理完全脱离了专业机构的严格监管，成为一个管理大笔款项的特权机构，这对住房公积金安全十分不利。如《住房公积金管理条例》明确规定，禁止以住房公积金作担保。但郴州市住房公积金管理中心主任李树彪在位期间，却以职务之便，用住房公积金管理中心的单位存款作质押担保，从市农业银行贷款700余万元，资金都流向广东珠海等地，用于购置个人资产与赌博。2005年，马志杰以墨玉县汇杰砂石料厂的名义与新疆克拉玛依市独山子区住房公积金管理中心副主任马士虎签订了一份虚假委托购买国债协议，由乙方即独山子区住房公积金管理中心委托甲方即新疆墨玉县汇杰砂石料厂寻找一家有实力和资质的第三方购买国债，并由甲方提供担保，委托金额为100万元人民币，年利率不低于10%，期限为1年。实际上，这是一个虚假委托购买国债协议，马士虎是以协议为幌子把这笔钱私自借给其恩人马志杰。[①] 正是由于专业监管缺失，这些如此大额的公积金案件才得以发生。

### （四）民众监管体系没有建立

我国民众监管体系没有建立，不利于住房公积金的安全发展。对于民众监管，《住房公积金管理条例》规定，住房公积金管理中心应当每年定期向财政部门和住房公积金管理委员会报送财务报告，并将财务报告向社会公布；职工有权揭发、检举、控告挪用住房公积金的行为。但是，住房公积金管理信息公开不足，民众难以了解住房公积金的运营与发展情况，从而不利于行使监督职能。同时，我国民众的监督措施和渠道也明显不足。

## 第五节 住房公积金制度中的问题对效率的影响

效率是指在特定时间内，组织的各种投入与产出之间的比率关系。效率与产出成正比，与投入成反比。公共产品或服务的效率包括三个方

---

① 《新疆官员花100万当上公积金管理中心副主任》，腾讯网：http://news.qq.com/a/20091015/000940.htm。

面：一是生产效率，即生产或者提供服务的平均成本；二是配置效率，即组织所提供的产品或服务是否能够满足利害关系人的不同偏好；三是社会性效率，即组织所提供的产品或服务对社会产生的影响。我国住房公积金制度是公共服务，它所存在的一些问题无疑将大大影响制度本身的效率。

## 一 对生产效率的影响

生产效率是指人们在实践活动中的产出与投入之比值，生产效率又叫成本—收益效率，比值越大，说明效率越高。公积金制度的成本—收益效率主要体现在公积金管理中心的管理服务上，公积金管理中心的运营管理费用越低，服务的对象和项目越多，则公积金制度成本—收益效率越高。受公司治理结构彻底性不足的影响，我国住房公积金管理中心没有降低运营成本和提高服务效率的积极性，因此，我国住房公积金制度的生产效率不高。通过与新加坡中央公积金制度生产效率的比较，我们可以看出我国住房公积金制度效率的高低。

我们以东部地区的福州市和中西部地区的贵阳市为代表，来看看我国住房公积金的管理成本情况。以福州市住房公积金管理中心为例，截至2008年末，福州市累计归集住房公积金总额83.26亿元，当年归集16.32亿元（含结转利息），支付的各项手续费937.10万元，公积金管理中心管理费用一共花费959.18万元（其中专项费用672.67万元），[①] 合计成本为1896.28万元，工作成本为年度归集额的1.16%。至2008年底，贵阳市累计归集住房公积金65.40亿元，当年归集14.82亿元，支付的各项手续费为1097.80万元，公积金管理中心管理费1884.25万元，两项成本合计2982.05万元，[②] 工作成本为年度归集额的2.01%。资料显示，新加坡中央公积金的管理成本一般为当年归集金额的0.5%左右。与新加坡相比，我国住房公积金管理成本高出很多。

但我国住房公积金的服务对象和项目并不比新加坡多。首先，从公积

---

[①] 福州市住房公积金管理中心：《关于2008年福州住房公积金财务收支情况公告》，福州市住房公积金网：http://www.fzzfgjj.com/NewsView.aspx?InfoId=2DD0BFED-67A4-450E-A5E7-038421779735。

[②] 贵阳市住房公积金管理中心：《2008年度贵阳市住房公积金管理运行情况公告》，爱读爱看网：http://press.idoican.com.cn/detail/articles/20090430540A44/。

金服务项目来看，我国公积金只有住房保障功能，具体的日常事务包括缴存、住房提取、低保提取、贷款和国债投资等方面；新加坡公积金有住房、养老、医疗三大保障功能，具体的日常事务包括缴存、住房和投资提取、教育贷款、红利管理等方面。客观来说，我国公积金的服务项目并不比新加坡多。其次，从服务的人数看，我国 2008 年实际缴存职工人数为 7745.09 万人，按全国 343 个独立公积金管理中心计算，平均每个管理中心管理的职工人数为 22.58 万人。而新加坡全国只有一个公积金管理局，管理的雇员人数近 300 万。由此可见，我国住房公积金管理中心的平均服务人数也不比新加坡多。

从服务过程来看，我国公积金的服务效率不及新加坡。以公积金还贷提取为例，我国公积金还贷提取一年只可提取一次，简称"年年提"。每年，提取者都必须重复烦琐的过程，包括去公积金管理中心领表，然后去单位、公积金管理中心、银行之间盖章、审核，最后再带上单位开具的证明、银行打印的还款记录、购房合同、贷款合同等审核要件，到公积金管理中心排队办理。由于一年只可提取一次，且周末不办理，因此一到寒暑假就是公积金提取的高峰期。因人员众多，需长时间排队等候，办事效率很低。另外，由于公积金一年只能提取一次，因此职工在提取公积金之前，只能先自己想办法偿还贷款，这就大大增加了还贷者的麻烦与负担，也降低了公积金资金的使用效率。虽然近两年，已有地方改进了公积金贷款还贷提取方式，由"年年提"变成了"月月转"（"月月转"即公积金还贷提取合计只需申办一次，公积金管理中心即会每月按时自动转账还贷），大大提高了公积金服务效率，减轻了家庭负担。不过，我国目前还只有上海、北京、杭州等极少数城市采用了这种先进的服务方式。而新加坡早已实行电子政务，公积金提取早已全部实行自动转账，且还贷方式多样化，服务快捷。会员去公积金管理局办事，一般事项很少超过 10 分钟。

由上可见，无论是从支出成本还是从服务项目、服务人数、服务过程来看，我国公积金制度的生产效率都明显低于新加坡。

**二 对配置效率的影响**

住房公积金的资源配置效率即住房公积金的有效使用与有效配置。住房公积金配置效率高低意味着我国住房公积金的合理使用程度大小。住房公积金的资源配置效率可以从宏观的整体资金配置角度来看，也可以从微观的个人资金配置角度来分析。当前,我国住房公积金性质不明确,影响了住房公积金的配置;管理体系的委托—代理链过长,决策迟缓,导致住房公积金沉淀资金利用不足;住房公积金管理中心的约束与激励不足,导致住房公积金贷款服务效率不高和贷款风险准备金提取过量。这些都影响到住房公积金的整体配置效率和个人配置效率,不利于公积金住房保障作用的充分发挥。

### (一) 对整体公积金配置效率的影响

整体公积金的配置包括对所有住房公积金本金及其收益的配置。整体公积金的配置效率可以从资金的分布与使用领域来看,也可以从资金的分布与使用地域来分析。从资金的分布与使用领域来看,住房公积金的主要配置方式有住房提取、住房贷款、国债购买、贷款风险准备金提取、廉租房建设和资金沉淀等(我国住房公积金整体配置状况见表3-5)。

表3-5 我国住房公积金整体配置状况表

单位:亿元

| 年份 | 累计缴存总额 | 累计贷款总额 | 累计提取总额 | 国债余额 | 沉淀资金 | 业务收益 | 业务支出 | 累计廉租房建设资金 | 贷款风险金余额 |
|---|---|---|---|---|---|---|---|---|---|
| 2006 | 12687.37 | 6364.33 | — | — | 1945.83 | 221.61 | 119.71 | 50 | 204.78 |
| 2007 | 16230.30 | 8565.90 | 6625.19 | 405.76 | 2186.55 | 300.89 | 204.98 | 79 | 233.18 |
| 2008 | 20699.78 | 10601.83 | 8583.54 | 393.14 | 3193.02 | 453.56 | 283.46 | 96.98 | 285.67 |

资料来源:根据住房和城乡建设部网站提供的内容整理,住房和城乡建设部网站:http://www.mohurd.gov.cn。

贷款风险准备金和沉淀资金是配置效率最低的住房公积金。贷款风险准备金是不具有资本功能的资金,提取过多会造成资金效率损失。2008年末,我国贷款风险准备金余额为285.67亿元,占贷款余额的4.69%。[①] 按财政部《关于住房公积金财务管理补充规定的通知》(财综字〔1999〕149号)第三条规定,"建立住房公积金贷款风险准备金的比例,按不低于住房公积金增值收益的60%核定,或按不低于年度住房公积金贷款余额的1%核定。"当前我国住房公积金风险金提取一般都按不低于住房公积金增值收益的60%核定,结果,长期积累后我国公积金风险准备金已大大超过按不低于年度住房公积金贷款余额的1%核定的规定,造成大量资金浪费,加剧了住房

---

① 住房和城乡建设部:《2008年全国住房公积金缴存使用情况》,住房和城乡建设部网站:http://www.mohurd.gov.cn。

公积金效率损失。如果按累计公积金总额计算，贷款风险准备金约占1.4%。沉淀资金是留存在银行账户的闲置资金，仅享受超额准备金率，没有发挥资本职能，因此，沉淀资金也是配置效率最低的资金。住房公积金资金沉淀越多，住房公积金整体资金配置效率越低。2008年末，全国住房公积金沉淀资金为3193.02亿元，约占累计住房公积金总额的15.4%。那么，把风险准备金和沉淀资金合计可知，公积金效率最低的资金约为公积金总额的16.8%（如图3-1所示）。

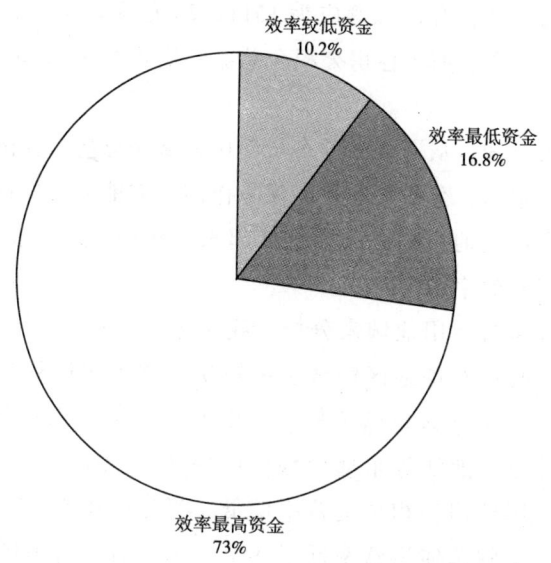

图3-1 住房公积金整体配置效率图

国债购买和住房以外的退休等其他原因提取是效率较低的公积金配置方式。国债购买是对公积金多余流动性进行的安全投资，既非直接用于住房，且收益率也不高，因此，公积金国债购买配置效率比较低。2008年底，我国住房公积金国债购买余额为393.14亿元，占公积金总额的比例很低。退休等提取是完全改变公积金用途，而且退休等提取越大，意味着这些退休者在职时对公积金的使用越少，即用于住房的资金不多，公积金配置效率自然不高。截至2008年末，全国住房公积金提取总额为8583.54亿元，约占累计住房提取的41%，按其中约20%为退休等其他提取计算，退休等其他提取约占累计公积金总额的8.3%。因此，总计来看，公积金效率较低的资金约占公积金缴费总额的10.2%（如图3-1所示）。

住房提取、住房贷款和廉租房建设都是把公积金运用到住房建购上，以实现公积金的住房保障目标，这是符合公积金住房储金本意的资金配置和使用方式，因此这些使用方式是最具效率的住房公积金配置方式。截至2008年末，全国住房公积金提取总额为8583.54亿元。截至2008年末，我国累计发放公积金个人住房贷款10601.83亿元。公积金用于廉租房建设的资金总额不大，截至2008年末，累计投入96.98亿元。由于有些住房公积金提取时用来偿还住房公积金贷款，因此住房公积金提取总额和住房公积金贷款总额有重合之处。因此，真正的配置效率最高的住房公积金是除以上配置效率最低和较低的资金，合计总额应为15111.20亿元。于是，我国配置效率最高的住房公积金资金所占住房公积金总额的比重约为73%（如图3-1所示）。

由以上分析可知，从资金的分布与使用领域来分析，我国整体公积金配置效率其实并不很高，公积金的住房保障作用还未能充分发挥出来。如果把效率较低和效率最低的公积金资金合计起来，我国住房公积金还有近30%的资金有向上提升效率的空间。

从资金的分布与使用地域来分析，我国公积金的整体配置效率也不完美。一直以来，我国东部地区经济发展较快，城市化进程较高，住房需求大，住房公积金东部地区运营率较高，中西部地区运营率较低。1998年，上海、天津、北京、浙江等东部少数地区住房公积金运营率超过了70%。但总体上看，全国住房公积金运营率偏低，当年全国有24个省、自治区、直辖市住房公积金的总体运营率低于35%，7个省、自治区的运营率低于20%，个别地区住房公积金运营率低于5%。[①] 2000年，上海、天津、宁波、厦门等一批东部城市当年归集的住房公积金基本用于职工住房贷款。2006年末，天津、浙江、上海、江苏、福建、北京等地区使用率超过80%，而当年全国住房公积金平均使用率为72.05%。[②] 2008年，江苏省南京和常州等地甚至还出现了公积金贷款资金不足，被迫暂时停止公积金贷款或转为商业贷款的状况。各地公积金使用的不平衡性削弱了全国整个公积金在住房保障领域作用的发挥。

**（二）对个人公积金配置效率的影响**

个人公积金配置效率是微观配置效率，它是相对于公积金宏观配置效率

---

[①] 刘清华：《中国住房公积金制度研究》，博士学位论文，河海大学，2003，第43~44页。
[②] 住房和城乡建设部：《2006年全国住房公积金缴存使用情况》，住房和城乡建设部网站：http://www.mohurd.gov.cn。

即整体公积金配置效率而言的。当前我国住房公积金的个人配置方式主要是住房贷款、纯粹的住房提取（即不包括用于偿还住房贷款的提取）和退休提取。

公积金住房贷款是个人公积金效率最高的配置方式。因为公积金贷款是低息贷款，它实现了"低存低贷"式的公积金互助，真正实现了住房公积金的互助功能和资本功能，提高了公积金的使用效率，促进了公积金住房保障目标的实现，因此，住房贷款是最体现个人公积金效率的配置方式。不过，截至 2008 年末，我国共发放公积金贷款 961.17 万户，按总缴存人数 7745.09 万人折算，可能只有不到 25% 的成员使用了住房公积金贷款功能，还有绝大部分成员没有参与住房公积金高效配置。

与公积金住房贷款相比，纯粹的住房公积金提取只实现了"低存"，没有实现住房公积金的互助功能和资本功能。而且，住房公积金"低存"后不能自由使用，还要花费管理成本。所以，纯粹的住房公积金提取是效率相对较低的个人资金配置方式。当前，我国纯粹的住房公积金提取的人较多，估计可能占到成员总数的 1/3 以上。

退休提取的个人公积金配置最低，因为退休提取是公积金使命的终结，公积金退休提取愈多，说明个人在职时配置效率较高和最高的住房公积金提取和贷款等方式的使用就愈少。而且退休时一次性提取自己账户积累的大量公积金后，大多数人也没有实现对这笔资金的有效配置。按理说，这些因退休而一次性提取的住房公积金对老年人养老具有重要作用，可以作为基本养老保险和基本医疗保险的补充。但是，我国当前并未对这一笔长期积累资金的功能做出具体规定或引导，很多退休老人的这笔资金最终被年轻人所用，即用于子女结婚或子女购房购车，自己的养老却可能出现问题。

因此，从个人公积金配置效率角度看，我国住房公积金配置效率也不高，公积金的作用未能充分发挥。

### 三 对社会性效率的影响

公积金社会性效率即公积金制度的建立和发展对社会产生的积极效果。我国公积金的社会性效率主要体现在以住房提取和住房贷款为特点的住房保障功能的实现程度上。由于住房公积金保障目标不明确、功能发展不协调，影响了住房公积金潜能的发挥，因而也影响到住房公积金的社会性效率。

截至 2008 年末，我国公积金实际缴存职工人数为 7745.09 万人，累计为 961.17 万户职工家庭发放公积金个人住房贷款 10601.83 亿元。假定职工人数是户数的两倍，那么，从 1998 年公积金住房保障制度全面建立起 10 年后，公积金贷款共帮助了约 25% 的成员实现了住房目标。至 2008 年，公积金提取总额 8583.54 亿元，提取总额低于贷款总额。虽然提取总额中大部分为住房提取，但有许多公积金提取是为了偿还公积金贷款，因此，公积金贷款和公积金提取的数据有很大部分是重合的。剔除重复部分后把住房提取和住房贷款合计，自公积金制度建立以来的 10 余年间，公积金可能帮助了约 1/3 的成员实现了住房需求。

新加坡 1964 年推出"居者有其屋计划"，1968 年推出公积金住房计划。如果从 1964 年开始计算，那么 6 年后即 1970 年新加坡住在政府组屋中的人口占全国人口的比例达 34.6%。如果从 1968 年开始计算，那么 11 年后即 1979 年，新加坡住在政府组屋中的人口占全国人口的比例达 66.0%。与新加坡相比，我国公积金解决住房问题的速度比较缓慢，在解决住房问题上产生的社会效果还有待提高。

除住房实现效果存在差距，公积金在帮助住房建造及给成员和管理者造成的影响上，两国也存在一定差距。新加坡公积金不仅解决了购房问题，还为政策性住房建设提供了源源不断的资金来源，促进了保障性住房建设。它不仅大大改善了国民居住状况，也使社会更加稳定和谐。正如 1984 年新加坡总理李光耀在庆祝建国 25 周年的群众大会上所说的："居者有其屋和公积金存款，是确保我国稳定的因素，也使新加坡人民的命运和国家及政府的命运紧密地结合在一块。"我国公积金在保障性住房建设上发挥的作用较少，在社会稳定和谐方面的作用也不如新加坡明显。从 1991 年住房公积金制度试点到 1999 年宣布停止发放住房建设贷款止，我国公积金发放了大量住房建设贷款，一定程度上促进了住房建设。但我国公积金建设贷款回收困难，给个人公积金住房贷款和公积金管理中心的经营造成了较大的负面影响。截至 2000 年 10 月，全国住房公积金逾期项目贷款和单位贷款额达 47 亿元。[①] 截至 2001 年 6 月底，全国住房公积金不良贷款（主要是项目贷款）余额 73.6 亿元，不良率超过 30%。经过多年努力催收，到 2008 年末，我国

---

[①]《建设部关于加强对住房公积金建设项目贷款和单位贷款清理回收意见的通知》（建房改〔2000〕225 号）。

仍有项目贷款、单位贷款和挤占挪用资金余额 12.67 亿元未收回（具体情况见表 3-4）。不仅如此，由于近些年房价高昂，广大居民买不起房，个人公积金不能有效利用，部分国人的幸福感还有所降低。

## 本 章 小 结

本章主要介绍了我国住房公积金制度中存在的主要问题及其对效率产生的影响。我国住房公积金制度主要存在如下问题：第一，它对住房公积金性质和目标的规定不明确、对住房公积金产权的规定有缺失，容易引起成员收益损失和成员间互助享受不公。第二，它所规定的住房公积金的基本功能、衍生功能发展不协调，宏观调控功能发展不理想，不利于住房公积金集中力量合理地进行住房保障。第三，它对住房公积金贷款风险管理意识不强，对贷款标准设置不够科学，对贷款管理的人本意识不足，不利于住房公积金贷款的安全、公平，不利于提高住房公积金贷款的吸引力。第四，它对住房公积金的管理体系规定不够完善，具体表现在委托—代理链过长、外部行政监管体系不完善、公积金管理委员会结构不完善、公积金管理中心激励机制不完善、代理银行职责不明确等方面。

住房公积金制度中存在的这些问题不仅影响社会公平，也制约了其效率的发挥，影响了该制度的整体形象和住房目标的实现。

# 第四章
# 我国住房公积金性质、产权及目标的完善

当前我国住房公积金制度对住房公积金性质和目标的规定不明确、对住房公积金产权的规定有缺失，它影响了职工利益，阻碍了住房公积金制度的健康发展。借鉴境外的相关经验，明确我国住房公积金的性质和目标，完善其产权，将能更好地维护职工的合法权益，最终也能促进住房公积金制度的健康发展。

## 第一节 我国住房公积金性质的明确与产权的完善

我国住房公积金具有互助与自助双重性质，如果对公积金的收益权、处分权规定不太明确，将影响到公积金成员正当权益的实现，影响到公积金住房保障功能的充分发挥。新加坡中央公积金制度和德国住房互助储蓄银行都是实行住房储金制度，这两种不同形式的住房储金性质单一，产权明确，有利于公平地保护成员的利益，有利于各自业务的顺利开展。学习和借鉴这些境外国家住房储金的相关经验，明确我国住房公积金的性质，完善其产权，将有助于我们更好地保护公积金成员的利益，更好地发挥公积金的住房保障作用。

### 一 境外住房储金的性质与产权状况

（一）境外住房储金的性质与产权

就性质来说，新加坡中央公积金制度是一个强制积累的自我保障制度，新加坡公积金具有工资性质，国家强制缴纳。新加坡《中央公积金法》规

定：每个雇员都是公积金的会员，雇员及其雇主必须在每月发薪后 14 天内按月薪的一定比例向中央公积金局缴交公积金。

就产权来说，新加坡为雇员设立了普通、特殊、医疗等三个公积金账户，雇员及其雇主所缴公积金分别进入雇员的三个账户，归雇员个人所有。新加坡公积金收益权、处分权与所有权基本一致。所有权属于会员个人，收益权主要是会员个人，个别方面的收益权可扩及整个家庭，国家不得随意处置公积金及其收益。个人享有政府规定条件下的住房公积金处分权，在确保公积金普通账户住房贷款偿还的基础上，个人可对该账户资金进行政策范围内的投资，投资收益权虽属个人，但个人只拥有对额定收益之外的收益部分的自由处分权，额定收益部分之内的收益必须留归原公积金账户，以确保公积金普通账户自助住房保障目标的实现。当然，个人也可把公积金投资权让渡给国家投资公司，从而获得固定的收益。

虽然公积金产权属于个人，个人拥有更多的处分权，但新加坡政府是中央公积金制度的建立者和维护者，享有公积金政策制定和调整权。在涉及全体国民生存的更高保障层面，如遭遇国内外经济困境，新加坡政府可以以公积金为宏观调控手段，下调公积金缴费率，减轻企业负担，提高其竞争力，从而帮助国家和全体国民度过困难。

德国住房互助储蓄是互助性质的住房储蓄，是自愿储蓄，储蓄额度由双方约定，合同储蓄者的贷款额度由其储蓄额度决定，是其储蓄额度的一倍。互助是德国住房互助储蓄的唯一目标，它的互助与产权是以法律为基础，通过明确的双方协议确定的。通过自愿住房储蓄协议，储蓄者与银行达成"低存低贷、固定利率"协议。同时，协议明确约定了合同储蓄者的存储期限与贷款期限。德国住房互助储蓄及其收益归储蓄者个人所有。储蓄收益由三部分构成，一是"低存"所获利息，二是"低贷"所获利益，三是首次住房储蓄且符合条件的储蓄者所获得的政府奖励及雇主资助。

德国住房互助储蓄成员通过低存低贷同时实现互助性质与收益权。如果协议储蓄成员在未获得贷款以前就中途退出，由于其"低贷"收益权未实现，银行会给予退出者一定的补偿。而对于中途退出者，由于国家只对首次参与的人提供奖励，因此，无论其坚持或退出，其所获得的政府和雇主的奖励或资助等收益权都是相等的，即一生只有一次。

（二）境外住房储金性质与产权的特点

考察境外住房储金的实践经验，特别是新加坡和德国的经验，可以发现它们具有如下特点。

首先,储金性质明确单一。新加坡和德国住房储金性质明确单一,就来源而言,新加坡公积金是雇员工资的组成部分,德国住房互助储蓄则是个人的自愿储蓄;就使用性质而言,新加坡公积金是性质单一的自助基金,德国住房储蓄是性质单一的互助基金。新加坡和德国住房储金性质明确单一,有利于住房储金的公平积累,有利于资金的恰当把握和合理使用。

新加坡公积金明确界定为工资的组成部分,全国采用统一的缴费率,有利于成员公平缴费,并能合理控制成员间收入差距。新加坡公积金是性质单一的自助基金,基金自我积累、自我使用,使用条件和使用方式明确,有利于把握资金总量并合理使用。由于是自我积累、自我使用,用途明确,新加坡公积金普通账户的资金积累和使用具有明确的可预见性。而且,新加坡还对公积金普通账户资金的提取条件和额度进行了严格规定,更加加强了普通账户公积金使用的可预见性和可控性。因此,新加坡公积金普通账户基本不会发生资金沉淀过多或资金不足还贷等状况。

德国住房互助储蓄是性质单一的互助储蓄,通过合同储蓄公平获得住房贷款,从而达到互助购房的目的。由于德国参加住房互助储蓄者所能获得的贷款额度、贷款利率、贷款期限与其存款数量、存款利率、存款期限等指标紧密挂钩,从而保证了德国住房互助储蓄可贷资金的充裕性和贷款的可控性。

其次,储金产权明确完整。明确的产权为产权维护提供了基础。新加坡和德国住房储蓄资金产权明确完整,有利于保障会员的权益,也有利于兼顾会员的实际需要。新加坡公积金是雇员个人所有的基金,所有权和使用权归会员个人所有。在确保公积金普通账户资金的住房用途外,新加坡允许个人把公积金用于教育借贷,在确保公积金普通账户资金的住房用途和账户最低储存额后,允许子女以补足父母公积金账户的方式承担赡养父母的功能,这使公积金既保障了普通账户的个人所有权,保障了住房功能的实现,也照顾到了家庭和人伦需要。

新加坡公积金的收益权也归会员个人所有。在明确的收益权下,新加坡非常注意加强对公积金收益权的维护。它允许个人对公积金普通账户资金进行限定条件下的投资,限制了个人投资成本,减少了个人投资风险。同时,新加坡对个人投资收益分配进行了明确限制,规定投资收益必须优先分配于公积金普通账户,只有高于普通账户的额定收益部分,个人才可以自由提取，这就在保障公积金个人投资和收益权的同时，确保了普通账户的资金积累与住房保障目标的实现。在个人授权下，新加坡公积金可由国家货币管理局和新加坡政府投资公司进行投资。为了保障公积金的收益，由政府为公积金投资而专门设计的记名债券的利率根据公积金的保值增值需要而定。而且2008年，新加坡更明确将公积金联合账户（特殊账户、医疗账户和养老账户的总称）利率定为10年期的新加坡债券收益率，外加一个百分点。另外，公积金账户总和的首个6万元也可多享有一个百分点的利息。这就充分保证了公积金的保值增值。

德国住房互助储蓄的产权属个人，其个人资金使用权由合约保障，个人资金收益权也属个人并由合约得到保障。对于按住房互助储蓄合同进行储蓄并贷款的住房互助储蓄银行合作者，将通过约定的存款利率和贷款额度、贷款利率获得收益权，符合条件的存储者还可获得政府奖励或补贴。对于按合同储蓄但尚未贷款的中途退出者，银行也会以补偿的方式补偿个人收益损失。同时，符合条件的存储者也可获得政府奖励或补贴。政府的奖励或补贴终生只有一次，这就保证了成员在获得政府奖励或补助上的公平性。德国住房互助储蓄的使用权按储蓄合同约定得到保障，个人在按合同储蓄一定资金后，即可获得储蓄金额一倍的资金使用权，即贷款权。没有贷款之前，储蓄者也可中途退出，获得储蓄资金的使用权。

最后，储金性质的贯彻与产权的实现获得了统一。新加坡和德国住房储金性质的贯彻与产权的实现获得统一，有利于维护成员利益，并有利于住房储金充分发挥其功能。新加坡公积金是自助基金，基金产权属雇员个人，基金自我积累、自我使用，二者严格统一。新加坡公积金性质和产权的统一促成了新加坡式住房优惠贷款的诞生，因为公积金的自助性质，新加坡住房优惠贷款不可能由公积金直接提供，但鉴于公积金的住房保障性质，公积金以间接方式参与了住房贷款，即新加坡采取了以公积金集体投资建屋发展局记名债券的方式给建屋发展局融资，再由建屋发展局根据公积金融资和政府提供的低息贷款来发放住房优惠贷款。这样，公积金就在维护个人产权的基础上，间接提供了住房优惠贷款但又不违背公积金的自助性质，避免了公积金直接贷款导致的资金分流，保证了自助性质的实现。而且，公积金明确的自助性质及个人产权性质，为新加坡住房优惠贷款优惠利率的确定提供了支持。因为公积金本来就是公民个人财产，财政提供的低息贷款也是纳税人自己的钱，政府只是履行贷款这一公共服务职能，帮助国民实现自助，因而贷款利率相当优惠。同时，由于新加坡公积金的自助与个人产权性质，新加坡公积金可以在一定条件下进行自我教育借贷或补足父母公积金账户，也可进行个人投资，公积金的效用充分展示出来。

德国的住房互助储金则做到了公平互助与个人产权的统一。德国住房互助储蓄分两种情况来实现二者的统一：一是成功实现互助的储蓄者，开始贷款后就不允许退出。德国住房互助储蓄合同规定，个人获得贷款必须在双方约定的个人存款条件满足以后，并且大家还需按一定的配贷顺序排队，依次获得贷款，贯彻了互助原则。同时，德国住房互助贷款额度与存储额度比例固定，即大家按存款贡献度获得相应的贷款权益，从而实现了公平互助，维护了大家的收益权。二是只实现了他助，尚未实现互助者可中途退出。德国住房互助储蓄合约规定，住房互助储蓄者在获得贷款前可选择退出合同，但如果个人没有贷款就中途退出，则此人的储蓄实现了他助，却没有享受互助。对于未享受互助的收益损失者，银行以对其收益权进行补偿的方式实现了统一。

## 二　明确我国住房公积金性质及完善其产权的一些建议

借鉴新加坡和德国的一些具体经验，我们认为我国住房公积金的性质与产权应从以下几方面进行明确与完善。

### （一）住房公积金性质的明确

当前我国住房公积金性质不明确，我国《住房公积金管理条例》除说到住房公积金是长期住房储金外，没有对住房公积金来源的性质及使用的性质进行进一步明确的界定。但是《住房公积金管理条例》允许住房公积金提取和住房贷款，使公积金客观上具有了自助与互助双重使用性质。此外，住房公积金衍生功能的产生又使人们把住房公积金当做综合社会保障基金看待。复杂而不明确的住房公积金性质使得有限的住房公积金承担了过多的保障责任，不利于公积金住房保障性质的实现。因此，我们必须明确住房公积金的性质，以利于住房公积金制度的健康发展。我们提供的具体建议如下。

首先，应明确住房公积金自助和互助并存的使用性质。从新加坡和德国的经验以及我国住房公积金的经历来看，对于资金来源单一且有限的基金，性质明确单一，资金才充足可控。但是，依据我国的实际情况，把住房公积金定位为单一性质的基金存在困难。因为我国住房公积金是强制储蓄基金，成员不可能像德国自愿合同式住房储蓄一样，有可预期的购房及贷款意愿，因此，完全的互助性质对于我国住房公积金贷款显然不太合适。同时，我国公积金当前也很难马上培育一个像新加坡一样的政府支持机构来承担住房优惠贷款功能，从而让住房公积金实行完全自助。因此，目前，我国住房公积金应是同时兼有互助与自助双重使用性质的基金，即同时承担住房贷款和住房提取功能。至于综合社会保障基金，我国并无此需要，因为当前我国已建立了社会保险、社会福利、社会救助等多层次的社会保障体系，无须再独立建立一个综合社会保障基金。

其次，应明确住房公积金来源的工资性质。我们应明确规定职工及单位缴纳的住房公积金为职工工资的组成部分。把住房公积金的来源界定为职工工资的组成部分后，我们就有更充分的理由强制所有符合条件的单位为职工缴纳公积金，从而保障所有职工拥有平等的公积金享有权。同时，我们还可以依据劳动工资法令，对住房公积金缴费率进行调控，以保持全国公积金缴费的公平性，从而合理控制职工收入差距。另外，把住房公积金的来源界定为职工工资的组成部分后，我们可以像新加坡一样，将公积金作为替代工资的宏观调控手段，从而能更方便灵活地进行调控，更有利于经济的平稳发展。

### （二）住房公积金产权的完善

产权残缺是造成利益受损的根本原因，明确与规范住房公积金产权是维护住房公积金产权的基础，是保障成员利益的关键。当前我国虽对住房公积金所有权、收益权、处分权等进行了规定，但有些规定不太完整，不利于保护个人公积金产权，而且在实践中，住房公积金产权的维护也还不够周到。我们应完善公积金的产权，努力维护公积金产权者的权益。产权完整度取决于产权的清晰程度、个人努力保护的程度、外部掠夺的努力程度以及政府的法律保护程度等因素。在此我们主要有如下的一些建议。

首先，应以法律形式明确住房公积金的个人产权性质，不能以家庭产权代替个人产权。公积金贫困提取或灾病提取等新功能大都是家庭原因引起的提取，是传统家庭产权观念的产物。由于我国个人产权观念不足，家庭产权观念浓厚，家庭原因的公积金提取一般会认为理所当然，即使是高等教育等投资性提取也没有归还的概念，从而不利于公积金个人产权的维护，影响公积金积累及住房保障目标的实现。因此，我们应明确住房公积金的个人产权性质，停止公积金的家庭提取。

其次，应以法律形式明确住房公积金的个人产权性质，不能以公共产权代替个人产权。公积金是职工个人所有的基金,公积金增值收益是公积金运营产生的收益,公积金所有者只是被强制让渡了公积金管理权,收益权不应被强制让渡,应为职工个人所有。周义兴也认为,"住房公积金及其增值部分,乃是源于众多职工所缴公积金及其衍生利益,所以在财产性质上,其毫无疑问应当属于众多缴纳公积金的职工所有,而相关部门只具有相应的管理权限。所以在这种前提下,如果以财产所有权的权利角度讲,所有权人当对自己的财产享有占有、使用、收益、处分的权利,其中处分是财产所有权人的核心权利,除财产所有权人及获所有权人同意外,其他任何人、任何单位均不得行使。"[1] 但我国目前的公积金收益除少部分以三个月定期存款利率标准划入个人公积金账户外,其他收益被用于公积金管理费、公积金贷款风险准备金、廉租房建设资金甚至对少数低收入者贷款利息的补贴。公积金管理费和公积金贷款风险准备金是维持公积金运营的必要成本开支,可由公积金收益支出。但如果按照我国当前其他社会保险基金的筹集、运用与管理原则,住房公积金是纯粹的公共产品,住房公积金管理费用可由政府承担,公积金贷款风险准备金也可由政府承担。廉租房建设和对少数低收入者贷款利息的补贴则完全属于政府的公共职能,应完全由财政负担。

公积金收益之所以被用于公积金管理费、公积金贷款风险准备金、廉租房建设资金和对少数低收入者贷款利息的补贴,就是因为公积金收益的个人产权性质被抹杀,代之以公共产权。因此,我们应还原公积金收益权的个人产权性质,取消公积金收益用于廉租房建设的政策,取消公积金对少数低收入者贷款利息的补贴,将收益划分至公积金个人账户。如果允许住房公积金按照其他社会保险基金的方式运营,则还应停止公积金收益对公积金管理费和公积金贷款风险准备金进行的开支,并将这部分收益也划分至公积金个人账户。

最后,应努力维护公积金产权。"因为产权会带来利益,所以存在着外部掠夺的可能,这种掠夺既可能来自于个体也可能来自于政府,尤其是在产权保护的法律不健全的时候,容易发生人与人之间的产权掠夺"[2]。维护公积金产权包括对公积金所有权、收益权、使用权等权益的保护。我们除了以法律形式严格维护公积金的个人所有权外,还应以法律形式保证个人公积金

---

[1] 周义兴:《将"公积金收益用于廉租房"无可厚非?》,《观察与思考》2008 年第 7 期。
[2] 张峰:《产权残缺与利益公共补偿——基于市场与政府职能边界的理论探讨》,《中南财经政法大学学报》2010 年第 4 期。

账户的保值增值，如对存储在代理银行的公积金账户余额，不应只是按存款准备金利率享受利息，而应实行更有保障的利率。对于公积金沉淀资金，我们可以像新加坡一样，通过发行和购买特殊债券这一间接方式进行投资保值。至于公积金处分权，我们应明确规定政府只有依法自由地对公积金缴费率进行规定与调整的权力，而其他的公积金处分权必须在保证公积金个人最终所有权或住房专用权方面方可做出，如我们应该撤销有关灾病、低保等原因可提取公积金的规定，因为这超出了住房公积金的保障范围，且这些都是消费性支出，而不是投资性支出，不利于个人公积金的保值增值与账户积累，不符合保证公积金的住房专用权或个人最终所有权规则。

### （三）统筹考虑住房公积金的性质与产权

明确了住房公积金的性质并完善了其产权后，我们应该在住房公积金的使用过程中贯彻其性质，实现其产权，让性质与产权获得统一，只有如此才能使我国住房公积金制度效率得到更充分的发挥，也更为公平合理。

首先，应对成员互助中的贡献与获益进行更加严格的规定。为了使住房公积金的互助性质与产权统一，保障公积金制度的公平，我们除了应取消积金增值收益余额用于廉租房建设的政策、实行基金增值收益成员共有外，还应对成员的贡献与获益进行更加严格的规定。一是应按个人贡献即个人的缴存期限和额度放贷，使个人通过"低存低贷"所作的贡献与获益相称。我们应该通过更公平、更科学的方式得出个人可能获得的公积金贷款额度，做到个人贡献与获益的对等，而不是像现在一样主要依靠偿还能力或房价高低来确定公积金贷款额。二是对于没有享受公积金贷款或获益低于贡献的个人，实行补偿制度。我们应对未使用公积金贷款的提取者或公积金贷款使用不足的成员做出明确的收益权补偿规定，以使其互助与收益保持平衡。

其次，允许成员进行适量教育贷款而不是教育提取。为了使住房公积金的自助性质与个人产权统一，对于在住房提取或住房贷款之外，仍有可贷份额的少数低收入者，我们可以允许其进行适量教育贷款而不是教育提取，以保证自助性质的实现，同时又能在归还的基础上实现个人公积金账户的积累与住房互助，保持个人对公积金的最终产权。

最后，只允许提取部分公积金用于购房首付。为了使有限的资金能同时兼顾自助与互助，我们可以像新加坡一样只允许提取部分公积金用于购房首付，剩下的部分公积金则像德国一样，作为成员获得公积金贷款额度的依据。这样，在尊重个人产权的基础上，公积金的自助和互助性同时得到满足。当然,具体的贷款额度不一定像德国一样,一定是储蓄额度的一倍。我们应该通过更公平、更科学的方式得出个人可能获得的公积金贷款额度,做到个人贡献与获益的对等,而不是像现在一样主要依靠偿还能力或房价高低来确定公积金贷款额。

## 第二节 我国公积金住房保障目标的明确

我国住房公积金制度在建立和发展过程中,已确立并修正过自己的目标,尽管如此,它的目标依然不够明确,对目标的实现也没有明确要求,这将影响公积金功能的发挥和基本目标的实现。新加坡、德国、中国香港和美国等国家和地区在这一方面存在很多值得借鉴的经验教训,借鉴这些境外先进经验,完善我国公积金住房保障目标,将有利于我国住房公积金作用的发挥和其目标的实现。

### 一 境外住房保障目标的确立及其特点

#### (一) 境外住房保障目标的确立与实现

1964年,新加坡提出"居者有其屋"目标。为了实现"居者有其屋"的目标,1968年,新加坡正式推出公积金住房计划,这一计划是中央公积金生活、医疗、住房三大保障计划之一。通过把中央公积金账户分立为普通、特殊、医疗三个独立公积金账户及采取系列措施,新加坡确保了公积金普通账户在"居者有其屋"目标中作用的发挥,并着力从住房供求两个方面来解决"居者有其屋"目标实现过程中遇到的困难。

从住房供应方面来看,新加坡专门成立政府控制的建屋发展局,负责建造和管理公共住房。通过发行记名不可流通债券的方式,新加坡政府使巨额公积金流入建屋发展局,促进了政府公共住房建设,为住房保障提供了数量充足、大小合适且价格低廉的保障性住房。在居民购房融资方面,1968年实行的公积金住房计划,逐步允许低收入和中等收入的公积金成员购买政府建造的公共住房,并允许他们提取自己公积金普通账户储蓄的一半支付住房首付,余下的公积金则用于偿还建屋发展局给予的优惠贷款。为了给保障性住房购买者提供充足的住房优惠贷款,政府向建屋发展局共提供了数百亿低息贷款资金。由于组屋供应充裕,优惠贷款充足,20世纪80年代,新加坡居民家庭住宅拥有率接近90%。

为了解决二战后的"房荒",香港通过《1954年房屋事务管理处法例》,建立了房屋建设委员会,进行廉租房屋的建造与管理。若干年后,香港政府出台《1964年寮屋管制、徙置及政府廉租屋宇政策检讨》,开始明确香港的公屋政策,大力建造和安置居民。1973年,新的香港房屋委员会成立,展开10年建屋计划。10年建屋计划除了大力建造廉价出租的公屋外,还推出了"居者有其屋计划"和"居者有其屋计划"专项基金,帮助"夹心层"购房置业。1987年,香港政府发表《长远房屋策略说明书》,推出了10年期的"自置居所贷款计划"和"资助夹心阶层置业计划",使香港住房政策的重点从出租公屋转向居屋和资助市民自置居所。1997年,香港继续推出10年(后为13年)建屋安民三大目标。由于目标明确,计划切实可行,二战后香港住房目标实现状况良好。到目前为止,七成香港人拥有自有房,其中两成自有房是由政府支持而获得的;另外三成香港人则租住在政府提供的公屋中。

德国是实行住房租购并重的国家,没有特别的自有房目标。但德国宪法明确规定,与医疗、教育一样,保障居民住房需求的实现是联邦政府的重要目标和职责。德国政府住房规划的首要目标就是为全国家庭提供相应数量的住得起的住房。自二战结束以来,在联邦资金的支持下,城市政府和住房合作社等非营利组织大力建造和发展住房,经过多年努力,德国住房市场已基本满足了一家一套住房的目标。除了住房充足,德国政府还严厉打击租房市场和购房市场的投机行为,确保了居民租得起或买得起住房。同时,德国还于1965年开始实行住房金政策,帮助低收入者租房。由于住房供应充足,房价平稳,20世纪80年代,德国实现了租购并重,自有住房率为42%,租赁住房率为58%,住房紧张问题基本解决。

在1949年通过的《住房法案》的序言里,美国国会宣布了它的住房目标:"让每一个家庭都能在适宜的居住环境里拥有一个舒适的家。"[1] 为了实现住房目标,在二战后的住房困难时期,美国政府通过公共住房建造、支持私人住房工程建设和发放租房券等方式努力发展租房市场,帮助中低收入者租房。随着经济的发展和住房的财富效应,美国政府逐渐放松了对中低收入出租房市场的资助,加大了对自有房的重视。美国联邦通过社区发展组团基金、HOME投资合作项目等直接投资方式及允许地方发行免税债券、成立住

---

[1] 〔美〕阿列克斯·施瓦兹:《美国住房政策》,中信出版社,2008,第1页。

房信托基金等手段，帮助中低收入者购房。通过各种形式的自有房政策，到目前为止，美国自有房率达70%。但是，美国住房目标的实现还遇到了因排外性区划法引起的住房廉价性问题，影响到了美国廉价租住住房和自有住房目标的实现。

**(二) 境外住房保障目标确立的特点**

综观新加坡、中国香港、德国和美国住房保障目标的确立与实现状况可知，这些国家和地区在确立住房保障目标方面具有如下一些特点。

第一，住房目标类型及其实现方式与各国或地区的情况相适应。从新加坡、德国、中国香港和美国等国家和地区住房目标的发展及结果来看，住房目标大致有三种类型，一是"居者有其屋"，强调住房所有权，如新加坡、美国等；二是"住有所居"，强调居住权，不关心住房所有权，如德国；三是介于前两者之间的租售并重型，如中国香港。一般来说，强调住房所有权的"居者有其屋"目标有利于让家庭财富以房产的方式保值增值，从而有利于缩小社会财富差距，比较适合于房价上升较快的国家和地区；强调居住权的"住有所居"目标则适合于房价较为稳定的国家和地区；租售并重型则介于二者之间。

不过，无论哪种住房目标，要想顺利实现都离不开政府的支持，在住房紧张时期尤其如此。而且，由于每一个国家或地区的情况不同，其实现目标的方式往往也不太一样。如在经历二战的新加坡、中国香港、美国和德国，由于战乱破坏、难民潮和残疾军人等诸多问题引发了住房紧张。二战后，新加坡迅速成立建屋发展局，专门负责保障性住房建造，中国香港和美国也成立了住房发展与管理机构，专门负责公共住房建设。同样，二战后德国政府也大力参与公共住房建设。正是各当局在保障性住房上的大力参与，加速了二战引起的住房紧张问题的解决。

第二，住房目标具有明确性与阶段性。新加坡、中国香港、美国和德国都有明确的住房发展目标，并且住房目标的实现具有明显的阶段性。一般来说，"居者有其屋"目标的实现很难一次性完成，必须分阶段逐步进行。新加坡国家小、发展快，通过逐步推进，在短短的一二十年中，新加坡已逐步完成了由帮助低收入者租房到帮助低收入者、中低收入者和高收入者购房的转变。中国香港则以五年和十年计划或检查的方式预计住房对象及其需求变化，从消除"房荒"、以廉租房方式满足居住需求推进到租售并举阶段，直至达到公营与私营住房并存，公房和私房人口各半的住房目标。20世纪80、

90 年代，美国也由自由住房政策向鼓励和帮助中低收入者购房阶段转变，以缩小财富差距。

第三，实现住房目标的决心影响其实现方式与实现程度。新加坡的住房目标是实现"居者有其屋"。新加坡总理李光耀曾宣布，"我们将全力以赴去达致我们的目标：使每一个公民的家庭都拥有自己的家。"[①] 中国香港强调租房和自有房并重，德国则是以实现住得起的住房为目标。虽然新加坡、中国香港和德国的住房目标各不相同，但它们都具有彻底实现住房目标的决心。

在明确的目标和彻底实现目标的决心指引下，新加坡、中国香港和德国都独创了与目标相适应的实现方式。新加坡住房目标最高，因此新加坡政府自 1960 年开始一直大力支持政策性住房建造，并以国民负担得起的价格出售，还辅之以住房优惠贷款和补贴。德国和中国香港的住房目标稍低，因此二者参与住房建造与帮助居民购房的力度也相对弱些。结果，新加坡、中国香港、德国的住房目标都得以实现。但是，美国住房保障目标具有不彻底性。美国在帮助低收入者租房的同时，希望通过低首付和低利率贷款帮助中低收入者购房，但由于目标不彻底，因此，政府没有足够的决心和力量破除地方的阻碍性规定，从而导致廉价住房供应不足，阻碍了自有房率的提高。

第四，住房价格调控状况影响住房目标的实现。德国政府一直对住房市场进行严格控制，住房市场供应充足、价格稳定，老百姓无论租房还是购房都比较随意、从容。新加坡大部分住房实行定价式计划供应，让老百姓住房问题快速得到解决。中国香港市场房价虽高，但政府以建造或补助的方式帮助了一半香港居民解决住房问题。美国主要以市场化方式解决住房问题，但由于美国实行排外性区划法，导致住房普遍过大、住房价值过高，影响了自有房目标的实现。因此，解决中低收入者的住房问题，要么应实行政府的大力介入，以政府建造和补贴的方式保证住房的廉价性，从而保障中低收入者住房目标的实现；要么应严格控制住房结构，调控住房价格，以实现住房目标。

## 二 明确我国住房保障目标的意见

根据我国实际，在借鉴新加坡、德国、中国香港和美国等国家和地区住

---

① 〔新〕李光耀：《李光耀 40 年政论选》，现代出版社，1996，第 168 页。

房保障目标设立及实现经验的基础上，我们认为，我国公积金住房保障目标应从以下一些方面进行明确。

### (一) 明确住房保障目标及其实现的阶段性

我们应明确建立"居者有其屋"住房发展总目标和"住有所居"住房发展阶段性目标。房改初期，我国有树立"居者有其屋"目标的打算，但没有明确提出来，只是在1998年国务院《关于进一步深化城镇住房制度改革加快住房建设的通知》（国发〔1998〕23号）中决定"建立和完善以经济适用住房为主的多层次城镇住房供应体系"，并对不同收入家庭实行不同的住房供应政策，即最低收入家庭租赁由政府或单位提供的廉租住房，中低收入家庭购买经济适用住房等普通商品住房，高收入家庭购买、租赁商品住房。由于这一目标并未十分明确地提出，且目标的实施缺乏阶段性、计划性，因此这一模糊目标的实现并不理想。2003年，这一模糊目标的实现方式发生变化，由"建立和完善以经济适用住房为主的多层次城镇住房供应体系"转变为"住房市场化为主"，中低收入者等夹心层的住房目标实现被推向市场，实现困难增加。2007年，我国明确提出"住有所居"目标，但是，这一目标到底是作为住房终极目标取代以往的模糊的"居者有其屋"目标，还是作为原有目标的一个阶段性目标，尚不十分清楚。目标的不明确性不利于公积金政策的制订和居民住房保障的实现。

在以往的社会主义计划经济年代，我国城镇普遍实行住房国家或集体所有、个人只享有住房居住权的住房集中分配制度。由于实行计划分配，虽然当时我国住房不宽裕，但还是较好地实现了人人都有房住的目标。由于当时所有城镇居民对所居住房都只享有居住权，不拥有所有权，因此，当时的住房只对家庭生活舒适性产生影响，不对个人财产产生影响。但是，现在我们是社会主义市场经济国家，住房是市场经济的一部分，住房不仅开始成为家庭的财产，而且，随着近几年我国住房价格一路上升，住房开始成为影响社会财富差距的重要因素。境外经验显示，"住有所居"目标难以缩小房产引起的财富差距，这显然不符合社会主义共同富裕的本质。因此，为了实现共同富裕，也为了社会稳定，我国应建立适合时代需要的"居者有其屋"住房总目标。

但现在我国还处于房改初期，长期计划经济造成的住房严重不足和伴随城镇化对住房需求的急剧增加，我国很难在短时期内实现"居者有其屋"目标，因此，当前我国可实行阶段性的"住有所居"目标，待条件成熟后，再进一步向"居者有其屋"目标推进。明确了住房发展总目标和阶段性目标后，我们就可以确定与之相配套的住房公积金发展政策，让公积金更积极地、更有针对性地在住房保障领域发挥作用。

（二）明确住房保障对象及其层次标准

我们应明确公积金住房保障对象，把低收入者、中低收入者和中等收入者都纳入住房保障对象。由于住房保障对象不明确、层次不清晰，我国经济适用房曾经成为了中等收入者专有的保障性住房，低收入者和中低收入者的保障性住房难以实现。但是现在，经济适用住房政策发生改变，只提供给低收入者，中低收入者和中等收入者等夹心层实现"居者有其屋"目标面临困难。显然，要实现"居者有其屋"目标，低收入者、中低收入者和中等收入者都应纳入住房保障对象。

把低收入者、中低收入者和中等收入者都纳入住房保障对象后，我们还应明确只能分批次地解决不同保障对象的住房问题。就目前来说，我国城镇房改开始的时间还不长，加之长期计划经济造成的住房严重不足和伴随城镇化对住房需求的急剧增加，我国不可能在短时期内全部解决所有层次居民的住房问题，因此，我们应分批次地解决不同保障对象的住房问题，以利于更合理、更有序地实现住房保障目标。在近期，我国应合理确定人均最低住房标准，适当放宽低收入者标准，以帮助低收入者和偏低收入者实现廉价租住房。当前我国各地的人均最低住房标准根据所有收入阶层拥有的住房面积平均计算，导致住房标准普遍偏高，增加了政府廉租住房实现的难度，而享受廉租房的收入标准却普遍偏低，把大量住房困难者排除在这一档次之外。因此，我们应根据中低收入者的实际居住面积合理确定人均最低住房标准，适当放宽低收入者标准，以帮助更多的低收入者和偏低收入者实现廉价租住房。随着经济的发展和廉价租住房目标的实现，我们可以逐步提高低收入者标准，以促使低收入者中的收入较高者购房，一步步引导居民向"居者有其屋"目标迈进。

在解决低收入者和偏低收入者廉价租住房问题的同时，我们也应想办法逐步开始加大对中低收入者、中等收入者自有房的扶持力度，帮助中低收入者和中等收入者实现自有住房目标。我们对中低收入者和中等收入者自有房的扶持也可像新加坡一样，实行低标准及与经济能力相适应原则，即政府应根据中低收入者和中等收入者的经济承受能力，尽量建立与其相适应的户型适中且价格合理的政策性住房。当然，政策性住房的标准不是一成不变的，我们可以根据经济发展水平及居民实际需要不断进行调整，以更好地满足需要。有了这样明确的住房保障对象及层次推进标准，我们的住房公积金也就有了明确的互助对象。这样，住房公积金就可以更充分地发挥其在住房保障中的互助作用。

（三）提出与住房保障目标相适应的实现策略

我们应明确向社会公布"居者有其屋"总目标和"住有所居"阶段性目标，并努力探寻实现目标的策略。从住房供求两个方面同时迈向住房保障目标是世界各国的共同策略，我国也曾经在房改初期采用过这种从供求两方共同实现住房目标的做法，但受当时经济条件所限，两方面的力度都不大，因此效果也比较有限。从需的方面来说，公积金住房贷款是我国唯一的政策性住房贷款。由于资金有限，我国住房公积金对购房融资的支持力度不足。从供的方面来说，我国公积金由于资金有限，几乎无力支持保障性住房建设。因此，目前我国保障性住房建设只能主要依赖财政资金，导致保障性住房建设资金严重不足，保障性住房建设缓慢，这不仅影响了保障性住房的供应量，也减少了平抑市场房价的力量，导致我国住房价格不断攀升，影响了消费性住房的购买及住房公积金作用的发挥。

但是，要想彻底实现住房目标，我们还是得继续设法从住房供求两个方面推进。在促进政策性住房供应上，根据新加坡的经验，只要合理地运用公积金和养老保险基金，支持保障性住房建造与购买，就能迅速增加并获得稳定的保障性住房建设资金，加速保障性住房建设。我国公积金无力支持保障性住房建设，但我国养老保险基金绝大部分是长期积累基金，可以为保障性住房建设提供巨额且稳定的资金来源。另外，我国医疗保险、工伤保险和失业保险等其他社会保险基金每年都有盈余，大量盈余的社会保险基金也可投资于保障性住房建设，加速保障性住房供应。当然，无论是利用养老保险基金，还是利用其他社会保险基金，都需要政府加强相关立法与引导。在加强政策性住房购买上，我们应对住房提取和住房贷款进行严格限制，如设置两年以上的最低缴费年限，且只允许提取部分账户资金，减轻住房供应与贷款供应压力，引导大家有序和普遍购房。同时，我们也应加强对住房公积金自身的融资，以便为住房购买提供更充分的资金支持，促使住房保障目标早日实现。至于住房的价格问题，如果政府能大力建造保障性住房，住房的廉价性问题就自然会迎刃而解，这就避免了美国因廉价住房不足导致的租住房和自有房目标实现上面临的困难。

## 本 章 小 结

本章主要介绍了新加坡、德国、中国香港和美国在住房储金性质、产权及目标等方面的经验教训，提出了我国住房公积金制度在性质、产权和目标等方面进一步明确与完善的对策。

我国住房公积金是强制积累基金，但住房公积金互助贷款发放却不普遍，因此，为了保证成员的住房公积金使用权益，我国住房公积金应具有自助和互助双重性质。我们应规范与维护住房公积金及其收益的个人所有权，对住房公积金互助享受不足者实行补偿制度，以保证住房公积金互助性质与个人收益权的统一。我国是社会主义市场经济国家，追求共同富裕，而房产是个人财富的一种重要形式，因此我们应把"居者有其屋"作为住房保障的总目标，而"住有所居"只能作为我国经济不发达时期的阶段性目标。

# 第五章
# 我国住房公积金功能的优化

我国住房公积金的基本功能、衍生功能和宏观调控功能都没能完全紧扣住房保障这一基本目标展开工作,有些甚至还背离了住房保障目标,影响了公积金住房保障作用的发挥和住房保障目标的实现。吸取境外住房储金功能发展的成功经验,优化我国住房公积金的功能,将有利于集中我国住房公积金力量,更好地完成住房保障目标。

## 第一节 我国住房公积金功能的外部统筹优化

美国住房融资不是通过基金积累,而是通过一级和二级金融市场融资,因此不存在住房储金功能的外部统筹优化问题。德国虽然实行住房储金融资,但德国的住房储金以银行的方式而不是以基金的方式运营,因而其也不存在基金功能的外部统筹优化问题。新加坡中央公积金与我国住房公积金一样,也是积累基金,基于这一点,本节将主要考察新加坡中央公积金功能的统筹优化经验,提出优化我国住房公积金功能的一些措施。

### 一 境外住房储金功能统筹优化的经验

#### (一) 新加坡住房储金功能的统筹发展

新加坡中央公积金共有养老、住房和医疗等三大基本功能。1955年新加坡公积金制度刚建立时,只是一个单一的养老功能计划,公积金积累到55岁便可一次性提取。1965年新加坡独立后,单一养老功能的公积金逐渐扩展为养老、住房和医疗三大功能并存的综合基金。这三大功能既互相独立，又实行内部的统筹管理。

为了保证养老、住房和医疗等三大基本功能的实现，新加坡公积金会员的账户及时进行了分立与合并。1977 年，新加坡为会员在普通账户之外专设了一个新账户，命名为特殊账户，新设立的特殊账户承担养老功能，原普通账户承担住房功能，公积金缴费按规定分别进入这两个账户，专款专用，从而避免了住房功能对养老功能的威胁。1984 年，新加坡又在普通和特殊两大账户之外专为医疗保险新建了医疗账户。至此，新加坡中央公积金的普通、养老和医疗三大账户均已设立，中央公积金住房、养老和医疗三大基本功能以独立的账户形式得到保障。此外，为了保证老年人退休后仍每月有固定的养老保障收入，1987 年新加坡专为年满 55 岁的会员建立了公积金退休账户，并在退休账户中引入最低余额计划，要求每一成员在达到 55 岁时，必须在自己的退休账户中积蓄达到国家规定的最低余额后，方可提取普通账户和特殊账户的公积金。

为了保证养老、住房和医疗等三大基本功能的实现，除了设立专门账户，新加坡公积金还根据每个账户的目标与特点对缴费进行了灵活合理的分配。一般来说，三大基本功能中，住房功能资金需求量大，因而缴费划入该账户的比例也较大；养老功能支付具有延期性，且基金积累期长，所以该账户划入较少。如 1986 年 4 月之前，新加坡公积金普通账户最高时曾划入了总缴费额的 80%，其他两个账户合计才划入 20%。20 世纪 90 年代，公积金普通账户划入的比例虽有所降低，但一般也占到总缴费额的 2/3 左右。与其他两大功能相比，医疗功能具有经常性和长期性，且全家可共用，因此不论年龄大小，该账户划入的缴费率都基本保持稳定，如 1986 年 4 月新加坡公积金缴费率下调 15 个百分点，普通账户因而减少 11 个百分点，养老账户停止划入，医疗账户则继续保持 6 个百分点。另外，对于年轻人来说，公积金的住房保障功能比养老保障功能急迫得多，老年人则恰恰相反，因此，新加坡特别注意保持与提高公积金缴费在年轻人普通账户的划入及在老年人特殊账户的划入。

除了在缴费分配时注意公积金三大基本功能的协调外，在退休养老时，新加坡也非常注意住房与养老功能的互补。新加坡认识到住房是一笔大财富，具有养老价值，因此，公积金局规定有住房的退休者其退休账户最低存款余额可以减半。与住房养老功能相配合，新加坡专为老年人设计建造了面积较小但方便老年人使用的组屋，并帮助老年人大屋换小屋，以实现符合老年人实际需要的住房和养老功能。

## (二) 新加坡住房储金功能统筹优化的特点

新加坡中央公积金是集住房、养老、医疗三大保障于一体的综合保障基金，基金的综合有利于对三大功能进行内部统筹管理，提高资金配置效率。具体来说，新加坡住房储金功能的统筹优化具有如下特点。

第一，公积金总缴费率得到控制。新加坡经验表明，年轻人急需实现住房保障功能，因此在保持总缴费率不变的情况下，适当在普通账户划入更多缴费，老年人更加需要实现养老功能，因此在其特殊账户划入更多缴费，从而能在不增加总缴费率的基础上灵活集中地实现各大保障功能，减轻了会员个人及其雇主的缴费负担。

第二，公积金更便于管理和投资。新加坡中央公积金集三大基金功能于一身，基金规模大，因此具有规模效应，这样既能减少单位资金的管理成本，也便于统筹投资。而且，巨大的基金便于进行有目的的社会性投资，能产生较大的社会效应。

第三，公积金住房保障功能充分发挥。随着家庭的核心化，年轻人与老年人对住房的要求有所不同。年轻人结婚生子，需要宽大的房子。由于子女独立成家，老年人家庭不再需要大房子，但老年人腿脚不如年轻人灵便，需要便利实用的住房。新加坡综合基金管理抓住了不同年龄人群的住房需求特点，充分利用住房的财富价值，允许其充当部分养老功能，并配之以相应的住房建造与替换服务，大大减轻了养老账户的积累压力，也使公积金住房保障功能的作用充分彻底地发挥出来。

## 二 外部统筹优化我国住房公积金功能的可行性

### (一) 外部统筹优化我国住房公积金功能的必要性

优化住房公积金功能是促进我国公积金科学合理发展，加速实现住房目标的重要环节。借鉴新加坡中央公积金三大基本功能的发展经验，优化我国住房公积金功能的最佳方式应该是把住房公积金与养老保险基金、医疗保险基金等社会保险基金合并，实行内部统筹管理。但是，根据我国社会保障发展的现实情况，住房公积金与养老保险等社会保险基金进行合并的可能性不大。不过，我们可以在保持各基金独立的前提下，从外部加强住房公积金与养老保险基金这两大基金的外部统筹管理，从而优化住房公积金的功能。具体原因如下。

首先，新加坡式内部统筹优化基金模式不适合我国国情。新加坡式综合保障基金是由单一基金逐渐拓展而成的。由于是拓展式发展，因此新加坡中央公积金只需适当提高缴费率，适当增加功能账户，就可以很容易地把单一基金发展为综合基金。而新中国成立以来，我国一直实行各社会保险独立发展模式，不同的社会保险不仅统筹层次不同，成员不同，所属的管理部门也不同。因此，过去我国不必像新加坡一样，由单一基金拓展出综合基金。而现在我们要想把已自成一体的独立基金集中统一起来变成综合基金进行管理，也存在很大困难。

其次，外部统筹优化住房公积金功能适合我国的实际需要。虽然新加坡式综合保障基金不适合我国国情，但是，我们可以根据我国实际情况，实行变通做法，即在继续保持原有基金独立运行的前提下，对我国住房公积金和养老保险基金进行外部统筹管理。

新加坡的经验证明，统筹管理住房基金、养老基金和医疗基金有利于提高住房公积金的积累比例，加速住房保障目标的实现。如表5-1和5-2所示。

表5-1 2007年新加坡住房、养老、医疗三大保障缴费率情况表

单位:%

| 类 别 雇员年龄 | 新加坡一般雇员的中央公积金缴费 ||||
|---|---|---|---|---|
|  | 总缴费率 | 普通账户占比 | 特殊账户占比 | 医疗账户占比 |
| 35岁及以下 | 34.5 | 66.67 | 14.49 | 18.84 |
| 35~45岁 | 34.5 | 60.88 | 17.39 | 21.73 |
| 45~50岁 | 34.5 | 55.09 | 20.28 | 24.63 |
| 50~55岁 | 28.5 | 45.62 | 24.56 | 29.82 |
| 55~60岁 | 20 | 57.5 | 0 | 42.5 |
| 60~65岁 | 12.5 | 28 | 0 | 72 |
| 65岁以上 | 10 | 10 | 0 | 90 |

资料来源：根据新加坡政府中央公积金网站提供的数据编制。

表5-2 2007年我国城镇职工住房、养老、医疗三大保障缴费率情况表

单位:%

| 类 别 职工年龄 | 中国大部分地区的住房、养老、医疗保险缴费 ||||
|---|---|---|---|---|
|  | 合计缴费率 | 住房公积金占比 | 养老保险占比 | 医疗保险占比 |
| 35岁及以下 35~45岁 45~50岁 50~55岁 55~60岁 60~65岁 65岁以上 | 49 | 49 | 41 | 10 |

资料来源：根据我国社会保障政策的内容编制。

当前，我国住房公积金、养老保险、医疗保险三大保障的缴费率加在一起高达工资额的49%，其中住房公积金缴费占比近50%。1985年是新加坡公积金缴费率最高的一年，三大账户的总缴费率为工资额的50%，其中普通账户占比80%。2007年，新加坡公积金总缴费率为34.5%，其中45岁以下会员的普通账户占比超过60%。由此可见，当前我国住房公积金缴费占比远远不及1985年的新加坡，与当前的新加坡普通账户缴费占比相比，也还低10多个百分点，这说明我国社会保障基金绝对缴费比例较高，但各基金之间的配置比例不够优化，这也正是我国公积金住房保障目标实现缓慢的一个重要原因。

因此，为了提高我国社会保障基金的配置效率与保障效果，我们应该把握养老保险基金和住房公积金两大保障基金的特点，把当前各自独立、互不相扰的养老保险基金和住房公积金两大保障基金从外部统筹管理起来，实行二者的统筹缴费、统筹保障、统筹投资管理。至于医疗保险基金，从新加坡经验及我国的实践来看，医疗保险基金虽也有助于住房公积金目标的实现，但与养老保险相比，医疗保险缴费率不高，重新配置的回旋余地不大，且医疗保险基金使用复杂，因此，为了使外部统筹优化简单高效，我们只需对住房公积金与养老保险基金进行外部统筹管理。

（二）外部统筹优化我国住房公积金功能的可能性

对住房公积金与养老保险基金进行外部统筹管理不仅适合我国需要，而且我国当前也基本具备推行这一方案的条件，这主要是因为这一方案本身容易实施。具体来说，外部统筹优化我国住房公积金与养老保险基金有以下一些有利因素。

第一，二者的相似性高，为外部统筹管理提供了前提。住房公积金和养老保险基金来源和产权的一致性为二者的外部统筹管理提供了条件。我国住房公积金和养老保险基金的来源基本一致，都是由单位和个人共同缴纳，而且两大基金的所有权和收益权也基本一致，分个人所有和劳动者共有两种类型，其中，个人缴纳部分都为个人所有；单位缴纳部分，公积金为个人所有，养老保险为共有。两大基金来源一致，产权也基本一致，这为我们外部统筹管理两大基金提供了基础。

第二，基金保持原有独立性与功能，外部统筹管理容易进行。我国住房公积金由建设部门管理，基本养老保险基金由社会保障和人力资源部门管理。外部统筹优化就是在保持基金原有产权、功能和独立性的前提下，统筹管理住房公积金和养老保险基金的缴费、投资及功能实现等方面的事务，这是基于各自保障数据共享基础上的统筹管理优化。与统筹优化前的基金一样，住房公积金账户的资金仍旧以提取和贷款方式承担住房保障功能，养老保险仍以个人账户与统筹账户方式承担养老保障功能。住房公积金与养老保险基金实行统筹管理，既保持了各基金原有的账户模式与保障方式，管理与操作无须大的改变，又克服了原有独立管理方式机构设置重复的缺点，因此，这一改革方案可能容易被大家接受。

第三，外部统筹管理避免了大规模变革，减少了变革阻力。外部统筹管理不是自上而下的创新式变革，而只是改变其所属领导体系，改革实行与否取决于决策者的意志及对既得利益集团的协调能力。我国实行中央集体决策，一旦认定方案可行，意志不是问题。既得利益集团是形成于这种制度并不断维护和加强该制度的组织。[①] 住房公积金与养老保险基金统筹管理所影响的既得利益集团主要是与该制度相关的建设部门和人力资源部门。由于这一变革只涉及两个部门，因此协调处理并不难，不会对变革产生多大阻碍。

### 三　外部统筹优化我国住房公积金功能的措施

根据我国实际国情，结合国外的一些实践经验，我们认为，要外部统筹优化我国住房公积金的功能，需要采取如下一些措施。

#### （一）建立健全外部统筹的相关法律

法律是公共产品，是民众意愿的体现。只有以法律的形式确立住房公积金和养老保险基金外部统筹管理的发展和运营模式，改革才有法可依，才能更快推进住房公积金和养老保险基金的统筹管理与发展。

首先，应立法统一公积金缴费率和两大基金的保障对象。当前，我国养老保险缴费率由中央统一规定，各地缴费比较一致。但各地住房公积金缴费率不是由中央统一规定，而是由各地住房公积金管理委员会决定，因此，我国各地的住房公积金缴费率不太一致。公积金缴费率不统一，不利于住房公积金和养老保险基金的统筹管理。所以，我们应统一各地的住房公积金缴费率。同时，当前我国还有很多私营企业没有为职工缴纳住房公积金，还有大部分机关、事业单位未纳入养老保险范畴。由于住房公积金和养老保险基金的覆盖人群不太一致，不利于二者的统筹管理。因此，我们应在立法的支持下，让住房公积金和养老保险基金尽快覆盖所有应覆盖人群。

---

[①] 辛鸣：《制度论》，人民出版社，2005，第186页。

其次，应立法确定统筹级别、领导机构及管理权责。确定统一的统筹级别是统筹管理进行的前提。当前，我国基本养老保险在部分省市为市级统筹，部分省市为省级统筹，住房公积金则全部实行市级统筹。由于住房市场与住房保障具有强烈的地域性，因此，我们可把市级统筹确定为二者的统一统筹级别，以利于养老保险基金和住房公积金的密切配合，便于对二者进行统筹管理。在确定市级统筹后，我们应重新确定住房公积金和养老保险基金的领导机构。我国住房公积金原来由建设部门领导，养老保险基金由人力资源部门管理，住房公积金和养老保险基金的统筹管理即由原来的分立领导变为统一领导，因此，我们应该终止原有部门的领导权，由两部门共同组成一个住房与养老保险基金统筹管理机构，统一领导住房公积金和养老保险基金的发展。同时还应明确规定新的管理机构对两大基金缴费率及相应事宜的统筹调整权，以便于统筹管理的进行。

最后，应立法允许发行记名保障性住房建设债券。为了促进政策性住房的发展，早日实现住房保障目标，我们应允许地方政府在财政部门的监管下发行定向保障性住房建设债券，让统筹管理后的住房公积金和养老保险基金有实现功能优化的条件，即以购买记名保障性住房建设债券的方式定向投资于保障性住房建设。

### （二）优化住房公积金的缴费及住房融资功能

相关法律建立起来后，住房公积金统筹优化就有了合适的法律保障和合适的金融环境。然后，我们就可从住房公积金的缴费、购房融资功能、建房融资功能等方面来进一步优化住房公积金的功能。

首先，优化住房公积金的缴费及购房融资功能。住房公积金和养老保险基金统筹管理后，可以利用成员实现两大保障的时间差调整两大基金的缴费率，即同一成员在住房公积金和养老保险基金总缴费率不变的情况下，降低养老保险缴费率，提高住房公积金缴费率，从而增加住房公积金积累，加大住房保障力度，促进成员住房保障目标的实现。当前，我国住房公积金、养老保险两大保障的缴费率加在一起高达44%，其中住房公积金缴费率约为24%。从新加坡公积金缴费的历史来看，新加坡划入住房账户的公积金缴费率是划入养老账户的4倍以上。借鉴新加坡经验，我国住房公积金和养老保险基金实行外部统筹管理后，我们可在保持两大保障总缴费率不变的情况下，减少个人养老保险账户5至9个百分点的缴费划入，以此扩大住房公积金账户的划入比例，从而加速住房公积金的积累。住房公积金积累增加，其购房融资能力也随之增强,因此,我们可以适当调整住房公积金贷款标准,增强住房公积金的购房融资功能,促进公积金住房保障目标的实现。

其次,优化住房公积金的建房融资功能。住房公积金和养老保险基金统筹管理后,可统筹优化二者的投资方向,我们应明确规定统筹基金的住房投资方向,因为统筹管理后的住房公积金和养老保险基金都是社会保障基金,具有社会保障职能,应着眼于民生目标。保障性住房建设是我国当前亟待进一步发展的民生事业,且其发展正面临较为严重的资金匮乏,因此,我们应明确地把统筹基金投资于保障性住房建设。如表5-3和表5-4所示,住房公积金和养老保险基金实行统筹管理后,基金规模大大增强。2007年我国住房公积金缴存额为3542.93亿元,基本养老保险收入为7834.2亿元,统筹管理后基金收入变为11377.13亿元。2007年我国住房公积金累计结余2592.31亿元,养老保险基金累计结余7391.4亿元,统筹管理后基金结余变为9983.71亿元。庞大的基金及基金结余正好符合保障性住房建设对资金的巨大需求。因此,我们可以通过以累计结余基金购买地方政府记名长期或中长期政策性住房建设债券的方式,以流动性基金购买流动性强的短期国债的方式,让两大基金进入公共建设领域,促进保障性住房建设,从而让更多的公积金成员买得起房,用得上住房公积金。

表5-3 住房公积金收支及累计结余情况

| 年份 | 累计缴存职工（万人） | 当年缴存（亿元） | 当年提取（亿元） | 当年贷款（亿元） | 累计结余（亿元） |
|---|---|---|---|---|---|
| 2006 | 6916.87 | 2927.9 | 1316.47 | 1765.24 | — |
| 2007 | 7187.91 | 3542.93 | 1808.78 | 2201.57 | 2592.31 |
| 2008 | 7745.09 | 4469.48 | 1958.35 | 2035.93 | 3586.16 |

资料来源:根据住房和城乡建设部网站提供的数据制作,住房和城乡建设部网站:http://www.mohurd.gov.cn。

表5-4 养老保险基金收支及累计结余情况

单位:亿元

| 年份 | 基金收入 | 基金支出 | 累计基金结余 |
|---|---|---|---|
| 2005 | 5093.3 | 4040.3 | 4041.0 |
| 2006 | 6309.8 | 4896.7 | 5488.9 |
| 2007 | 7834.2 | 5964.9 | 7391.4 |

资料来源:摘自国家统计局网站:http://www.stats.gov.cn/tjsj/ndsj/2008/indexch.htm。

最后，优化老年人住房公积金账户余额的住房融资功能。提高住房公积金缴费比例，虽有利于住房保障目标的实现，但可能影响养老保险账户的资金积累。借鉴新加坡经验，我们可以规定退休时养老保险个人账户的最低储蓄额度，并允许职工用住房公积金账户余额填补养老保险账户，或允许职工以住房财产抵补养老基金。如果填补养老保险账户后的个人公积金账户仍有余额，我们可以要求或鼓励老年人退休时，不再一次性提取所有账户余额，而是把余额留下来，作为补充养老保险基金，使老年人养老保障更充分。同时，我们可让留存下来的基金继续为政策性住房建造融资或为职工购房融资服务，从而加快住房保障目标的实现。

## 第二节　我国住房公积金功能的内部自我优化

由于美国住房融资是完全市场行为，而德国住房储金以银行的方式运营，因而美国和德国等都不存在住房储金功能的自我优化问题。新加坡中央公积金和我国住房公积金相似，都是积累基金，都存在储金功能的内部自我优化问题，因此本节仍将以新加坡中央公积金功能的优化为鉴，促进我国住房公积金功能的内部自我优化。

### 一　境外住房储金功能的内部自我优化

#### （一）新加坡住房储金功能的内部自我优化状况

新加坡中央公积金共有住房、养老和医疗等三大基本功能。为了确保住房、养老和医疗等三大基本功能的实现，新加坡公积金会员的账户及时进行了分立，建立了普通、特殊和医疗三个账户，分别对应和专用于三大功能。新加坡公积金在养老、住房和医疗三大基本功能的基础上，为了满足会员及其家庭的需要，衍生出了公积金个人投资、教育借款、家庭保护和大病医疗保险等新功能。此外，新加坡公积金还在养老、住房和医疗三大基本功能的基础上升华出公积金宏观调控功能。新加坡公积金衍生功能和宏观调控功能的发展不仅没有妨碍公积金基本目标的实现，反而进一步优化了住房公积金的保障能力。

在基本功能的维护上，新加坡通过发行记名不可流通债券的方式，使巨额公积金流入建屋发展局，促进了政府公共住房建设，为住房保障提供了数量充足、大小合适且价格低廉的保障性住房。新加坡允许会员业主提取自己公积金普通账户储蓄的一半支付住房首付，余下的购房资金由建屋发展局以优惠贷款的方式提供，贷款由会员的公积金普通账户按月偿还。

在衍生功能的发展上，公积金个人投资功能允许会员对自己的普通账户甚至特殊账户资金进行投资。但为了确保各账户资金的安全积累，以顺利实现各自账户的基本保障目标，新加坡对公积金账户可投资金额、投资对象、投资成本与投资收益等进行了严格规定，一是规定账户资金只有在留出国家规定的最低余额后方可投资，且只能动用余额外规定比例的资金；二是对于不同账户的资金，规定了不同的投资风险限制级别；三是对于投资的成本与收益做出了严格规定，规定投资成本不能过高，且投资本金和获利都必须回归原账户，只有投资获利超过公积金账户利率的部分才可以拿回家。这些严格的证券投资规定保证了公积金的安全，从而保证了公积金目标的实现。公积金教育计划也只允许会员动用最低余额计划之外的部分资金（后来有所放宽）进行教育借贷，且必须在学业完成后规定的时间内连本带利归还，否则将面临法律制裁。公积金家属保护计划和家庭保护计划虽允许会员动用普通账户和特殊账户公积金购买商业性抵押贷款保险和人身意外保险，但这两种商业保险需要花费的公积金量少，且投保这两个险种能保证会员在发生意外风险导致劳动能力丧失甚至死亡的情况下，保证家庭的基本生活和保障家庭拥有尚未还清贷款的住房。同样，新加坡公积金商业性大病医疗保险也是动用会员少量的医疗账户基金投资商业性大病医疗保险，在几乎不影响公积金医疗账户基金积累的同时化解大病风险。

在宏观调控功能的发展上，为了保证公积金基本目标的实现，新加坡在通过缴费率的调整稳定和促进经济发展的同时，非常注意不同年龄会员公积金缴费率在各账户的分配。如为了应对1997年亚洲金融危机，1999年，新加坡55岁及以下的年轻雇员，其雇主缴费率削减10个百分点，其中，特殊账户原划入的6%最终全部停止划入，普通账户则只减少4个百分点的划入，以减轻年轻人住房抵押贷款的还贷压力；而对于55岁以上的老年雇员，因其住房保障功能基本实现，因此，主要削减了普通账户的划入，养老账户和医疗账户的公积金划入则基本维持不变，以保证其养老、医疗目标的实现。为了促进国民延期退休，1988年以后，新加坡开始明确按年龄段的不同实行不同的缴费率政策和不同的账户缴费分配政策。2007年50岁以下的雇员公积金缴费率为工资的34.5%，50~55岁雇员公积金缴费率为28.5%，55~60岁雇员公积金缴费率为20%，60岁以上雇员公积金缴费率则更低。但公积金在实施公积金退休调控的同时，也能同时兼顾实现基本目标。新加坡会根据各年龄段三大基本保障侧重点的不同进行差别性调控。如表5-1所示，年轻人偏重住房保障目标，因此，年轻人普通账户所占缴费比重大。老年人则不同，因养老需要迫切，因此其特殊账户所占缴费比重大。

**（二）新加坡住房储金功能内部自我优化的特点**

通过对新加坡住房储金功能的认识，我们能发现其具有以下一些特点。

第一，公积金间接进行建房和购房融资。新加坡通过发行记名不可流通债券的方式，使巨额公积金进入建屋发展局，既实现了公积金对公共住房建设的贡献，又实现了公积金对会员提供住房优惠贷款。而且，这种间接支持方式还免去了公积金直接贷款可能面临的资金不足与放贷风险，保证了会员普通账户的积累和贷款的及时偿还，使公积金得以充分和安全利用。

第二，公积金功能创新不妨碍基本目标的实现。为了不妨碍三大基本目标的实现，新加坡对公积金的创新功能进行了严格的发展限定，创新必须以维护原有产权和不妨碍三大基本目标实现为前提。公积金个人投资功能明确规定个人对公积金的投资权、收益权，但前提是低风险、低成本投资和获益优先归入原账户。公积金教育贷款功能也是以产权为基础，必须按时连本带利归还。正因为有了以产权为基础的账户保护，因此，新加坡公积金的功能创新既满足了成员的多种资金需求，同时也确保了公积金三大基本目标的实现。

第三，公积金具有明确的工资性质和宏观调控功能。新加坡公积金被明确当做雇员工资的组成部分，公积金作为工资组成部分为新加坡实行灵活工资制度，为国家实施对经济的宏观调控提供了基础。因为公积金虽是工资的组成部分，但它是积累基金，不能马上用于消费，它的缴纳多寡一般不会对会员的生活立刻产生影响。而雇员每月领取的实际工资是消费基金，可立即用于消费，它发放的多寡会立即对会员家庭产生影响，进而影响整个国家的消费水平。因此，调整公积金缴费率比调整实际工资更容易让雇员接受。而对于企业来说，公积金缴纳多寡和实际工资变化的影响是相同的，都会对企业生产成本产生影响，从而影响企业竞争力。因此，在面对国内外经济衰退时，下调公积金缴费率更有利于宏观调控和促使国家经济走出困境。另外，公积金明确的工资性质有利于国家按年龄段实行不同的缴费率，从而调控劳动力供求，促进老年人就业。工资是劳动力价值，不同年龄的劳动者其劳动力价值不同。按年龄不同实行不同的公积金缴费率既是按劳动力价值办事，又能在不降低实际领取工资的前提下提高老年劳动者的就业竞争力，配合了新加坡老龄化与政府的延期退休政策。

第四，公积金实行全国性统一管理。新加坡公积金实行全国性统一管理有利于中央政府以此进行宏观调控。新加坡设立了中央公积金管理局对全国公积金进行管理，公积金管理局直属人力资源部。直属中央的公积金管理体系有利于国家通过公积金对全国经济进行调控。另外，新加坡法制严格，国内所有雇主都必须为其雇员按时缴纳公积金，雇员自己也必须按时缴纳公积金，因而新加坡公积金制度覆盖全面，这为新加坡公积金宏观调控提供了基础。此外，新加坡虽按不同年龄段实行不同的缴费率，但同一年龄段的人公积金缴费率全国相同，这也为公积金宏观调控提供了条件。

## 二 内部自我优化我国住房公积金功能的对策

结合我国实际，借鉴新加坡中央公积金功能的优化经验，我们应从以下一些方面内部自我优化住房公积金的功能。

### （一）内部自我优化住房公积金基本功能的对策

首先，实行公积金住房有限提取和科学贷款。我国公积金是互助与自助性质并存的基金，公积金提取和公积金贷款两种公积金基本功能的实现方式都不能取消。但公积金是来源有限的基金，两种实现方式并存加大了对公积金的需求，不利于公积金供求保持平衡。为了既保持两种基本功能实现方式，又保证公积金供求平衡，我们只能实行有限提取和规范贷款相结合的基本功能实现方式。具体来说，一、必须规定公积金的最低缴费年限。我们应规定职工缴存公积金必须达到一定年限方可进行公积金提取或贷款，以控制公积金需求。一般来说，我们必须设定至少两年的缴费年限方可进行提取或贷款，以确保一定的公积金积累，同时又控制了公积金需求，有利于促进资金供求平衡。二、应规范公积金提取和贷款的数额。满足公积金的最低缴费年限以后，我们还必须规定，在一定缴存年限内，个人最多只能提取自己公积金账户资金的一半用于住房建设；超过一定缴存年限以上，则可适当加大住房公积金提取比重。这种规定既有利于实现公积金的自助功能，也有利于公积金积累及互助功能的实现。成员公积金贷款数额则应根据成员的互助贡献大小来决定，也就是说，我们应根据成员的公积金缴存年限、缴存总额等因素建立一个公积金贷款模型，来对成员进行公积金贷款。这种根据贡献度进行的模型化贷款有利于公积金实行公平互助，也有利于保证公积金供求平衡。

其次，改变公积金进入保障性住房建设领域的方式。我国公积金满足住房建设这一基本功能是通过公积金贷款方式进行的。但是由于公积金数额有限，公积金提取和贷款等购房资金需求巨大，为了保障成员购房，1999年，住房公积金用于单位住房建造的贷款被迫停止。但 2009 年，我国又开始了公积金沉淀资金对保障性住房建设进行贷款的试点。

公积金支持保障性住房建设的确非常必要，不过，试点规定用公积金结余资金的一半放贷保障性住房建设可能不太科学。因为公积金每年的结余资金数额取决于成员住房提取和贷款与公积金缴存之间的差额，差额的结果并不确定。近几年有些发达地区的公积金使用甚至超过当年储存，只是由于有往年积累的沉淀资金，才使得公积金仍然出现结余。在这种公积金结余资金不太确定的情况下，如果固定公积金结余资金放贷比例，而保障性住房建设周期长、资金周转慢，可能会导致公积金个人购房资金的不足。另外，按照 5 年期以上个人住房公积金贷款利率上浮 10% 的贷款利率对保障性住房进行贷款显然也具有不可持续性。因为这样一来，公积金保障性住房建设贷款比个人贷款和国债购买更合算。同时，对公积金管理中心来说，公积金保障性住房建设贷款比个人公积金贷款金额大，次数少，办理简单，且贷款偿还有政府为后盾，风险更小，因而公积金管理中心可能会趁机加大对保障性住房建设的贷款力度，从而危及个人住房购建时对公积金的融资。

因此，我们应优化公积金支持保障性住房建设的方式。新加坡中央公积金以购买记名债券方式进入保障性住房建设为我们提供了借鉴，我们也应使公积金沉淀资金以购买专项债券的方式，而不是以放贷的方式进入保障性住房建设领域。具体来说，我们应由政府专门针对住房公积金设计和发行不同期限的记名不可转让债券，让公积金沉淀资金以购买这种债券的方式进入保障性住房建设领域。这样，才既可保证公积金用于保障性住房建设，加速保障性住房的发展和供应，又可解决公积金资金沉淀造成的浪费与贬值问题。

### （二）内部自我优化住房公积金衍生功能的对策

公积金功能创新是社会发展的需要，也能提高公积金利用效率。虽然目前我国的公积金功能创新脱离了住房保障目标，不利于公积金基本功能的实现，但我们不应该据此完全拒绝公积金的功能衍生与创新。我们应该使公积金在促进或至少是不妨碍住房保障目标实现的前提下实现必要的功能创新，以丰富住房公积金功能，满足成员的多种需求。

首先，可创新出公积金家庭保护计划。以促进住房保障目标的实现为前提是公积金功能创新的一个标准。按照这一标准，借鉴新加坡经验，那么，我们可以创新出公积金家庭保护计划，即用少量公积金购买住房抵押贷款保险，以防公积金成员在发生意外不能偿还住房贷款时，抵押住房被没收。这是一个使公积金住房保障更彻底的计划，能让家庭即使在业主发生意外的情况下也能彻底拥有住房。

其次，应取消或变革现有衍生功能。以不妨碍住房保障目标为前提是功能创新的另一个标准。为了不妨碍公积金住房保障这一基本目标的实现，我国公积金最近的一些创新功能如低保家庭提取、大病大灾提取、教育提取、利息补贴等不利于公积金积累、不利于个人住房目标及公积金互助保障目标实现的衍生功能应立即停止或改变实现方式。一、我们应取消公积金收益的利息补贴功能，取消低保家庭提取和大病大灾提取功能。用公积金收益对低收入贷款者进行贷款利息补贴虽有利于低收入者实现住房目标，但这一功能的实现不是以政府补贴方式进行，而是以其他成员的收益损失为基础来实现，这既不利于公积金制度的公平，也不利于保护其他成员的收益权。低保家庭提取、大病大灾提取把住房公积金当做了贫困救助和灾病保险基金，不利于个人公积金的积累和住房保障目标的实现，也不利于公积金总额的积累和成员之间的贷款互助的实现。二、我们应改变教育提取方式。高等教育是投资，借鉴新加坡经验，我国也应建立以产权为基础的严格的公积金教育借贷机制。对于家庭情况困难者，我们可以对其高等教育资金需求进行借贷，就业后连本带利归还，这既可解决困难家庭的教育投资困境，也能保证公积金积累，从而不妨碍公积金住房保障目标的实现。

### （三）内部自我优化住房公积金宏观调控功能的对策

公积金缴费基数和缴费率调整、贷款额度变化、贷款利率变化、购买国债、增值收益建廉租房等都不是十分有效的宏观调控手段，且对住房保障目标的实现作用不大，甚至还会产生负面影响。新加坡以公积金缴费率调控代替工资调控，调控方式灵活适用、成效显著，也能最小化对公积金住房保障的不利影响。借鉴新加坡经验，我国也应该在统一全国公积金缴费率和统一中央对公积金缴费率调控权的基础上，以住房公积金缴费率调控作为宏观调控的手段。具体可采用以下的调控方式。

　　首先，可逐步实行等比例调控和不等比例调控。住房公积金缴费率调控有等比例调控、不等比例调控和分年龄段调控等多种方式。就等比例调控来说，经济过热时，我们可以同等比例地提高单位和个人住房公积金缴费率，从而控制需求，防止经济过热；经济衰退时，同等比例地降低单位和个人住房公积金缴费率，促进内需，稳定经济。就不等比例调控来说，经济过热时，我们应更多地提高个人而不是单位的住房公积金缴费率，从而控制需求，防止经济过热；经济衰退时，我们应更多地降低单位而不是个人的住房公积金缴费率，以在保持内需的同时减轻企业负担，提高企业竞争力，从而稳定经济。显然，等比例调控简单易行，但不等比例调控能更好地照顾企业利益，稳定就业，并实现调控目标。我们可先进行等比例调控，然后再在等比例调控手段成熟的基础上，一步步向不等比例调控推进。

　　其次，可适时进行分年龄段调控。分年龄段调控是促进老年人就业的有效途径，我们在宏观调控时应注意对不同年龄段人群的缴费率调整实行差别对待，以保障不同年龄段人群对住房和养老功能的现实需求差异。年轻人一般都会有住房还贷负担，因此，我们在下调个人住房公积金缴费率时，应该尽量少下调这一部分人的住房公积金缴费率，以确保年轻人住房目标的顺利实现。老年人养老需求急迫，因此，我们可下调这部分人群的公积金缴费率，但应尽量少下调老年人的养老保险缴费率。另外，如果若干年后，由于人口老龄化，我们需要延长劳动者的工作年龄，我们也可采用降低雇主和雇员双方缴费率的办法，提高老年劳动者的竞争力，促进老年人就业。

## 本章小结

　　本章主要介绍了新加坡中央公积金功能的成功发展经验，并为我国住房公积金功能的完善提出了内外两个方面的建议。

　　从外部来说，我国住房公积金应该与养老保险基金进行统筹管理，利用二者的互补性提高基金效率，即在二者总缴费率不变的前提下，降低养老保险缴费比重，增加住房公积金缴费比重，加速住房保障目标的实现。同时，允许个人以住房公积金账户余额填补自己的养老保险账户，允许以个人房产抵补自己养老保险账户资金，实现住房保障和养老保障功能的优化。另外，我们还应引导养老保险基金投资于保障性住房建设，以加速住房保障功能的实现。

从内部来说，我国住房公积金应要求职工有限提取和按缴存贡献科学贷款、改公积金直接贷款支持保障性住房建设为公积金购买保障性住房建设债券等方式合理使用住房公积金，以保证基金的供求平衡，使成员公平有序地实现住房保障目标。我们应取消公积金收益的利息补贴功能、低保提取功能和大病大灾提取功能，实行公积金购买住房抵押贷款保险，进行公积金高等教育贷款，让公积金衍生功能不影响公积金基本住房保障目标的实现。我们可在统一全国住房公积金缴费率的基础上，以公积金缴费的等比例调整、不等比例调整和分年龄段调整等多种方式进行宏观调控，达到稳定经济、促进就业和保证年轻人住房目标实现等住房公积金宏观调控目标。

# 第六章
# 我国住房公积金运营管理的加强

资金的有限性和巨大的资金需求之间的矛盾是我国住房公积金制度的主要矛盾，这一矛盾对公积金住房保障功能的施展不利。同时，我国住房公积金管理比较随意、粗糙，不利于住房公积金安全，不利于住房公积金制度的公平和住房公积金管理效率的提高。借鉴境外的住房贷款资金筹集与运营管理经验，改进我国住房公积金的运营管理水平，将有助于我们更好地实现住房保障目标。

## 第一节 我国住房公积金贷款风险管理的加强

当前，我国各地对住房公积金贷款的既存风险管理不严，对住房公积金贷款的未来风险防范不够，不利于住房公积金安全。新加坡、中国香港、德国和美国等国家和地区住房贷款管理经验丰富，借鉴这些国家和地区的相关先进经验，将有利于我们加强住房公积金贷款风险管理，提高住房公积金贷款的安全性。

### 一　境外住房贷款风险的管理及其经验

#### （一）境外住房贷款风险的管理情况

新加坡中央公积金由中央公积金管理局管理，但新加坡公积金住房计划并不直接以贷款方式支持住房建设和购买。新加坡公积金是通过国家货币管理局和新加坡政府投资公司，以公积金购买不可转让记名债券的方式进入保障性住房建设领域的。不可转让记名债券是政府债券，安全性高，从而使公积金避免了直接贷款建设保障性住房所产生的贷款风险。新加坡的购房优惠贷款也不是以公积金直接放贷，而是由建屋发展局发放，这又免除了公积金管理局的直接贷款风险。同时，新加坡只允许会员提取普通账户的一半资金用作购房首付，普通账户余下的一半资金和每月该账户所获公积金缴费资金一起，承担住房贷款的偿还任务，这就保证了贷款偿还资金的充裕性，从而有利于降低住房优惠贷款的风险。另外，对于还贷过程中出现的永久性风险，新加坡通过借贷时强制购买住房抵押贷款保险即实行家庭保护计划的方式解决；对于暂时性还贷困难，则通过延长抵押贷款期限、加入更多有公积金的家庭成员为房产业主、出租空余房间或干脆卖掉大房子换购小房子等方式解决。实际上，早在贷款之初，新加坡就对风险进行了严格控制。新加坡建屋发展局会根据不同时期不同收入层次国民的实际需要与经济承受能力建造不同单元、不同大小的保障性住房，并限定不同收入层次国民对不同保障性住房的购买权利和获得住房补贴的权利，这就确保了贷款者负债与收入相匹配，从而剔除了绝大部分贷款风险，保证了住房贷款安全。

在 20 世纪 50、60 年代，香港楼房买卖大众化，住房按揭成为香港居民购买住房的主要融资手段。在高额利润的诱惑下，部分银行往往超过本身的承受能力向房地产业贷款，这就导致了 20 世纪 60 年代香港银行大面积危机的出现。在这种情况下，香港颁布《1964 年银行条例》，加强对银行的管理。从此，香港银行按揭贷款的安全性大大提高。20 世纪 70 年代后期、80 年代中后期和 90 年代初，香港炒楼风膨胀，楼价虚高。对此，香港政府多次颁布打击炒楼活动的措施，促使银行按揭贷款最高比例从原来的九成降到六成或七成。1997 年亚洲金融风暴以后，香港房地产价格一路暴跌，许多按揭借款人成为"负资产"人士，贷款偿还困难。但是，由于香港对银行业管理严格，香港银行的资本充足率高达 15% ~ 20%，其物业贷款占全部贷款的比重不超过 40%，因此，香港银行业在这一危机中仍安然无恙。同时，香港按揭贷款一向注重质量，对住房贷款的物业估价就低不就高，住房贷款逾期率很低。此外，香港银行有先进的业务信息处理系统，这一大型平台系统能及时发现和跟踪处理逾期贷款，处理时间一般不超过 3 天，及时化解了贷款风险。

德国住房互助储蓄银行是依据政府特定法律而设立的专门从事个人住房贷款服务的金融机构，实行独特的"先存后贷"模式。德国明确的存款额度和期限及与之相应的贷款额度和期限规定大大减少了德国互助储蓄银行的贷款风险。同时，该模式实行独特的低存低贷固定利差运营方式。这种固定利差运营模式使德国住房互助储蓄银行的存贷独立于自由资本市场之外，封闭运行，不受自由资本市场及其利率波动影响，从而避免了市场利率波动对贷款者及放贷者造成的压力与风险。同时，德国对房贷首付要求高，对收入和房贷月供比例的要求也高，也在一定程度上防范了风险。而且，德国长期住房贷款不是单独由一家机构提供，而是由住房互助储蓄银行、储蓄银行和抵押银行等一些重要的金融机构联合提供，从而分散了住房贷款风险。另外，德国政府对自有房和出租房价格进行严格控制，使得德国房价长期平稳，避免了住房抵押贷款的"负资产"问题。

1929~1933年的大萧条造成美国房价大跌，很多住房贷款者成为"负资产"人士，住房抵押贷款断供。1933年6月美国通过《有房户借贷法案》，设立有房户借贷公司，通过发行长期债券来购买违规的住房抵押贷款，并以延长贷款期限等优惠方式更新原有贷款，帮助有房户保住了住房。20世纪80年代，美国住房贷款由Thrifts储蓄贷款为主转变为二级抵押贷款市场融资贷款为主。在金融自由化下，美国的住房贷款由常规贷款发展出气球贷、负分期偿还、提前还贷罚金等多种贷款形式。这些新的贷款形式过于复杂，容易麻痹贷款者，加重贷款者的负担，同时也会减少放贷企业的资本储备比例，不利于金融安全。

除了贷款形式翻新，美国还对客户实行优劣区分，并按风险不同实行不同的贷款利率，收取不同的佣金。在高佣金的诱惑下，20世纪90年代中期起，经纪人开始加大对低收入者和少数族群发动鼓动式、掠夺式次级住房抵押贷款的力度。由于是二级市场放贷，经纪人可以不顾风险地大力推销昂贵贷款，而且还纷纷放宽贷款条件，使低收入者在收入减少时面临严重住房负担的可能性骤增，严重影响贷款安全。1968年的《诚实租借法》和其后陆续颁布的《住房抵押贷款公示法》、《社区再投资法》(CRA)等，要求储贷机构对中低收入者公平放贷，对掠夺性、欺诈性住房贷款进行限制，但这些法案只对特别严重的情况予以保护，且对恶意放贷者没有处罚措施，因而对贷款风险控制难以起到应有的作用。而且，联邦政府大力推行低首付甚至零首付的自有房政策也加剧了贷款风险。2007年美国爆发的次贷危机和由此引起的全球性金融危机正是美国自有房政策和住房抵押贷款过度发展的产物，给美国自己和全世界经济造成了严重伤害。

## （二）境外住房贷款风险管理的特点

第一，法制健全。建立和健全立法是防范和管理贷款风险的基础。新加坡通过《中央公积金法》，为公积金的投资运作与贷款及偿还等方式的确定提供了法律依据，从而保证了公积金的安全。德国也通过《住房储蓄银行法》，确保互助储蓄银行的贷款安全。香港《银行条例》加强了对银行住房贷款的限制，有利于住房贷款的安全。美国与住房贷款有关的法律非常丰富，为解决1929～1933年大危机引起的"负资产"问题提供了法律依据。但是，美国《诚实租借法》、《自有房和资产保护法案》和《住房抵押贷款公示法》等法律在维护公平贷款上的不彻底性纵容了金融业的不健康发展，从而导致了掠夺性次级贷款的出现和次贷危机的发生。因此，在市场化程度较高的国家，不仅需要立法，而且需要彻底完善的立法来保障贷款安全。

第二，贷款条件根据各自的市场特点设定。新加坡保障性住房市场是政府控制的市场，由于新加坡政府通过严格限制住房购买标准、限制住房价格、提供住房补贴和限制公积金提取，控制了各层次人群的贷款风险，保证了贷款偿还，因此，新加坡居民高比例的保障性住房优惠贷款并不会增加放贷风险。香港虽是自由市场，但由于银行业对房产价值评估严格并严格根据收入承受水平放贷，因此住房贷款抗风险能力强。德国自有房市场是介于新加坡和美国之间的有限制的自由市场，它严格控制房价并根据收入情况放贷，确保了贷款安全。美国自有房市场是完全自由的市场，由于贷款条件不严，酿成了次贷危机这一严重后果。

第三，对逾期贷款或"负资产"问题的处理及时而合理。要想迅速及时地处理逾期贷款，必须建立贷款及还贷信息库，及时了解贷款及还贷状况，分析还贷逾期的原因，并及时地、有针对性地处理每一例逾期贷款。大多情况下，变更还贷方式可解决还贷难题，降低贷款逾期率。香港对逾期贷款的处理比较细致迅速，新加坡对还贷困难者也提供了细致多样的处理方案，因此它们的逾期贷款率都较低。"负资产"问题需要我们在放贷时早做防范，注意提高首付比例，严格房产估值与房贷收入比，在经济过热、房价过高时尤其如此。另外，建立有效的再融资途径化解还贷者的资金困难也是解决"负资产"问题的重要途径。美国以立法的形式干预1929年危机引起的"负资产"问题，并通过注资和改变还贷方式解决了这一问题。中国香港在处理1997年亚洲金融危机引起的住房贷款"负资产"问题时，也采用了融资与减轻还贷负担等一些措施，较好地化解了贷款风险。

第四，金融自由化并且金融监管不严。美国的金融自由化导致金融产品过度发展，金融产品销售价格市场化，容易增加级别较低客户的融资成本和还贷负担，也容易导致鼓动式、欺骗式贷款营销，从而增加个人贷款风险与整个金融体系风险。美国的金融自由化导致金融衍生产品过度发展，使得越来越多的金融和非金融机构进入房地产金融市场，导致大量金融监管漏洞的出现，为世界性的金融危机埋下了隐患。出于自身利益的考虑，标普和穆迪等各种评级机构事前总是乐于给予这些结构性产品高信用评级，以谋取更多的服务费，致使风险未能及时发现和公开。

第五，存贷利差固定。在利率多变的市场经济国家，存贷利差能稳定贷款者的还贷负担，保证经营者的利润空间，有利于规避市场利率波动风险，实现可持续经营。新加坡住房优惠贷款和德国住房互助储蓄贷款都实行固定利差的存贷制度，既化解了贷款者的贷款风险，也化解了贷款经营者的经营风险。新加坡实行盯住市场利率的公积金存款利率，新加坡的住房优惠贷款利率则盯住公积金存款利率，并始终与其保持0.1%的固定利差。德国则在保证2.5%的固定存贷利差的基础上，依据情况确定存贷利率。由于固定存贷利差，两国住房贷款有效地规避了市场利率波动的风险，[①]保证了经营的可持续性。

## 二 加强我国住房公积金贷款风险管理的措施

借鉴新加坡、中国香港、美国和德国等国家和地区的房贷风险管理经验，我们认为我国应从以下几个方面加强对住房公积金贷款风险的防范与管理。

### (一) 严格房贷条件

与新加坡和德国严格的住房市场价格控制不同，自2003年以来，我国住房市场以自由市场为主，政策性住房市场为辅，房价上涨过快，贷款风险加大。因此，我国住房公积金应进一步加强对贷款的管理，做好贷款风险防范工作。

首先，对于使用住房公积金贷款的保障性住房购买者，我们应在更严格的收入层次划分及保障性住房限购的基础上放贷。与新加坡公积金住房保障一样，我国住房公积金也重在解决城镇居民的基本住房问题。但我国当前的

---

① 李雪燕：《浅谈利率市场化对住房公积金运营的影响》，《中国房地产金融》2004年第8期。

管理还没有发展到像新加坡一样细致化的程度，一是保障性住房购买者只有单一的阶层限定，没有对这一阶层内的购房者进行进一步细致的层次划分；二是保障性住房的大小没有充分考虑到购买者的收入层次与承受能力，可能导致一些人购买的保障性住房大小与实际收入不匹配，从而增加住房公积金贷款风险。因此，我们应把保障性住房的工作进一步做细，即对当地保障性住房购买线以下的居民再进一步进行划分，至少分成三个收入等次，然后再根据收入等次、当前的保障性住房价格水平以及政府的住房补贴能力确定每一等次居民可购保障性住房的大小，然后再在此基础上建设相应的保障性住房让居民购买。当然，为了让收入一般但财产较多、买得起且想要购买比规定档次内更大一些住房的居民遂愿，我们可以做出相关政策规定并适当建造一些比原规格大一些的住房。这样，就能让购买保障性住房的居民的经济能力与所购住房相称，从而降低这些成员的住房公积金贷款风险。

其次，对于使用住房公积金贷款的商品住房购买者，我们应严格房产评估，严格控制房贷首付。商品房购买没有收入限制，因此我们只能通过收入计算、房产评估和房贷首付对贷款风险进行控制。20 世纪 80、90 年代以来，美国通过低首付甚至零首付、放宽收入计算标准、宽松房产评估等手段大力发放住房贷款，结果导致次贷危机。1997 年香港房贷就是由于实行严格的房产评估和高首付，提前化解了贷款风险，从而顶住了亚洲金融危机的冲击。吸取中国香港经验与美国教训，在当今我国房价上涨过快的情况下，我们应以严格的评估价而不是实际购房价为依据放贷。对于贷款者的财产与收入计算也应非常严格，比如股票等风险较大的资产应谨慎计算价值，工资收入应只包括固定的工资和津贴，其他不稳定的隐性收入不能计算在内。同时，实行适度的首付比例。当然，为了尽量帮助国民实现基本居住目标，我们应在安全范围内对居住性商品房购买的首付比例适当放宽。我国各地可根据居民的收入状况和购房面积及价值，制定一个购买消费性住房的首付比例表和最高贷款限额表。在房地产市场正常的情况下，如果居民购买的住房价值与其家庭收入相称，则可适用一般首付比例。否则，则应适当提高首付比例，以保证贷款安全。

### （二）防止金融过度自由化

我国住房公积金贷款不应像美国住房贷款一样，实行过度自由化政策。我们应继续对不同客户实行同样的贷款利率和手续费率，同时发展适度的可控的金融衍生品。在这一方面，具体可采取如下措施。

首先，我们应继续坚持和实行无差别服务。我们应按国家统一规定的贷款利率放贷，而不按客户级别差异实行差别化贷款利率。在贷款的手续及其他费用上，我们也应坚持不区分客户优劣，所有客户都按同一标准收取。这样，才能给消费者创造一个公平的贷款环境，才能避免欺骗性、掠夺性贷款的产生，从而保证住房公积金贷款的公平安全，真正达到住房保障的目的。

其次，我们可发展适度的可控的住房公积金衍生产品。"负资产"问题目前在我国房贷市场还没有出现过，但是，随着我国房价的非理性增长，我国房地产含有的泡沫越来越多，再加上早几年宽松的房贷政策，"负资产"风险随之增加。如果我国房地产泡沫破裂，"负资产"问题极有可能大面积产生，对住房公积金贷款造成很大危害。因此，我们应提前防范这一危机的到来。除严格房产评估、严格收入计算和提高房贷首付等手段外，我们还可提早考虑增加融资途径，减少风险危害。借鉴中国香港发展房贷金融衍生产品化解金融风险的经验，我们也可以适量发行住房公积金抵押贷款债券，为住房公积金筹集资金，以缓解住房公积金可能面临的还贷危机与经营风险，促进住房公积金贷款的可持续发展。

**（三）加强对逾期贷款的处理**

虽然我国住房公积金当前贷款逾期率并不高，但随着房价的非理性增长和早几年我国住房公积金放贷条件放宽、放贷力度加大，贷款风险也随之增加。因此，我们应加强对住房公积金逾期贷款的处理意识，增加处理手段，提高处理的及时性、灵活性。

首先，应建立贷款和还贷处理平台，及时了解逾期贷款状况。当前，我国住房公积金逾期贷款不多，大多数住房公积金逾期贷款是非经济原因。一是与贷款者不够细心有关，如还贷账户余额不够忘记续费，或忽视住房公积金贷款利率变动，导致还贷账户余额不够等。二是一些逾期贷款与还贷方式不灵活有关，如固定还贷日期导致还贷不便。因此，我们应建立系统自动提醒平台和人工处理平台，由系统自动提醒平台把客户还贷情况如贷款利率变动、还款日期及还贷账户余额等与还贷逾期有关的信息自动及时地提供给客户，以减少逾期贷款的产生。同时，由人工处理平台及时对已经产生的逾期贷款进行个别处理，防止逾期贷款的积累。

其次，对于经济问题产生的逾期贷款者，应区分经济的严重程度及住房性质予以灵活对待。对于暂时经济困难者，可重新签订贷款合同，延长贷款期限，减轻月还贷额，或推迟还贷，并在推迟期内收取适当罚金。对于长期的经济困难者，如果是保障性住房贷款者，可采取置换较小保障性住房的方式减轻还贷负担，或采取放弃经济适用住房，租住政府廉租住房的方式；如果是商品房贷款者，也应鼓励其更换小商品房。

**（四）化解利率风险**

当前，我国住房公积金贷款利率政策使住房公积金经营存在风险。一是住房公积金可变贷款利率增加了还贷者的还贷风险。目前，我国住房公积金实行可变利率，存款为三个月商业银行定期存款利率，贷款盯住商业银行贷款利率，并与之保持适当差距。遇商业银行贷款利率调整，则住房公积金存款利率随之调整，而住房公积金贷款利率调整前发放的住房公积金贷款，从下年年初才开始实行调整后的贷款利率。可变利率增加了贷款者的还贷风险，严重时可能导致逾期贷款。二是住房公积金贷款利率的竞争力风险。我国商业住房贷款利率虽然比住房公积金贷款利率高，但经常有折扣优惠，最低折扣达到七折。住房公积金由于存款利率固定，其贷款利率的下调空间十分有限，与商业性住房折扣贷款利率相比，住房公积金贷款利率几乎不再有多少优势，这不仅是对住房公积金互助优惠贷款性质的挑战，而且还影响到住房公积金贷款业务的发展，影响到住房公积金制度的生存。为了化解住房公积金利率风险，我们应实行固定利差的阶段性利率调整政策。

首先，我们应固定住房公积金存贷利差。德国和新加坡的经验表明，固定利差能稳定贷款者负担，保证经营者利润。由于我国住房公积金是强制储蓄，固定存贷利差不会影响住房公积金的来源，克服了德国自由式住房互助储蓄贷款所面临的资金来源不稳定问题。同时，固定存贷利差保证了个人融资成本的稳定性和住房公积金管理中心经营收益的稳定性，有利于住房公积金贷款安全，也使住房公积金贷款业务更有利于面对商业银行的竞争与市场利率波动的冲击。我国住房公积金实行固定利差制，即要求我们打破住房公积金存款实行三个月商业银行定期存款利率及贷款利率由中国人民银行根据商业贷款利率确定的规定，由主管部门根据住房公积金实际运营需要制定一个合理的住房公积金固定存贷利差。住房公积金固定利差应尽量小，以便应对利率自由化的冲击，但又能保证其赢利以维持住房公积金的运营开支需要。

其次，我们应对住房公积金存贷利率实行阶段性调整。德国住房互助储蓄的存贷利率是在固定利差的基础上进行阶段性调整，新加坡是在固定利差的基础上盯住市场利率，经常进行调整。在确定好固定存贷利差的基础上，我国应对住房公积金存贷利率实行阶段性调整。因为我国的市场利率并没有完全自由化，而是实行政府控制，市场利率变化具有阶段性。因此，住房公积金利率调整也应是阶段性调整，即在固定利差的基础上，根据商业利率确定住房公积金阶段性固定存款和贷款利率。一般来说，住房公积金阶段性固定贷款利率应一定程度上低于商业贷款利率，以便保持住房公积金贷款的优惠性。同时，贷款利率又不能过低，以保证住房公积金存款利率有一定的可变空间。这样就在保证住房公积金贷款竞争力的同时稳定了住房公积金贷款者的负担，一定程度上化解了住房公积金贷款利率风险。

（五）加强立法

健全的法律是防范和处理贷款风险的保证。我国也必须加快《住房保障法》、《住房公积金法》、《金融法》等法律的修订，明确保障性住房的建造、购买标准及方法，明确住房公积金贷款条件和住房公积金存贷利率的确定与调整方式，明确住房公积金贷款风险的防范与危机处理方式，明确住房公积金的金融地位及融资方式。有了明确的立法，住房公积金贷款才可能细致规范起来，住房公积金贷款风险的提前防范及住房公积金贷款风险的善后处理才可能严格和规范，住房公积金贷款才可能越来越安全。

## 第二节 我国住房公积金贷款标准的完善

自 20 世纪 90 年代住房公积金制度建立以来，我国各地住房公积金贷款标准进行过多次调整。但是，我国住房公积金贷款标准的确立与调整存在一些不太合理之处，它们影响了住房公积金贷款的公平与安全。新加坡住房优惠贷款标准和德国住房互助储蓄贷款标准的确立都比较科学规范，借鉴两国贷款标准的确立与调整经验，为我国住房公积金建立公平合理的贷款标准，将有利于我国住房公积金制度的公平与科学发展。

### 一 境外的住房贷款标准及其优点

（一）境外的住房贷款标准

新加坡的住房优惠贷款由建屋发展局发放，贷款资金来自发行记名债券的融资以及政府提供的低息贷款。由于有政府资金托底，新加坡住房优惠贷款资金充裕，能充分满足购房者的贷款融资需要，住房优惠贷款比例与首付比例能紧密衔接。

新加坡住房优惠贷款利率十分优惠，仅比公积金普通账户的存款利率高0.1%。为了让居民所购住房与经济能力相称，新加坡限定了不同收入层次居民可购保障性住房的大小。一般来说，低收入者所允许购买的保障性住房面积较小，收入较高者所允许购买的保障性住房面积较大。但住房面积越小，住房价格优惠越多。为了使国民能公平且充分地享受住房优惠贷款，新加坡规定，住房优惠贷款要求的首付比例为10%，购房的月供不得超过家庭月收入的40%，贷款期限最长可达30年，① 公积金普通账户承担贷款偿还功能。

德国住房互助储蓄银行在借贷资金的发放中，也有一套严格的配贷标准。首先，存储要求。贷款者必须按照储贷合同定期储蓄，只有储蓄达到所需贷款额的40%~50%并参加储蓄两年以上者，才有资格获得住房储蓄银行按1:1的比例配给储户的贷款，贷款期限一般为5~8年。其次，评估值测算。互助储蓄银行每月对储蓄者的资金积累状况及其对住房互助储蓄的贡献进行评估，并以评估值的高低来确定借款人的资格和贷款的顺序，以保证每个储户都能得到公正平等的配贷机会。储户还款则在其所购住房开始使用后，按月以合同约定还贷。虽然德国住房互助储蓄银行只提供合同约定的与个人互助储蓄额固定比例的住房贷款，不过，德国购房者可以同时从其他几个相关的金融机构一次性获得所需的其他全部贷款。通常，德国家庭需自备30%~50%的购房首付款，住房互助储蓄银行提供10%~20%的购房贷款，剩下的贷款则来自储蓄银行和抵押银行。

（二）境外住房贷款标准的优点

考察新加坡和德国的住房贷款标准，可以发现它们具有诸多优点，具体有如下四个方面。

第一，贷款标准稳定。新加坡住房优惠贷款和德国住房互助储蓄贷款都拥有稳定的贷款标准，不会因时间变化而随意改变。新加坡住房优惠贷款可贷比例固定。虽然随着经济的发展，新加坡国民的收入水平不断提高，新加坡对国民的收入等级标准也多次进行调整，但新加坡住房优惠贷款比例始终保持不变。德国住房互助储蓄贷款的标准也十分稳定，一直按储贷协议规定贷款，贷款额度始终与存款额保持固定的比例关系，配贷顺序也一直按同一标准执行。新加坡和德国贷款标准的长期稳定有利于使贷款制度保持中立，

---

① 新加坡政府住房发展局网站：http://www.hdb.gov.sg。

从而使国民享受到公平的贷款权益。

第二，贷款机会与结果公平。新加坡和德国两国贷款都以公平为基本原则，尽量做到国民贷款机会和贷款结果公平。由于组屋实行限制性定价，且优惠贷款利率很低，新加坡组屋和住房优惠贷款具有明显的福利性质。为了使所有中低收入公民都能享受到保障性住房及住房优惠贷款等福利，新加坡通过给所有中低收入公民提供低首付廉价组屋和住房价格梯度优惠政策，保证每一个中低收入公民有机会购房和享受这些国家福利，并以相同贷款比例、相同月供收入比限制保证享受结果的公平性。这种公平贷款既有利于国民自有房目标的实现，又能促进社会和谐稳定发展。

由于政府对符合条件的住房互助储蓄者进行奖励或补贴，德国住房互助储蓄贷款也具有一定的福利性。德国通过自愿加入住房互助储蓄的方式体现享受福利机会的公平性。德国住房互助储蓄结果公平则是通过公平配贷来实现的，即根据双方储贷协议及个人存款的贡献度来确定配贷顺序，从而保证贷款获得的公平性。对于没有开始贷款的中途退出者，德国住房互助储蓄银行通过利息补贴的方式保证他们为互助贷款所做的贡献能获得一定回报，从而也保证了这一部分人员的结果公平。总之，德国住房贷款的这些做法既保证了所有国民参与该制度的公平性，也保证了已加入该制度的所有成员的权益公平，有利于社会和谐发展。

第三，贷款额度合理安全。新加坡住房优惠贷款和德国住房互助储蓄贷款的放贷额度都符合实际需要，比较合理。就贷款数量来说，两国都根据各自的资金实力提供相应数额的贷款。新加坡住房优惠贷款由于有政府财政资金支持，资金充足，因此它能以较高的贷款比例和较长的贷款期限放贷。德国住房互助储蓄银行由于是合同储蓄资金放贷，资金有限，因此其所提供的住房贷款数额有限，它只提供给个人合同约定存款额一倍的贷款资金，而且其贷款期限也不长，一般为5~8年。虽然德国住房互助储蓄贷款所提供的贷款资金有限，但它通过和其他银行的一揽子贷款解决了贷款的充裕性问题，而且还分散了贷款风险。就贷款的安全性来说，两国都根据自己的方式确保贷款安全。新加坡通过月供与月收入比例限制和对公积金普通账户住房首付提取的限制，确保各购房家庭及其普通账户有足够的资金用于偿还住房贷款，从而保证贷款安全。德国住房互助储蓄贷款的安全性除了通过严格的贷款数额限制予以保证外，还通过数家贷款机构联合配贷的方式分散贷款风险。

第四，贷款管理细致科学。新加坡住房优惠贷款和德国住房互助储蓄贷款的管理都非常细致科学。新加坡优惠贷款利率仅比公积金普通账户的存款利率高0.1%，这不仅体现了国家对国民的细致与体贴，也体现了新加坡产权的明确性及管理的科学性。因为新加坡认识到住房优惠贷款资金来源于住房公积金和政府财政资金，而这些资金是国民自己的资金，用国民自己的资金为国民自己放贷，政府仅仅是充当了组织者和管理者的角色，因此政府仅收取0.1%的手续费。另外，新加坡对国民实行收入分层，根据收入层次限购组屋，并待之以差别化首付及贷款比例，也体现了管理的细致科学这一特点。德国采用合同约定兼评估的方式确定贷款顺序，使操作标准化，大大减少了主观意志带来的不公，体现了管理的细致与科学，一揽子贷款的提供则体现了德国住房贷款管理的周到与科学。

## 二 完善我国住房公积金贷款标准的一个尝试

从新加坡和德国等境外住房贷款标准的设置经验可知，公平而合理的贷款要求贷款管理精细化、标准化。我们认为，应当依据责权对等原则，建立资金利用高效、机会平等、额度公平的住房公积金贷款标准，通过此标准，让住房公积金成员能充分而平等地享受住房公积金互助贷款。只有建立统一而合理的住房公积金贷款标准，才能改变我国住房公积金贷款的主观随意性，才能实现贷款的公平性与科学性。为了使贷款标准统一而精确，这里尝试建立一个关于住房公积金贷款的模型，我们试图通过此模型达到上述目标。

### （一）建立住房公积金贷款模型的原则

建立住房公积金贷款模型时必须遵循以下原则。

首先，应设立基本的贷款条件。住房公积金是互助储金，但北京市只要缴存一个月住房公积金即可获得住房公积金贷款的规定过于宽松，容易导致互助贷款资金的不足。因此，我们应设立合理的贷款前最低缴存期限。一般来说，住房公积金贷款申请者应至少具有两年以上住房公积金连续缴存记录方可进行贷款。这既有利于住房公积金积累与放贷互助，又有利于合理有序地引导职工购房，稳定房地产市场。同时，住房公积金是自我积累基金，有自助性质。我们应允许成员在贷款互助的同时也可提取住房公积金进行自助。但为了保证互助，我们只能允许成员提取自己住房公积金账户的部分资金。

其次，应根据责权对等原则放贷。责权对等即在符合贷款基本条件的情况下，根据缴存贡献进行贷款，相同贡献度的人贷款标准相同，不同贡献度的人贷款标准应有所不同。缴存贡献涉及住房公积金年缴存额、贷款之前的住房公积金缴存年限、贷款年限和还清贷款之后的缴存年限等因素，我们应根据这些因素综合评价每个成员的互助贡献大小，并按贡献大小确定贷款发放标准。

最后，应根据普遍贷款原则和住房公积金充分利用原则放贷。普遍贷款原则即让所有住房公积金成员都能享受到住房公积金贷款，以充分体现住房公积金的互助性质。住房公积金充分利用原则即尽住房公积金的最大可能放贷，让住房公积金充分利用起来，提高资金利用效率，帮助职工早日实现基本住房保障目标。

### （二）建立住房公积金贷款模型的步骤

根据以上三个原则，我们开始建立住房公积金贷款模型。

首先，我们假定加入住房公积金制度的职工条件完全相同，这些条件包括每一个成员年工资额相同且一直保持不变（设为 W），缴存比例相同（设为 n），缴存年限相同（设为 $t_1 + t_2 + t_3$ 年），其中，$t_1$（$t_1 \geq 2$）为贷款之前的住房公积金缴存年数，$t_2$（$t_2 \neq 0$）为贷款年数，$t_3$ 为贷款还清后的住房公积金缴存年数。

其次，我们还假定所有成员都是以一年为间隔相继进入住房公积金制度，都能按时按量缴存住房公积金、进行住房公积金贷款并归还贷款。

再次，我们假定成员的住房公积金最大可贷款额为 D，所有住房公积金贷款实行等本金归还，住房公积金存贷利息收支及其他收支都忽略不计，成员偿还住房公积金贷款期间的住房公积金缴存也忽略不计（假定全部用于还贷）。

最后，假定所有成员开始贷款时都提取了自己住房公积金账户积累额的一半作为购房首付款，退休时则全部提取完自己的住房公积金余额。

根据上述假设条件，住房公积金建立 $t_1 + t_2 + t_3$ 年后，首个住房公积金成员将完成从住房公积金缴存、贷款、贷款偿还到退休提取的一个完整周期。在此周期内，最先进入住房公积金制度的连续 $t_2 + t_3 + 1$ 个成员将依次获得住房公积金贷款。那么，在这一个完整的周期内，根据住房公积金充分利用原则，第一个成员至第 $t_2 + t_3 + 1$ 个住房公积金成员的最大可贷款额度情况应如下。

第一步，第 1 个成员的最大可贷款额模型的建立：

第一个成员的最大可贷款额 D1 应为自该成员建立住房公积金开始至 t1 年时，从自己开始的连续 t1 个成员的住房公积金积累额扣除该成员自己的住房首付提取，即

$$\begin{aligned} D1 &= [Wnt1 + Wn(t1-1) + Wn(t1-2) + \cdots + Wn] - Wnt1/2 \\ &= Wnt1(t1+1)/2 - Wnt1/2 \\ &= Wn(t1)^2/2 \end{aligned} \quad \text{模型 ①}$$

第二步，第 2 至 t2+1 个成员的最大可贷款额模型的建立：

第二个贷款者最大可贷款额 D2 则应是自该成员建立住房公积金开始至 t1 年时，从自己开始的连续 t1 个成员的住房公积金积累额，减去其与第一个贷款者重复贷款部分，再扣除该成员的住房首付提取，再加上第一个贷款者第一年的还款额，即

$$\begin{aligned} D2 &= [Wnt1 + Wn(t1-1) + Wn(t1-2) + \cdots + Wn] - [Wn(t1-1) + \\ &\quad Wn(t1-2) + \cdots + Wn] - Wnt1/2 + D1/t2 \\ &= Wnt1/2 + D1/t2 \end{aligned}$$

同理，自第二个成员开始直至第 t2−1 个成员止，其中每个住房公积金成员的最大可贷款额都是从自己开始的连续 t1 个成员的住房公积金积累额，减去其中已重复放贷部分，再扣除自己的住房首付提取，再加上前面贷款者一年的还款额，即 Dx（$2 \leqslant x \leqslant t2+1$）为

$$\begin{aligned} Dx &= [Wnt1 + Wn(t2-1) + Wn(t2-2) + \cdots + Wn] - \\ &\quad [Wn(t1-1) + \cdots + Wn] + [D1/t2 + D2/t2 + \\ &\quad D3/t2 + \cdots + D(x-1)/t2 - Wnt1/2 \\ &= Wnt1/2 + D1/t2 + D2/t2 + \cdots + D(x-1)/t2 \end{aligned} \quad \text{模型 ②}$$

第三步，第 t2+2 至 t2+t3 个成员的最大可贷款额模型的建立：

从第 t2+2 个成员开始至 t2+t3 个成员止，由于开始有成员完成贷款偿还，进入贷款偿还后的住房公积金缴费阶段，因此，此时每个住房公积金成员的最大可贷款额发生了变化，除了从自己开始的连续 t1 个成员的住房公积金积累额，减去其中已重复放贷部分，扣除自己的住房首付提取，再加上前面贷款者一年的还款额之外，还必须加上贷款偿还完毕后成员一年的缴费额，即 Dx（$t2+2 \leqslant x \leqslant t2+t3$）为

$$\begin{aligned} Dx &= [Wnt1 + Wn(t1-1) + Wn(t1-2) + \cdots + Wn] - [Wn(t1-1) + \\ &\quad \cdots + Wn] + [D1/t2 + D2/t2 + \cdots + D(x-t2)/t2 - \\ &\quad Wnt1/2 + Wn(x-t2+1) \\ &= Wnt1/2 + Wn(x-t2+1) + D1/t2 + D2/t2 + \cdots + D(x-t2)/t2 \end{aligned} \quad \text{模型 ③}$$

第四步，第 t2 + t3 + 1 个成员及此后任意一个成员 x 的最大可贷款额模型的建立，即一般贷款模型的建立：

当第 t2 + t3 + 1 个成员开始贷款时，第一个成员已走过了从住房公积金缴存、贷款、贷款偿还到退休提取的一个完整周期，开始对住房公积金进行退休提取。从此时开始，住房公积金可贷款额又发生了变化。因为此时住房公积金可贷款额必须在前面的基础上减去当年的退休提取额。因此，第 t2 + t3 + 1 个成员的可贷款额即

$$
\begin{aligned}
D(t2 + t3 + 1) &= [Wnt1 + Wn(t1-1) + Wn(t1-2) + \cdots + Wn] - \\
&\quad [Wn(t1-1) + \cdots + Wn] - Wnt1/2 + D(t2+t3)/t2 + \\
&\quad D(t2+t3-1)/t2 + D(t2+t3-2)/t2 + \cdots + \\
&\quad Dt3/t2 + Wnt3 - Wnt3 \\
&= Wnt1/2 + D(t2+t3)/t2 + D(t2+t3-1)/t2 + \cdots + Dt3/t2
\end{aligned}
$$

这即是说，住房公积金建立 t1 + t2 + t3 年后，首个住房公积金成员完成了从住房公积金缴存、贷款、贷款偿还到退休提取的一个完整周期。在这一个周期中，最后一位住房公积金贷款者即第 t2 + t3 – 1 个住房公积金成员的最大住房公积金可贷款额为第一个成员贷款前缴存总额的一半再加上他前面连续 t2 个成员一年的还贷总和。

进一步演算可知，从第 t2 + t3 + 1 个成员开始，住房公积金贷款开始进入规则状态，即从此以后，每一个住房公积金成员都将像第 t2 + t3 + 1 个成员那样，最大住房公积金可贷款额为第一个成员贷款前缴存总额的一半再加上他前面连续 t2 个成员一年的还贷总和。也就是说，自第 t2 + t3 + 1 个成员开始，其后任意一个成员 x（x≥t2 + t3 + 1）的最大可贷款额 Dx 可表示为

$$Dx = Wnt1/2 + D(x-1)/t2 + D(x-2)/t2 + D(x-3)/t2 + \cdots + D(x-t2)/t2$$

模型 ④

这就是我们所要追求的住房公积金贷款一般模型。

### （三）住房公积金贷款模型的应用与评价

由于制度前期情况特殊，因此我们依据不同时期的住房公积金缴存和还贷情况，建立了四个针对不同时期成员的住房公积金贷款模型，其中前面三个模型具有特殊性，只针对制度前期阶段的一些成员，第四个模型才具有普遍性，适用于除前面成员外的其他所有成员。对于这些模型的具体运用及评价，我们在此对其做一简单介绍和说明。

1. 住房公积金贷款模型①②③的应用与评价

（1）住房公积金贷款模型①②③的适用对象

①②③三个住房公积金贷款模型是住房公积金贷款特殊模型，只适用于住房公积金制度刚建立后的 t1 + t2 + t3 年内进行贷款的住房公积金成员。具体来说，模型①D1 = Wn（t1）²/2 只适用于第一个住房公积金贷款者。模型②Dx = Wnt1/2 + D1/t2 + D2/t2 + … + D（x − 1）/t2 只适用于第 2 个至第 t2 + 1 个住房公积金贷款者。模型③Dx = Wnt1/2 + Wn（x − t2 + 1）+ D1/t2 + D2/t2 + … + D（x − t2）/t2 只适用于第 t2 + 2 至第 t2 + t3 个住房公积金贷款者。

（2）对住房公积金贷款模型①②③的评析及运用

从①②③三个模型可以看出，在住房公积金制度刚建立的 t1 + t2 + t3 年内，每一个相同条件的住房公积金成员其住房公积金最大可贷款额是既定的，但每一个成员的最大可贷款额又是不同的。第 1 个成员的可贷款额为自该成员建立住房公积金至第 t1 年内，该成员自己缴存总额的一半，加上其他 t1 − 1 个成员的在这段时期内的住房公积金缴存额。自第 2 个成员开始至第 t2 + 1 个成员止，每一个成员的住房公积金最大可贷款额逐渐增加，具体额度为第一个成员贷款前缴存总额的一半，再加上其前面至多 t2 个成员一年的还贷总和。第 t2 + 2 至第 t2 + t3 个成员的最大可贷款额也是逐渐增加，至第 t2 + t3 个成员时达到最大，且这一阶段每一个成员的最大可贷款额都比前一阶段成员的最大可贷款额大，具体额度为第一个成员贷款前缴存总额的一半，加上其前面连续 t2 个成员一年的还贷总和，再加上贷款偿还完毕后成员一年的住房公积金缴费额。

运用①②③三个住房公积金贷款模型进行贷款的 t2 + t3 + 1 个住房公积金成员，虽然他们之间实现了住房公积金充分利用原则，即每一个贷款者都能根据住房公积金当时的缴存、还贷、提取等实际状况，充分获得最大限额贷款。但是，由于这些贷款者处在住房公积金制度的初始阶段，住房公积金运转还不规则，这些条件相同的住房公积金贷款者难以获得完全相同的最大贷款额，因此无法实现贷款的纵向公平。

当前，我国住房公积金制度运行还不到 20 年，根据个人住房公积金约 30 年的存储周期，我国住房公积金发展还正处在第一个周期的中间阶段。②③两个住房公积金贷款模型所揭示的住房公积金成员最大可贷款额逐渐增加趋势说明，我国各地住房公积金管理中心一次次逐渐提高住房公积金贷款额度是非常必要的。

**2. 住房公积金贷款模型④的应用与评价**

(1) 住房公积金贷款模型④的适用对象及不足

住房公积金贷款模型④ $Dx = Wnt1/2 + D(x-1)/t2 + D(x-2)/t2 + D(x-3)/t2 + \cdots + D(x-t2)/t2$ 适用于住房公积金建立 t1 + t2 + t3 年后的所有住房公积金贷款者，即适用于第 t2 + t3 + 1 个成员及此后的所有成员，因此可称之为住房公积金一般贷款模型。运用住房公积金一般贷款模型进行贷款的住房公积金成员，在形式上实现了纵向公平，即每一个成员的住房公积金最大可贷款额形式上相同，都为第一个成员贷款前缴存总额的一半，再加上该成员前面连续 t2 个成员一年的还贷总和。但因为 t1 + t2 + t3 年内，每一个相同条件的住房公积金成员，其实际贷款额并不一样，以致其年还贷额也不一样，因此该模型无法自动实现事实上的贷款纵向公平。不过，形式上的公平已为事实上贷款纵向公平的实现准备了条件。

(2) 住房公积金贷款模型④纵向公平的实现

虽然模型④难以自动实现事实上的贷款纵向公平，但根据责权对等原则，我们应该让相同条件的成员在事实上获得相同的贷款额。如果把最早自第 t2 + t3 + 1 个成员之前的连续 t2 个成员的贷款额都统一调整至某一数额，则我们的住房公积金贷款将从被补齐的成员后开始，自动进入事实上的纵向公平稳定状态。

纵向贷款公平可用模型表示如下：假设连续 t2 个成员的贷款都被统一调整至相等数额 d，则住房公积金贷款模型④变为

$$Dx = Wnt1/2 + d(x \geq t2 + t3 + 1) \qquad 模型⑤$$

这即是说，如果统一调整第 t2 + t3 + 1 个成员之前的连续 t2 个成员的住房公积金贷款额至 d，则自第 t2 + t3 + 1 个成员开始的任意一个成员的贷款额都为 $Wnt1/2 + d$。即从此处开始，不仅住房公积金被充分利用，而且相同条件的成员将获得形式上和事实上都完全相等的贷款额，住房公积金贷款的纵向公平得以实现。至此，最理想的住房公积金贷款模型——模型⑤正式确立。

随着时间的推进，我国住房公积金制度将很快结束不规则贷款周期，进入规则贷款时期。在规则贷款时期即将来临的时候，为了让我们的住房公积金贷款尽快进入公平稳定的良性发展状态，我们应充分利用住房公积金沉淀

资金，统一调整住房公积金贷款额度，尽快让连续 t2 个成员获得相等的贷款额，以主动进入住房公积金贷款的公平稳定状态，早日解除住房公积金沉淀资金过多和贷款额度不公造成的困扰。

（3）我国住房公积金贷款标准调整的条件

进入模型⑤以后的住房公积金贷款，已实现了住房公积金的充分利用与贷款公平。一般情况下，我们应保持住房公积金贷款标准稳定。虽然现实生活中，住房公积金的运用并不一定按住房公积金模型所预想的那样运行，如可能有些住房公积金成员直到退休都从未贷款或贷款未达到个人最高限额，有些则只提取住房公积金，有些则不按时还贷，但我们也不应据此随意调整住房公积金贷款的标准，而是应从住房供应、住房价格和住房补贴等方面给成员提供购房与使用住房公积金的机会，引导成员合理使用住房公积金贷款。同时，我们也应加强住房公积金投资管理，提高对沉淀资金的投资，增加沉淀资金的保值增值能力。我们还应加强住房公积金贷款管理，按时催还住房公积金贷款。这样，才能保持政策性贷款的严谨与公正。

当然，随着经济的发展，我们可以适时调整住房公积金贷款标准。如随着国民经济的发展，政府财力逐渐雄厚，有意提高居民居住水平，改善居民生活质量，那么政府可以通过给住房公积金提供一笔启动资金的方式，帮助连续 t2 个成员补齐其贷款至相等额 $d'$。这样，从被补齐后的第一个成员开始后的所有成员，将能自动获得较高的住房公积金贷款额度 $Dx = Wnt1/2 + d'$（$x \geq t2 + t3 + 1$），购得较大较好的住房。

**3. 其他问题**

（1）住房公积金二套房贷的发放

至于可否对第二套房进行贷款，根据住房公积金缴存贡献与贷款权利对等原则，一般来说应根据成员的最大可贷款额和他第一套房的贷款和提取情况来确定。如果成员购第一套房时从未进行过住房公积金贷款，也未提取过住房公积金，则应按其所适用的住房公积金最大贷款限额给予其贷款。如果成员从未进行过住房公积金贷款，但提取过住房公积金，则应根据提取之后的情况放贷。如果成员已进行过住房公积金贷款，但未达到个人最高限额，则可利用其差额进行第二套房贷。这既不会影响其他成员的贷款权益，也有利于该成员住房公积金责权对等原则的实现，体现住房公积金贷款的公平性。

（2）对贷款不足者的利率补偿

住房公积金住房贷款是互助贷款，根据个人住房公积金缴存贡献放贷，实行低存低贷。因此，为了公平，我们应对从未进行过住房公积金贷款或住房公积金贷款未达到个人最高限额的个人进行补偿。对于从未进行过住房公积金贷款的成员，应按住房公积金存贷利差按年住房公积金账户金额对其进行利率全额补偿。对于已进行过住房公积金贷款，但未达到个人最高贷款限额的成员，则应对其进行相应比例的而非全额的补偿，其补偿额是全额补偿与贷款差额和最高贷款限额比的乘积。个人最高贷款限额可设定为职工在职并缴纳住房公积金的时间内的中位时间点上，按住房公积金贷款模型计算所应获得的贷款额，住房公积金利率补偿一般可在退休提取时进行计算。当然，因为住房公积金管理需要费用，所以补偿应是扣除一定管理费用后的补偿。这种明确的利率补偿制度不仅保护了住房公积金贷款者的权益，也保护了未贷款成员的利益，保证了整个住房公积金制度的公平性。

(3) 夫妻住房公积金贷款额度

以上住房公积金贷款模型都是针对个人贷款而言的。如果是夫妻一起进行住房公积金贷款，则可根据夫妻两人的住房公积金缴存与使用情况，用贷款模型分别计算得出各自的贷款额度后，再把二者合计起来，就是夫妻两人的贷款最高限额。

## 第三节　我国住房公积金运用率的提高

住房公积金运用率是指个人住房公积金贷款余额与购买国债余额之和占住房公积金缴存余额的比例。住房公积金结余资金越少，说明住房公积金运用率越高。从理论上来说，如果建立了一个住房公积金贷款模型，按此模型进行住房公积金贷款将使住房公积金充分恰当地运用起来。但是，在现实生活中，住房公积金贷款往往难以如期发展，且住房公积金结余资金也不便全部投资于国债，住房公积金仍可能出现大量沉淀资金。新加坡中央公积金和德国住房互助储金的运用方式为我们提供了新的思路，借鉴这些境外国家的住房储金运用经验，改进我国住房公积金的贷款和投资，将可能提高我国住房公积金运用率。

### 一　境外住房储金的运用及其特点

(一) 境外住房储金的运用

新加坡公积金普通账户资金的运用率很高，它的运用方式有提取、投资、购买商业保险和发放特殊贷款等。其中，提取和投资是主要运用方式，购买商业保险和发放高等教育贷款是辅助性运用方式。提取主要包括购房首付提取和贷款偿还提取。因为新加坡保障性住房供应充裕，房价低廉，住房优惠贷款又非常实惠，且住房贷款比例与首付比例完全衔接，因此新加坡公民积累了必要的首付款后一般都会马上购房。目前，新加坡90%以上的国民都购买了住房。及时购房使得新加坡公积金的购房首付提取、贷款偿还提取通常都能如期进行，公积金得以充分利用。

没有被提取的公积金普通账户资金，新加坡一般全部进行投资。新加坡公积金投资分为机构投资和个人投资。机构投资主要是由国家货币管理局和新加坡国家投资公司投资购买记名债券。公积金投资的记名债券是新加坡政府专为其量身定做的用于保障性住房建设的不可转让浮动利率记名债券。新加坡的债券市场种类较为齐全，发行制度也国际化。一般来说，除少量用于流动性的资金以购买短期债券的方式存在外，新加坡公积金余额几乎全都用于购买中期或中长期记名债券。随着保障性住房建设的迅速发展，新加坡国民的住房问题基本得到解决，保障性住房建设的资金需求开始下降。为了保证资金的充分运用与保值增值，20世纪80年代，新加坡开始对包括公积金在内的国有基金进行国内外投资。如果不满意政府的投资，新加坡个人可以要求获得对自己账户资金的投资权。为了使个人投资不危及公积金安全，新加坡对个人公积金投资费用、投资额度和条件、投资收益的分配都作了严格规定。

德国住房互助储蓄银行的合同存储储金一般只有两种使用方式：合同贷款和购买国债。由于有合同约定，德国住房互助储蓄量明确，贷款需求量和需求时间也非常确定。由于贷款量是储蓄量的一倍，德国住房互助合同储蓄资金一般只能用于合同贷款，富余资金不多。对于少量临时富余资金，按《德国住房互助储蓄银行法》规定，可用于购买国债。由于德国住房互助储蓄贷款需求量大，富余资金通常只能购买流动性强的短期国债。

（二）境外住房储金运用的特点

从新加坡和德国住房储金运用的经验可知，它们的储金运用具有以下一些特点。

第一，住房贷款充分发展。新加坡和德国都通过科学的方式为合乎条件的国民提供充足的住房贷款。新加坡国家小，人口不多。它通过计划手段为国民设定好住房大小、首付比例、贷款来源与比例、首付及偿还贷款的资金保证，让国民轻松购房，公积金因而及时充分地运用起来。德国则以住房合同存贷协议的方式限定了贷款时间与额度，存储资金也被及时充分地运用起来。此外，两国贷款申请手续简单，新加坡根据收入层级获得对应的购房权与贷款权，德国的一揽子贷款也是一次性申请即可解决，大大减少了贷款者的麻烦，增强了两国住房储金的吸引力，从而促进了储金的运用。

第二，债券投资充分发展。新加坡公积金的性质和德国住房互助储蓄的性质决定了两者都必须把储金投资于安全性高的国债上。新加坡债券市场比较完善，长、短期国债品种丰富，债券回购市场完善，回购方便，符合公积金长期和短期投资需要及对流动性的要求，便利了公积金的投资。而且，新加坡还专门为公积金设计了记名不可转让浮动利率债券，这种债券专为保障性住房建设融资。公积金投资于保障性住房建设既提高了公积金的运用率，又加快了保障性住房的供应，还促进了住房公积金提取及贷款偿还提取，从而使公积金运用的各个环节实现了顺畅衔接，大大提高了公积金的运用率。德国没有把储金投资于住房建设，因为德国储金是互助储金，资金来源有限，且存储与贷款具有很强的对应性，其可用于投资的资金十分有限。而且，德国住房储金属银行资金，社会性目标不如新加坡公积金强烈。因此，德国住房储金没有投资于特定的社会目标。但是，德国短期债券市场发达，为住房互助储金投资提供了便利，促进了住房互助储金的投资。

第三，进行适时多样性投资或资金运用。新加坡公积金有债券投资、股票投资、个人投资等灵活多样的投资方式，这些灵活多样的投资不仅提高了公积金的运用率，还在用活公积金的同时更好地满足了国民的现实需求。如建国初期新加坡保障性住房不足，则加强公积金保障性住房投资。当保障性住房建设融资需求逐渐饱和的时候，政府适时地引导国民开展公共事业股票或国有股私有化股份投资，不仅为公积金找到了新的投资渠道，而且让国民参与社会经济发展与成果分享，有利于国家经济的稳定发展，有利于公积金保值增值。允许个人投资则是新加坡在公积金产权明确的前提下，在投资环境日益完善的情况下，允许私人把公积金国家代理投资权收归个人的一种尝试。虽然从实践结果来看，个人投资由于金额较少，成本较高，总体收益不如国家投资，但它却实现了个人对公积金的支配管理权，也为个人彻底让渡公积金支配管理权，实行国家统一投资管理扫除了障碍。国家投资公司对公积金进行海内外投资虽然增加了投资风险，但在国内市场狭小、资本市场饱和的情况下，谨慎地进行战略性海外投资也是非常必要的。除了多样性投资,新加坡公积金还根据国情与成员需要,制定出各种公积金运用计划,如以一定公积金购买商业保险,实行公积金教育贷款等,这不仅进一步完善了新加坡社会保障体系,满足了成员的其他重要资金需求,也提高了公积金的运用率。

## 二 提高我国住房公积金运用率的对策

结合我国实际,借鉴新加坡和德国等国家和地区住房储金的运用经验,我们应从以下一些方面提高住房公积金运用率。

### (一)促进住房公积金贷款业务的发展

住房公积金贷款业务是住房公积金的主营业务,促进住房公积金贷款业务的发展是提高住房公积金运用率的关键。要促进贷款业务发展,我们必须改进住房公积金贷款方式,简化贷款与还贷提取手续,放宽贷款条件,实行更为灵活优惠的利率政策,提高贷款服务质量。

首先,简化住房公积金贷款与还贷提取手续。简化住房公积金贷款与还贷提取手续有利于方便成员使用住房公积金,从而促进住房公积金贷款业务的发展,提高住房公积金运用率。建立电子化自动办公系统是简化住房公积金贷款与还贷提取手续的重要途径。美国的房利美和房地美就是由于开发了自动审核系统来评估独户住宅抵押贷款风险,从而大大加快了贷款批准速度。如果我国住房公积金也开发出贷款自动审核软件,通过电子化网络办公形式对住房公积金贷款进行网上自动审核,那将大大提高住房公积金管理中心的办事效率,减轻住房公积金贷款者申请贷款而不断奔走的辛劳与麻烦。同时,我们还必须加速还贷办公业务的电子自动化,让全国各地还贷提取都实现由"年年提"向"月月转"的转变,减轻还贷的麻烦。如果住房公积金贷款和还贷都能实现网上自动化处理,那么,住房公积金贷款的吸引力将大大增加,从而有利于吸引更多成员使用住房公积金贷款。

其次,放宽住房公积金贷款条件。允许对贷款权利尚未完全使用完毕的成员继续放贷,允许对二手房放贷,加速发展住房公积金异地贷款,这些都是放宽住房公积金贷款条件,拓展住房公积金贷款面的必要方向。对于已进行住房公积金贷款但没有达到住房公积金贷款模型所计算出的最高贷款限额的成员,我们应允许继续差额发放住房公积金贷款,以保护成员应有的权益,并提高住房公积金运用率。对于二手房购买者,如果是消费性购买,也应和购买新房一样积极放贷。当然，为了住房公积金贷款的安全，我们必须对二手房价值进行严格评估，按评估价和住房公积金贷款模型所计算出的最高可贷款额二者中的较低者放贷。这既是保护成员应有的贷款权益，也是提高住房公积金运用率的重要举措。因为二手房位置较好，生活便利，符合很多成员的购房意向。如果住房公积金能支持购买二手房，不仅将活跃二手房市场，也将提升住房公积金贷款业务量。

对于住房公积金异地贷款，我们应加速住房公积金省内和省际异地贷款业务的发展，并为其创造更宽松的贷款条件。加速住房公积金省内和省际异地贷款业务的发展要求我们全国各地住房公积金管理中心实行数据共享互联，且还应实行全国各地房管部门数据的互联共享，以便异地既能准确了解要求进行住房公积金异地贷款成员的住房公积金缴存情况和住房公积金贷款记录，又能了解该成员以往的购房状况，方便异地住房公积金贷款的合理安全发放。同时，我们应给予住房公积金异地贷款更宽松的贷款条件，如对于消费性住房公积金异地贷款，不限制其购房地点，只要是未使用住房公积金贷款者和已使用但尚未达到贷款模型所规定的最高限额的合格贷款者，都给予适量贷款，从而让住房公积金真正灵活地运用起来。

再次，实行更为优惠的住房公积金利率。实行更为优惠的住房公积金利率是提高住房公积金贷款竞争力的关键。新加坡经验表明，如果住房贷款利率特别优惠，大家都不会放过充分利用它的机会。我国实行像新加坡一样的住房优惠贷款利率不太现实，但可像德国住房互助储蓄银行一样，实行参照商业银行利率，但独立于商业银行利率并固定存贷利差的住房公积金利率，其固定存贷利差应在保证经营可持续的前提下尽可能地缩小。这种新的利率制度将使住房公积金利率回旋空间更大，主动性灵活性更强，而不必受制于商业银行利率变动进行被动调整。

从我国住房公积金目前的运营状况来看，我国住房公积金存贷利差有较大的压缩空间。以2008年为例，2008年我国住房公积金业务收益为453.56亿元，业务支出为283.46亿元，增值收益达170.10亿元，增值收益超过业务收益的1/3。而且，2008年末我国住房公积金贷款风险准备金余额为285.67亿元，占贷款余额的4.68%，[①] 远远超过了政府规定的1%

---

① 住房和城乡建设部：《2008年全国住房公积金管理情况通报》，住房和城乡建设部网站：http://www.mohurd.gov.cn。

的提取标准。这些数据说明，我国住房公积金增值收益绝对量和相对量都不少，住房公积金存贷利差存在较大的可压缩空间。因此，我们可以主动把住房公积金贷款利率定得比现有住房公积金贷款利率更低，更有吸引力。如果我国住房公积金贷款利率变得十分优惠，那么，在很有吸引力的住房公积金贷款利率面前，即使是具有很强传统消费观念的人，也会改变原有消费方式，转向住房公积金贷款。这样，住房公积金贷款业务将得到更大的发展。

最后，加大对银行代理住房公积金贷款业务的约束与激励。加大对银行代理住房公积金贷款业务的约束与激励，提高其代理服务的积极性，这将有利于拓展住房公积金贷款业务，提高住房公积金运用率。要加大对委托银行代理住房公积金贷款业务的约束与激励，应先由住房公积金管理委员会制定出代理银行代理业绩评价标准与评价机制。代理银行代理业绩评价标准与机制是住房公积金管理委员会评价代理银行代理业务，评选合格代理者的标准与规范。代理业绩评价标准应把贷款服务的客户评价作为评价的重要指标，制定出代理银行代理业务时必须遵守和达到的细则与标准。有了这些细则与标准，代理银行就有了明确的行为约束。

有了评价细则后，住房公积金管理委员会还应建立相应的奖惩机制。对于符合评价规则的优秀代理银行，我们应对其进行一定的业绩奖励，并继续与其签订委托代理合同；对于评价排名靠后或评价不合格的代理银行，则实行一定的物质惩处或终止与其委托—代理关系。有了明确严格的业绩评价标准与奖惩机制后，代理银行必须尽心为代理业务服务，住房公积金贷款服务将会越来越周到和具有吸引力，从而可能促进住房公积金贷款业务的增长。

当然，代理业绩评价标准与奖惩评价机制必须建立在住房公积金代理业务可以在不同银行间自由迅速转移的基础上。因此，为了使这一机制真正发挥效用，我们必须开发适用于各类银行的住房公积金统一应用软件，加速统一各银行间的住房公积金代理业务，方便住房公积金代理业务在银行间的转移。

### （二）加大住房公积金投资业务的发展

第一，发行和购买地方保障性住房债券。住房公积金是社会保障基金，有优先为社会事业服务的义务。当前，我国城镇保障性住房建设资金严重不足，城镇居民的基本住房问题远未解决。2009 年，国家下达了 1676 亿元保障性住房建设投入任务。其中，中央投入493亿元，地方配套1183亿元。但截至2009年8月底，地方政府保障性住房建设投资仅完成投资394.9亿元，完成率为23.6%，尚有788.1亿元资金缺口。[①] 基本住房问题是关系到社会稳定的重要民生问题，面对保障性住房建设资金严重不足的状况，我国住房公积金作为住房保障基金，有义务把资金投向保障性住房建设领域，推动基本住房问题的解决。

　　实践证明，住房公积金直接贷款支持保障性住房建设存在很多问题。新加坡公积金以记名债券方式进入保障性住房建设领域与我国公积金直接贷款支持保障性住房建设不同，它既提高了公积金运用率，也能同时保持公积金的流动性，还能解决公积金直接参与住房建设贷款所导致的公积金资金不足与还贷风险。因此，我们应学习借鉴新加坡的方式，由国家授予地方政府记名债券的发行权，允许地方发行记名不可转让保障性住房债券，并推动和促进住房公积金购买此类债券。

　　地方政府获得记名债券的发行权后，各地应按地方的人口数量与保障性住房建设的实际需要及地方住房公积金量的大小，发行一定数量的短期、中期和中长期记名债券。通过购买这些记名债券，住房公积金进入保障性住房建设领域。这样，我国住房公积金就在保持流动性和支持保障性住房建设的基础上，解决住房公积金的合理投资问题，提高住房公积金的运用率。而且，住房公积金支持保障性住房建设，能增加保障性住房供应，让更多的家庭购房，这又有利于住房公积金贷款业务的发展，从而进一步提高住房公积金的运用率。

　　第二，完善国债品种与回购机制。除了让住房公积金投资于地方政府发行的记名不可转让保障性住房债券外，我国还应完善短期国债的种类与发行回购机制，以利于住房公积金投资。与德国住房互助储蓄贷款明确的贷款时间和贷款数额不同，我国住房公积金提取和贷款无论是时间、人数还是金额都带有很大的不确定性。因此，我国住房公积金投资对流动性的要求较高，各类短期国债对我国住房公积金投资比较合适。但是，我国国债目前主要是面向居民个人发售，而不是面向金融机构发售，因此现在的国债品种基本上类似于银行定期储蓄，主要是1年期、2年期、3年期和5年期国债，具有短期融资性的1年期以内短期国债，即4周、8周、3个

---

[①]《保障性住房建设进度缓慢，制度缺乏保障是主因》，新浪网：http://www.sina.com.cn。

月、6个月等期限的国债品种不发达。同时,我国债券发行与回购制度也不健全。为了让住房公积金有合适的投资环境,我们必须转变国债发售对象,多向金融机构发售各种期限的短期国债,并完善回购市场。只有短期债券市场完善起来,住房公积金才有机会将更多资金投资于短期国债市场,才能既提高住房公积金运用率,又能保证住房公积金对流动性的要求。

第三,适当发展其他投资。当前我国房改还处于初期阶段,住房问题和其他基本建设问题还远远没有解决,且住房公积金投资发展环境也不完善,风险过大。因此,当前我国住房公积金投资发展还应立足于保障性住房建设和国债领域。但是,长远来说,保障性住房建设的资金需求会随着居民基本住房问题的解决而减弱。因此,为了住房公积金保值增值,我们还应准备对住房公积金进行其他方面的投资准备。

设立政府投资公司或委托私人投资公司对住房公积金进行债券以外的其他投资是未来住房公积金投资的必由之路。当前,我国市场上已发展出很多私人投资公司,并已积累了一些海内外投资经验,但政府投资公司的建设比较滞后。因此,我们必须提早尝试建立政府投资公司,尤其是建立一些地方性政府投资公司,并建立相应的监管机制与法律法规,为住房公积金进行海内外的非定向投资。当然,我们也可进一步创新住房公积金保障内容,以满足成员的多样性需求。如我们可以像新加坡一样,让住房公积金进行教育贷款,以解决少数家庭教育资金的不足。同时,我们也可允许住房公积金购买住房抵押贷款保险,解除个人意外导致的住房贷款偿还风险,保证家庭对住房的绝对拥有权。

## 第四节 我国住房公积金贷款资金来源的适度拓展

虽然我国住房公积金连年以来持续出现大量沉淀资金,但这种沉淀是在个人贷款额度和贷款人数相对有限情况下的资金沉淀。总的来说,我国住房公积金资金量不足,不能充分满足个人需求,影响了住房公积金对个人购房融资的吸引力,影响了公积金住房保障目标的实现。新加坡、德国、中国香港和美国等国家和地区房贷资金来源丰富,贷款资金充足。借鉴这些境外房贷资金拓展经验,适度拓展我国住房公积金的资金来源,将有利于提高公积金住房贷款的充裕性,早日实现住房保障目标。

## 一　境外房贷资金的主要来源及其特点

### (一) 境外房贷资金的主要来源

新加坡住房优惠贷款由建屋发展局发放，优惠贷款资金来自建屋发展局向公积金定向发放的债券融资以及政府提供的低息贷款。政府每年都为建屋发展局提供建屋发展低息贷款，此贷款是挂账形式，政府不追债。在公积金融资资金和政府低息贷款资金的支持下，新加坡住房优惠贷款资金充足。

德国住房贷款实行储蓄银行、抵押银行和住房互助储蓄银行之间的协作贷款制度，客户只需向一家住宅金融机构提交申请、签订合同，就可以从几个相关的金融机构一次性获得所需的全部贷款。德国储蓄银行是国有银行，通过市场利率吸存获得贷款资金。德国抵押银行通过发行抵押债券以筹措资金，其中半数以上的资金来自不记名债券融资。德国住房互助储蓄银行则通过签订住房存贷协议，以固定住房存贷利差及政府对符合条件的住房储蓄者进行奖励或补贴这一激励方式获得住房储蓄，然后进行相应的住房贷款。德国住房互助储蓄银行固定存贷利差制度并不能保证其有长期稳定的资金来源。20世纪70年代，由于世界经济滞胀，德国市场利率变动频繁，德国住房互助储蓄银行的利率形式受到影响，加之政府对住房互助储蓄的奖励、补贴等支持能力下降，其合同储蓄大大减少，住房互助储蓄贷款模式受到了很大的挑战。

20世纪50年代，香港主要通过市场化的楼花按揭贷款购房。20世纪80年代，政府加强了对银行住房按揭的管理，按揭由原来的九成降至七成。为了促进住房销售，有些开发商开始向住房购买者提供另外两成按揭。20世纪80、90年代，香港按揭贷款的需求迅速增长，大大超过存款增长率。为了从整体上构建适于长期稳定发展的住宅融资机制，促进银行业与货币体系的稳定，帮助更多的居民自置居所，香港政府于1997年3月通过外汇基金注资20亿港元，成立了香港按揭证券有限公司（HKMC），发展抵押贷款二级市场，房贷资金日渐充裕。在政策性住房购买方面，香港政府主要通过直接财政拨款或设立专门基金，给中低收入者发放长期低息贷款、免息首期贷款或按月领取按揭还款补助金等多种形式帮助他们购房，约满足了两成香港家庭的住房需求。

20世纪30年代末期至20世纪90年代，美国储蓄与贷款协会和共同储蓄银行，即Thrifts是美国住房抵押贷款市场的主力，拥有全国一半以上的住房抵押贷款。由于存款来源的有限性，1932年7月美国通过《联邦住房借贷银行法案》，由联邦设立12个地区住房借贷银行，以向Thrifts贷款的方式支持Thrifts发放住房抵押贷款。[①] 但是，Thrifts存款利率市场化、贷款利率固定这一利率模式难以经受市场的冲击。20世纪60~80年代，在通货膨胀、世界经济滞胀等因素影响下，美国市场利率变动频繁，Thrifts存款来源大量减少，经营日益困难。

1938年美国成立联邦住房全国抵押贷款协会（房利美），该协会有权发行债券集资，以购买和持有联邦住房管理局保险的房贷。到20世纪60年代，美国住房抵押贷款二级市场的三大主力机构房利美、房地美、吉利美都已建立起来。从20世纪60年代开始，这三大机构购买抵押贷款后不再是自己持有，而是开始通过对单个房贷的大规模集合，形成多种金融证券在金融市场出售。20世纪80、90年代，美国住房抵押贷款二级市场迅速发展，取代Thrifts成为住房抵押贷款的主力，资金来源大大丰富，其中社会保障基金是其重要的资金来源之一。

对于收入相对较低的人群，美国联邦政府通过允许州政府发行免税债券的方式筹集资金，为部分低收入者提供首付和低息住房抵押贷款，为多户出租房开发项目提供低成本融资。另外，美国地方政府还通过发行抵押贷款收益债券帮助首次购房的中低收入者通过获得低于市场利率的抵押贷款而变为有房户。住房信托基金则是州或地方政府设立的基金，它有固定的资金来源，专门为中低收入购房者提供首付补助和其他类型援助，还为非营利住房开发商提供前期费用。

**（二）境外房贷资金来源的特点**

第一，储蓄资金来源不够稳定。储蓄资金是住房贷款最初的资金来源，但无论实行何种利率政策，储蓄资金都容易受到市场利率波动、通货膨胀和金融市场发展的影响，来源不够稳定。虽然中国香港银行储蓄与房贷实行市场利率，美国储贷协会Thrifts实行市场化存款利率、固定房贷利率，德国住房互助储蓄银行实行固定住房存贷利差，但20世纪中后期，这些国家和地区的储蓄贷款来源都曾面临危机。这说明住房贷款需求量大，自由储蓄资金作为房贷资金来源具有不稳定性。为了保证和扩大房贷供应，必须在储蓄之外拓展贷款资金的来源。

---

① 〔美〕阿列克斯·施瓦兹：《美国住房政策》，中信出版社，2008，第48页。

第二，政府是房贷资金的重要支持者。对于中低收入者购房，新加坡、美国、德国和中国香港等都有政府资金支持，且支持方式灵活多样。新加坡通过政府提供低息贷款的方式，保证了居民购买保障性住房资金的充裕性。美国通过直接拨款、对建造者免税、组团基金配置、发行地方免税债券等多种方式筹集资金，建造保障性住房，为低收入者提供住房低息贷款或首付补贴，帮助国民实现住房需求。德国通过奖励住房互助储蓄的方式对低收入的住房贷款者进行补贴。香港则通过设立政府基金为首次购房的中低收入者提供低息或部分免息贷款，或直接提供还贷补助金。这些措施对于新加坡、中国香港等国家和地区中低收入者住房目标的实现起到了重要作用。

第三，社会保障基金是房贷资金的可靠来源。新加坡和美国的社会保障基金在住房问题上发挥了重要作用。新加坡中央公积金是综合性社会保障基金，不仅包含住房保障基金，还包含养老和医疗保障基金。新加坡中央公积金数额巨大，成为会员购房贷款的主要资金来源。自20世纪30年代美国社会保险基金建立以来，发放住房抵押贷款或购买二级市场出售的抵押贷款债券成为美国社会保险基金的主要投资方式，是购房者房贷资金的可靠来源。

第四，适度发行债券或贷款证券化是获得充裕房贷资金的重要途径。发行债券或贷款证券化是获得充裕房贷资金的重要途径。新加坡通过发行记名债券使公积金流动起来，德国的抵押贷款银行也通过发行债券筹集资金，中国香港和美国则通过更加市场化的方式——建立抵押贷款二级市场，使资金来源更加广泛。但是，美国的抵押贷款二级市场过度证券化，掩盖、传递和加剧了金融风险。因此，我们应注意建立适度的可控的二级房贷市场，解决住房融资问题，但切不可过度，以免造成危机。

## 二 适度拓展我国住房公积金贷款资金的来源

借鉴新加坡、德国、中国香港和美国等国家和地区房贷资金拓展经验，我国住房公积金可以从以下几个方面适度拓展资金来源，以增强住房公积金住房贷款的充裕性。

### （一）由地方政府提供财政资金

由于各国国情不同，政府支持住房购买的方式也不太一样。从新加坡、中国香港、德国和美国的经验来看，无论政府以何种方式介入，都能在一定程度上增强中低收入者的购房能力，加速实现住房目标。我国当前政策性住房贷款不充足，地方政府对住房建购的支持明显不足。随着我国经济的日益发展，我们也应加大地方政府财政对中低收入者购房融资的支持力度。

具体来说，我国地方财政可在两种情况下加强对住房公积金贷款的资金支持。一是在目前使用住房公积金贷款模型放贷还不规则的情况下，提供资金帮助住房公积金贷款规则化。一般来说，一个贷款大循环的时间约为30年。随着时间的推进，再过若干年，我国的住房公积金贷款将很快结束不规则的第一个大循环，进入规则的第二个大循环。因此，我们应在第二个贷款大循环来临之前，以地方政府财政力量帮助住房公积金贷款尽快进入公平稳定的良性循环状态。我们可以根据地方政府现阶段财力和成员贷款量需求，确定好进入第二个大循环时能提供给贷款者的最大贷款额 d。然后地方财政再按照这一标准，以无偿提供或不限期低息贷款提供等方式，帮助补齐第一个大循环中前面连续 t2 个人的贷款额至 d。那么，从第二个大循环开始，住房公积金贷款将按 $D_x = W n t_1/2 + d$（$x \geq t2 + t3 + 1$）这一模型主动地进入贷款的稳定与良性循环状态，住房公积金贷款额度不公得以消除，住房公积金贷款应贯彻的两个原则——资金充分利用和责权对等的公平贷款原则同时得以实现。

二是在地方财政日益富裕时，以财政资金支持提高住房公积金贷款限额，从而提高居民居住水平。如果我们设房价为 p，购房面积为 m，首付比例为 f，则住房公积金最大贷款额 D 与购买住房的其他因素的关系可表示为

$$D = mp(1 - f)$$

由上式可见，在个人住房公积金最大可贷款额既定的情况下，个人可购房面积 m 与房价 p 成反比，与首付比例 f 成正比。因此，一般情况下，为了让老百姓买得起房，政府应调控并稳定房价，调控住房结构，按实际情况确定首付比例，引导百姓购买适度大小的住房。但是，随着经济的发展，如果地方政府财政日益充裕，有意提高居民生活质量，提高居民居住水平，那么此时，地方政府可以向住房公积金注资，帮助连续 t2 个人补齐其贷款至目标额度。这样，后面的职工就能获得目标额度的住房公积金贷款，购得较大住房，提高居住水平。

但财政支持能力与政府的财力大小及支出需求有关。自 20 世纪 90 年代实行分税制管理体制后，我国中央财政日益充裕，地方财政日益紧张。因此，让各地城市政府为住房公积金提供免费支持或低息贷款支持可能还不是时候。只有等到财政体制改革进一步完善，地方政府有了较为充裕财力的

时候，我国以财政资金拓展住房公积金来源的方式才有实现的可能。

**（二）建立住房公积金住房抵押贷款二级市场**

借鉴美国和中国香港的房贷资金拓展经验，我国可建立适度的抵押贷款二级市场扩充住房公积金贷款的资金来源，从而可在地方财政无力支持的情况下，较好地实现住房保障目标。要建立住房公积金住房抵押贷款二级市场，我们首先必须建立政府支持的住房公积金抵押贷款协会，负责购买住房公积金抵押贷款。再由住房公积金抵押贷款协会对购入的抵押贷款进行分类打包，由评级机构评定信用等级。然后再对打包评级的抵押贷款债券进行销售。经过这几个环节，住房公积金住房抵押贷款二级市场建立起来。住房公积金抵押贷款二级市场的建立将大大扩充住房公积金贷款的资金来源，提高住房公积金贷款额度。同时，它还将转移住房公积金抵押贷款风险。

但是，我们必须严格防止美国式抵押贷款二级市场过度发展对我国和全球造成的危害。首先，我们必须严格住房公积金抵押贷款协会购买住房公积金抵押贷款的标准，严格设定首付比例，严格住房公积金缴存与贷款最高限额的规定，防止住房公积金贷款的随意发放，从源头上降低住房公积金贷款风险。其次，我们应严格控制金融衍生品的过度发展，禁止住房公积金抵押贷款债券的进一步证券化，以防止贷款风险的过度转移与放大，保证金融安全。但是，目前我国金融制度还不健全，金融产品创新还受到很大限制，住房公积金抵押贷款二级市场的建立可能还需要较长的时间。

**（三）发行专项免税地方债券**

在住房公积金抵押贷款二级市场允许正式建立之前，我们可通过允许地方政府限量发行长期或中长期免税债券的方式扩充住房公积金资金量，更好地实现住房保障目标。免税债券是美国地方政府支持中低收入者实现住房目标的重要手段。相对于建立住房公积金抵押贷款二级市场，地方债券发行简单，融资安全快捷。但目前我国地方政府没有债券发行权，因此，首先我们应授予地方政府专项债券的发行权，然后再引导地方政府根据各地的实际需要限量发行债券，专款专用，防范风险。美国联邦规定地方政府按人头发行债券。我国的地方债券是为了弥补住房公积金贷款资金的不足，所以我们可以综合考虑住房公积金缴存量与贷款量的大小及住房公积金成员人数多少，来确定债券发行量，以确保债券适度发放。

**（四）提高住房公积金的缴费比例**

如前所述，我们对住房公积金与养老保险基金进行外部统筹管理。鉴于养老保险基金使用的后延性和住房保障基金使用的早发性，我们可以在保持住房公积金与养老保险基金总缴费率不变的情况下，适当减少养老保险的缴费比例，增加住房公积金的缴费比例。这样，我们就可在不增加单位和个人缴费负担的基础上，增加住房公积金的资金来源，更好地实现住房保障目标。

### （五）改变住房公积金退休提取方式

按照规定，职工退休时可一次性提取完个人住房公积金账户内的余额。而实践中，一次性提取对资金理性消费不利，很多老人退休提取的住房公积金余额，往往为子女结婚、买房所用，不利于老人自己养老。因此，我们可以改变住房公积金退休提取方式，以适当的政策吸引老年人与住房公积金管理中心签订合同，将余额以定期存款形式或采用若干年内逐年提取等方式存储于住房公积金管理中心，这既有利于引导老年人合理消费、理性养老，又能拓宽住房公积金管理中心的资金来源，更好地实现住房保障目标。

## 本 章 小 结

本章主要通过总结新加坡、中国香港、美国和德国等国家和地区的住房贷款管理与资金筹集、运用的经验，借鉴它们的一些合理之处，改进我国住房公积金贷款的管理水平，扩充我国住房公积金贷款的来源，提高我国住房公积金的运用率，以更好地实现住房保障目标。

在住房公积金贷款风险管理上，我们可通过严格区别和限定保障性住房购买者和商品住房购买者的条件，通过继续坚持和实行贷款费用的无差别服务，通过适量发行住房公积金抵押贷款债券，通过建立住房公积金贷款和还贷处理平台及实行固定利差的阶段性利率调整政策，来防范和化解住房公积金贷款风险。在住房公积金贷款标准的设立上，我们根据权责对等原则、普遍贷款原则和基金充分利用原则建立了一个住房公积金贷款模型，从而使得住房公积金贷款标准化、稳定化，减少了住房公积金标准随意变更所带来的不公。在住房公积金贷款来源的拓展上，我们可通过放宽住房公积金贷款条件、实行更为灵活优惠的住房公积金利率政策和加大对银行代理住房公积金贷款业务的约束与激励等方式，促进住房公积金贷款业务的发展。我们可通过发行地方保障性住房债券、完善短期国债品种与回购机制和建立地方性政府投资公司等方式，促进住房公积金投资。在住房公积金运用率的提高上，我们可通过由地方政府提供财政资金，或建立住房公积金住房抵押贷款二级市场，或发行专项免税地方债券，或提高住房公积金缴费比例及改变住房公积金退休提取方式等方式，拓展住房公积金贷款的资金来源，让公积金住房保障目标更快实现。

# 第七章
# 我国住房公积金管理体系的完善

我国住房公积金管理体系包括内部决策执行体系和外部监管体系两个方面。正如前面所言，我国住房公积金管理体系的委托—代理链较长，且每层委托—代理关系都多少存在一些代理权责与委托监管权力之间的不对称或错位，它们影响了住房公积金的安全运营及住房公积金的管理效率。借鉴境外相关经验，完善我国住房公积金内部决策执行体系和外部监管体系，不仅能提高住房公积金的管理效率，还有利于住房公积金的安全运营。

## 第一节 我国住房公积金内部决策执行体系的完善

委托—代理问题的实质是处于信息劣势的一方即委托人不得不对处于信息优势的一方即代理人的行为承担后果。解决委托—代理问题可以从两个方面着手：一是设计和建立激励机制；二是设计和建立监管机制。[①] 要完善我国住房公积金管理体系，我们必须首先完善住房公积金内部决策执行体系建设，建立具有约束与激励机制的住房公积金内部决策执行体系。

### 一 境外住房储金的内部决策执行体系及其特点

美国没有实施住房储金制度，而德国的住房储金按银行模式运营，这些都与我国住房公积金所需借鉴的内部决策执行经验相去甚远。新加坡的住房储金是基金形式，且实行公司式治理，因此，本节将主要借鉴新加坡中央公

---

① 国彦兵编著《新制度经济学》，立信会计出版社，2006，第35页。

积金决策执行体系的经验，完善我国住房公积金内部决策执行体系。

### （一）新加坡住房储金内部决策执行体系的基本情况

中央公积金是新加坡劳动者的公共积累基金。根据《中央公积金法》，新加坡公积金由人力资源部专设中央公积金管理局（以下简称"公积金管理局"）进行日常事务管理，基金交由国家货币管理局和国家投资公司进行投资管理。新加坡公积金管理局是一个半官方半私营化的机构，半官方主要是指公积金管理局由政府建立，所有权属于官方，官方承担一定的管理费用支出；半私营化主要是指公积金管理局实行私营化管理，实行公司式治理模式。

公司式治理模式具体来说，即是在公积金管理局内部实行董事会决策、经理进行具体经营管理的权责分配与管理格局。董事会由政府部门代表、雇主代表、雇员代表和社会保障专家组成，包括主席、副主席和委员共约10人，一届任期两年，可以连任。董事会由新加坡人力资源部部长任命，向人力资源部部长负责，接受人力资源部监管。它负责公积金管理局的规则制订和重大事务决策，其成员不参加法定机构的日常经营活动，其薪金也不在公积金管理局领取，而是由国家专门设计发放。经理由董事会从经理人市场上或从国外招聘，按照合约和法律规定负责对公积金管理局进行日常管理。经理的工作是通过公积金管理局下设的多个职能部门来完成的。当前，公积金管理局下设有会员服务、雇主服务、人事、行政、计算机、内部事务等六个部。各个职能部门之间相互协作，信息共享，共同推动着中央公积金制度的发展。公积金管理局内设审计处，负责对公积金管理局内部的各项活动进行审计监督。内部审计处直属董事会领导，一旦发现问题，必须立即向董事会报告。

### （二）新加坡住房储金内部决策执行体系的特点

从上述的情况可以看到，新加坡住房储金内部决策执行体系具有如下一些特点。

第一，决策、行政与投资三权互相分离独立。新加坡公积金实行决策、行政与投资三者互相分离的管理体制。决策由公积金管理局董事会负责，行政由经理负责，基金投资由国家货币管理局和国家投资公司负责，三者互相独立，责权明确。基金的专职投资管理有利于公积金的安全和保值增值，也有利于促进金融市场的稳定发展。同时，公积金投资管理体系的独立保证了公积金行政管理体系的独立，为公积金实行公司化管理提供了机会。决策权与行政权的分离是现代公司式治理结构的基本内容。公积金管理局采用这种管理结构，董事会行使决策权，但不参加公积金管理局的日常经营管理活动，有利于保证行政管理权的独立，提高公积金的管理效率。

第二，董事会的规模合适，董事会人员结构合理。高效民主的决策是公积金健康发展的保障。新加坡公积金管理局董事会由四方代表约10人组成，每两个月召开一次会议，商议公积金缴费率和使用方向等重大问题。公积金管理局董事会作为公积金决策体系，人数不多而来源广泛，既不容易形成利益集团，也容易做到民主协商与高效决策，保持决策对各方利益的兼顾，保障社会公平。如20世纪90年代新加坡对老年会员公积金缴费率进行下调，就既有利于提高老年员工就业竞争力，也有利于调动雇主吸纳老年人就业的积极性，还符合国家延长劳动年龄的愿望，使劳、资、政三方实现了互利共赢。同时，新加坡公积金决策体系中还加入了社会保障专业和其他必要的专业精英人士。决策体系中专业精英的加入，提高了公积金决策的专业性和科学性，使决策更加符合社会保障发展需要，同时又能与国家大政保持一致，有利于公积金目标的实现。如新加坡公积金缴费率在各账户的优先分配顺序的确定以及按年龄段实行不同缴费率的决定，就体现了公积金决策的专业性。公积金基本功能向家庭保障、教育贷款等功能的拓展与衍生则体现了决策的科学性，符合人的生命周期规律，使公积金在人的生命周期中的配置更加合理。

第三，人事市场化。新加坡公积金管理局董事会成员实行任期制，"可以使他们的行为和决定不为政治势力所影响"，且他们不在公积金管理局领取薪金，"可以使他们不为机构利益和被监管者的利益所左右，在处理问题的过程中能够做到公平、中立和负有较强的社会责任感"[1]。新加坡公积金管理局经理不是行政选派，而是由董事会从国内外经理人市场招聘，按《合同法》签署聘任合同进行企业化管理。新加坡公积金管理局的员工也不是政府公务员，而是一般雇员。这种市场化人事制度有利于提高公积金管理者及其员工的工作效率和日常管理水平。

第四，财政独立自主和服务半市场化。新加坡公积金管理是基于财政独立的管理。除了每年都可以获得政府财政拨款外，新加坡公积金管理局还可以通过额外服务收费或出租自己的场地等市场化方式来获得收益。一般来

---

[1] 周勤、李家平：《什么是好的管制者？》，《产业经济研究》2007年第1期。

说，住房公积金会员的常规服务不用付费，但如需获得以往的记录就属额外服务，需要付费（如表7-1所示）。由于实行有偿服务，新加坡公积金管理自然剔除掉了大量不必要的服务需求，公共服务效率得以提高。

表7-1 新加坡中央公积金管理局额外服务收费价格表

单位：新元

| 索要的以往记录 | 每份价格 |
| --- | --- |
| 1995 年以前 | 5.25 |
| 1995.1~2003.12 | 10.50 |
| 2004.1~2008.12 | 5.25 |

资料来源：引自新加坡政府中央公积金网站，网址：http://mycpf.cpf.gov.sg。

公积金管理局不仅财政独立，而且享有财政自主权。财政独立自主给公积金管理局提供了降低成本、提高服务效率的动力。在成本控制上，随着公积金功能的拓展，公积金管理局的管理任务日趋繁重，但公积金管理局努力挑选最廉价的银行代办公积金缴款业务以降低成本。目前公积金管理局的主要开户行是华联银行，因为华联银行代办公积金缴款业务收费每人每次0.5新元，比邮局代办每人每次1.1新元便宜一半多。通过节约，新加坡公积金管理局的日常运行管理成本很低，一般都不超过当年新筹集基金的0.5%。[①] 在服务效率的提高上，为了赢得国民的支持，新加坡公积金服务日益方便快捷。公积金会员缴费可以在家门口的自助计算机上轻松完成，如需去公积金管理局办事，一般事务10分钟内就能完成。[②] 管理成本低廉和较高的服务水平和服务效率，有利于新加坡公积金管理局良好形象的树立。同时，低成本、高效率能降低新加坡公积金管理局对政府财政的要求，减轻国民的纳税负担。这些都有利于赢得国民对公积金制度的支持，从而有助于公积金制度的顺利发展及既定目标的实现。

第五，具有独立的内部审计机制。新加坡公积金管理局设立向董事会负责的独立审计处，对公积金管理局进行日常审计监督，使公积金日常管理始终处于董事会的掌控之下。这种内部监管机制既不影响公积金管理局的独立自主经营，又保证了公积金管理局的健康运营。

---

① 梅笑天：《新加坡组屋与公积金政策》，《房地产经济》2000年第11期。
② 新加坡政府中央公积金网站：http://mycpf.cpf.gov.sg。

## 二 完善住房公积金内部决策执行体系的方式

结合我国实际,借鉴新加坡中央公积金内部决策执行体系的经验,我们可从以下一些方面来完善我国住房公积金的内部决策执行体系。

### (一) 完善住房公积金管理委员会的结构和功能

我国住房公积金管理委员会成员较多,但专业人士不多,不利于进行科学决策及提高决策效率。另外,我国住房公积金管理委员会是一个非常设机构,决策与监管功能虚化,容易给腐败提供机会,因此,我们可以从改革住房公积金管理委员会的规模和结构入手,增强住房公积金决策的科学性,可通过强化住房公积金管理委员会的地位和功能,来提高住房公积金的安全性,防止腐败。

第一,适当压缩住房公积金管理委员会的规模并完善其结构。新加坡中央公积金管理局是新加坡公积金管理的唯一机构,管理着全国约300万雇员的公积金。新加坡公积金管理局董事会由10名左右的政府、雇主、雇员及专业代表组成,精简高效。我国住房公积金实行市级统筹,一般城市住房公积金管理中心所管理的职工人数不会比新加坡多。因此,为了提高我国住房公积金管理委员会的效率,可适当对其进行规模压缩,由现在的30多人压缩至10~15人即可。这样既能防止利益集团的形成,又便于民主商议,提高决策效率。压缩以后,与新加坡公积金管理局董事会的规模相比,我国的住房公积金管理委员会的规模会略大一些,但这符合我国国情,因为我国住房公积金管理涉及的政府部门比新加坡多,因此代表名额也应该相应多一些。我国住房公积金管理委员会决策的科学性则应该通过改善委员会的结构来解决,即增加专业人士代表,并实行住房公积金管理委员会名额由四方代表平均分配。通过增加专业人士代表,住房公积金管理委员会的决策将更具专业性,更为科学。

第二,改进住房公积金管理委员会的监管方式。住房公积金管理委员会非常设是导致住房公积金管理委员会监管虚化的主要原因,因此我们应增设住房公积金管理委员会常务机构和内部审计机构等两个常设机构,加强对住房公积金管理中心的日常监管。同时,我们还需建立住房公积金管理中心对住房公积金管理委员会的定期汇报制度和重大事项汇报制度,以此来加强住房公积金管理委员会的监管力度。具体来说,住房公积金管理委员会常务机构是代表住房公积金管理委员会的常设机构。住房公积金管理委员会常设机构设立后，承担有关住房公积金日常事务决策与监督职能，接受住房公积金管理中心的定期汇报和重大事务报告，并接受内部审计机构的审计汇报。内部审计机构是住房公积金管理委员会的直属机构，它的设立主要是为了加强对住房公积金管理中心的日常审计监督。内部审计机构常驻住房公积金管理中心，每天按时对住房公积金管理中心金融业务进行审计检查，并及时向住房公积金管理委员会（常务机构）报告。有了住房公积金管理委员会常务机构和内部审计机构这两个常设机构，住房公积金管理委员会开始由虚变实。变实后的住房公积金管理委员会将实现对住房公积金管理中心的全面化日常化监管，不仅能监督住房公积金管理委员会决策的贯彻和实施，还能及时了解住房公积金的运转状况，及时决策，住房公积金将更加安全。

第三，加强住房公积金管理委员会对代理银行的选择与监督。加强住房公积金管理委员会对代理银行的选择与监督，有利于减少住房公积金管理中心与银行的相互勾结，有利于加强代理银行在代理住房公积金业务中的责任，提高代理效率，维护住房公积金的安全。为了加强住房公积金管理委员会对代理银行的选择与监督，住房公积金管理委员会应制订对代理银行的评估制度与评估标准，评估标准具体内容应包括代理银行代收住房公积金缴费的及时准确性、代理住房公积金提取和贷款的态度与效率、代理过程中对金融与财务制度的遵守情况，以及与住房公积金管理中心进行信息交流与反馈的及时准确性等，以加强代理银行代理行为的合规性。对于已委托银行，住房公积金管理委员会应根据设定的科学评估标准，公开透明地进行评估，科学评定各代理银行的代理效率。评估完成后，应选择评价较好的银行代理住房公积金扩展业务，或转接其他评估较差的代理银行移交的住房公积金业务。当然，这些评估标准、评估过程与评估结果都必须及时公布或公开，接受大众监督。这样才能促进代理银行之间的竞争，提高银行住房公积金代理服务水平，降低代理收费。同时，这也能减少银行为了拉业务而向住房公积金管理中心行政管理者寻租，有利于住房公积金安全。

第四，实行大额资金使用的公积金管理委员会审批制度。对于金额较大的住房公积金提取或贷款，应实行公积金管理委员会审批制度，由公积金管理委员会常务机构进行审批。这样，就能防止公积金管理中心的管理者擅自挪用住房公积金或违规发放贷款。对于每一笔国债购买及回购指令，也应实行公积金管理委员会审批制度，由管理委员会常设机构进行审批。这样，就能防止公积金管理中心的管理者擅自购买及回购国债，签署虚假国债购买合同,或把回购国债挪作他用。

(二)完善住房公积金管理中心的财务制度及管理评价机制

我国住房公积金法制不足,住房公积金管理委员会的地位和作用不太明确,难以对公积金管理中心形成有效约束。另外,公积金管理中心行政与金融管理合一,也不利于利用市场化的人事制度和独立自主的财政政策对公积金管理中心形成约束与激励。因此,要想使住房公积金管理更加规范,要想提高公积金管理中心的管理和服务效率,就必须建立严格的住房公积金财务制度,建立有利于调动工作积极性的管理评价机制。

首先,建立严格的住房公积金财务制度。要使住房公积金管理规范,减少贪污挪用、骗提骗贷住房公积金等案件的发生,提高公积金管理的安全性,我们需要加强对公积金流转的每一个业务环节的约束,包括实行公积金单一账户制度,及时进行公积金账目的登记与核对,建立严格的财务制度等。建立公积金单一账户制度即是说,当前,我国住房公积金委托商业银行设立专用账户进行资金托管。实行住房公积金单一账户制度即是要求住房公积金管理中心只有在经过市级财政部门审批后才能设立公积金账户,且只能设立一个公积金账户,所有住房公积金收入必须即时归入这一账户,所有与公积金有关的支出都必须从这一账户支付。设立公积金单一账户堵住了公积金管理中心私设账户、任意转移挪用住房公积金的通道,而且还方便了财政部门的监管,有利于公积金安全。及时进行公积金账目的登记与核对即是说,代理银行应及时进行住房公积金缴费、提取、贷款和还贷的账户登记与统计,及时对国债购买与回购进行登记,并在约定时间与住房公积金管理中心对账,以提高代理银行的代理效率,促进资金安全。严格公积金财务流程即是说,公积金管理中心应严格住房公积金提取和贷款程序,实行提取和贷款资格的初审与复核制度。一般我们应实行职员初审、中心主任或副主任复核的财务制度。审核应分资格审查和材料真实性审查两方面,资格审查即审核个人住房公积金提取和贷款是否符合规定的资格条件,材料真实性审查即个人所提供的证件与材料是否存在虚假或伪造。认真进行这两方面的初审与复核,才能防止骗提骗贷住房公积金案件的发生。同时,应明确规定公积金贷款代理人的委托者最多不能超过两个,且需同时出具代理人身份证明与委托人委托书,防止个人以多人名义骗贷。此外,住房公积金管理中心的印鉴也要有专门的管理制度,防止个人私自动用印信,影响住房公积金安全。

其次,建立和完善住房公积金管理中心的管理评价机制。这主要包含两个方面，一是应树立年度管理目标与绩效评价奖惩机制，二是应明确管理人员的岗位职责和管理责任。树立公积金管理中心年度管理目标即确立中心年度服务水平目标、制度覆盖目标、资金安全目标、资金使用和运用目标等。有了明确的目标，住房公积金管理中心才有了工作的方向。目标确立后，我们还应根据目标制定绩效评价与奖惩机制。我国住房公积金管理中心虽然不实行独立自主的财政政策，但如果我们建立了公积金管理中心年度管理目标与绩效评价奖惩机制，对公积金管理中心人员进行一定的物质和精神奖惩，那么，住房公积金管理中心的管理积极性将得以调动起来。

在对公积金管理中心进行目标管理与绩效评价奖惩的基础上，我们应进一步明确公积金管理中心人员的岗位目标与职责，建立对公积金管理中心人员的绩效评价与奖惩机制。公积金管理中心人员的岗位职责包括坚守各自岗位，按时完成岗位任务，严格遵守财务制度等方面的内容。年度目标管理包括资金安全年度目标、服务水平目标、制度覆盖目标、资金使用和运用目标等。就资金安全年度目标来说，我们应在实行公积金每笔资金支出的职员初审和中心主任或副主任复核的基础上，明确规定每个环节中相关人员的责任大小。年度结束时，再对个人安全目标的实现情况进行量化统计，对公积金管理中心年度总的安全目标也应实行量化统计，两者对比作为个人奖惩的依据。此外，服务水平目标、制度覆盖目标、资金使用和运用目标也应与资金安全目标一样具体到个人，进行量化考核，作为奖惩依据。

总之，我们应把中心管理人员的岗位职责与相应的年度管理目标结合起来考察，作为职员个人年度工作奖惩的依据，这样，公积金管理中心员工的工作积极性才会充分调动起来。

### （三）明确代理银行的委托—代理责任

目前，在我国住房公积金管理委员会与银行的委托—代理关系中，银行只是享受佣金的办事员，对住房公积金提取和贷款不承担任何风险，住房公积金安全风险全部由与其有直接业务关系的住房公积金管理中心承担，这种委托—代理责任的单向性意味着委托人不能对代理人形成约束，住房公积金管理委员会与代理银行的委托—代理合同尚未达到均衡。这样，作为代理人的银行就容易产生道德风险，如对住房公积金事务的办理态度消极，与房产商合谋拒绝住房公积金贷款，放任住房公积金违规放贷等。因此，我们应明确代理银行的代理责任，在住房公积金管理委员会与代理银行之间达成均衡合约，解决代理银行的道德风险问题。

委托—代理理论认为，解决道德风险有两种途径：设计共担风险的短期契约和实行限制性分配制度。我国住房公积金应通过签订包含限制性分配方式的短期合约来解决代理银行的道德风险问题。但要签订包含限制性分配方式的短期合约，就应对代理行为所涉及业务的责任进行分类，并明确代理银行对责任的承担量。从目前来看，住房公积金银行代理业务与责任涉及住房公积金单一账户设置、存储与对账、放款与贷款回收、提取和国债账户管理等方面，具体来说，各方面业务的责任应进行如下分配：

首先，在住房公积金单一账户的管理上，应规定代理银行必须坚持所有住房公积金收支统归单一账户的原则，并且有责任拒绝设立未经财政部门批准设立的其他住房公积金账户，拒绝办理手续不规范的公积金资金调拨。其次，在住房公积金提取和贷款上，对委托—代理双方来说，主要由委托人负责对住房公积金提取和贷款条件进行审核，因此须规定公积金管理中心在公积金提取和贷款上应负主要责任，但代理银行也负有一定责任，如必须拒绝执行不符合财务手续和财务规定的提取和贷款，否则承担少部分责任。最后，在国债购买与回购上，国债的购买与回购也主要是住房公积金管理中心负责，但也应规定代理银行负有对不符合财务程序的国债购买与回购拒绝执行的责任。通过在各个方面全面地对代理银行的代理行为进行严格的责任划分与明确，公积金管理委员会与代理银行双方才可能达成均衡合约。在均衡合约的约束下，代理银行才会谨慎行事，形成对自身行为的约束和住房公积金管理中心行为的制衡。这样，住房公积金才可能更加安全。

## 第二节 我国住房公积金外部监管体系的完善

建立了具有约束和激励机制的住房公积金内部决策执行体系后，我们还必须抓紧完善住房公积金外部监管体系，只有这样才能从激励与监管两个方面共同解决住房公积金的委托—代理问题，才能提高住房公积金的管理效率。同样，本节将借鉴新加坡中央公积金的外部监管经验，完善我国住房公积金外部监管体系。

### 一 境外住房储金的外部监管体系及其特点

（一）新加坡住房储金外部监管体系的基本情况

新加坡中央公积金实行科层制管理。以中央公积金管理局这一机构为核心，新加坡公积金形成了由内外三层委托—代理关系构成的科层制管理体系（如图7-1）。

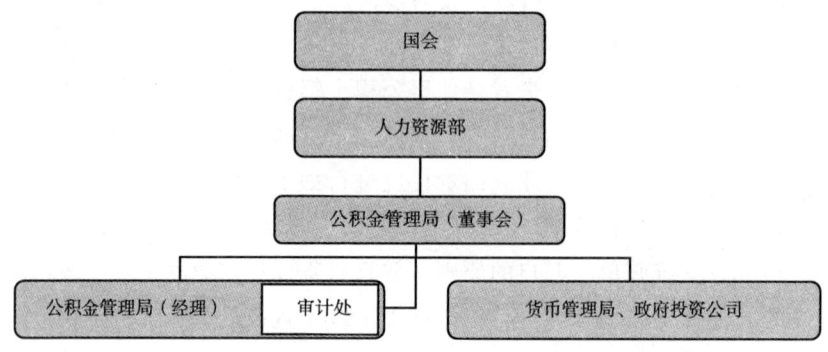

图7-1　新加坡公积金委托—代理关系图

在新加坡中央公积金科层制管理体系的三层关系中，公积金管理局内部有一层，即董事会与经理之间按聘用合约形成的委托—代理关系，它是公积金内部的决策与行政管理体系。公积金管理局外部有两层，即人力资源部与董事会（公积金管理局）之间的委托—代理关系及国会与人力资源部之间的委托—代理关系，它们是公积金的外部监管体系。在人力资源部与董事会这一层关系中，人力资源部通过任命公积金管理局董事会人员对董事会进行指导与控制，公积金管理局董事会在人力资源部的指导下进行运作，重大决策要向部长汇报，公积金管理局年度财务报表和月度财务报表要接受人力资源部审查。在国会与人力资源部这一层关系中，国会通过控制人力资源部对公积金进行间接监管和指导。公积金重大决策与年度财务报表、月度财务报表要接受国会审查，公积金管理局的建立与撤销必须通过国会决议决定。

当然，除了国会与人力资源部这两层行政性的外部监管体系之外，公积金管理局还必须接受专业审计机关的监督。另外，公众及受公积金管理局监管的市场参与者如果发现公积金管理局或董事会有违规行为，也可以向主管部门或司法机关提起诉讼。

（二）新加坡住房储金外部监管体系的特点

从上述的基本情况可以看到新加坡住房储金外部监管体系的一些特点，具体来说主要有如下几个方面。

第一，委托—代理链短，公积金统筹决策与实施及时。新加坡中央公积金从内部管理到外部监管只有三层委托—代理关系，委托—代理链条较短。

一般来说，委托—代理链条越短，委托—代理关系的确定性就越高；委托—代理关系越确定，委托人对代理人的激励与监管就越确定，代理人偏离委托人目标的风险就越小。新加坡中央公积金管理的委托—代理链条较短，委托—代理关系确定性高。因此，新加坡政府有关公积金政策的调整或建议能迅速及时地传递到公积金管理局并得到贯彻。同时，新加坡是一个只有一级政权的都市国家，公积金管理局直属中央部门。由于直属中央领导，且公积金委托—代理链条较短，中央容易掌握全国各地公积金的发展状况，及时出台有利于公积金与国民经济统筹协调发展的政策。如1985年新加坡经济衰退时，新加坡及时调整包括公积金在内的政策，较快地度过了危机。20世纪末，新加坡人均预期寿命延长、人口老龄化加剧，社会消费水平也逐步提高，在内政委员会增强养老能力的建议下，2001年，因经济衰退下调的公积金缴费率开始恢复4个百分点，并优先分配于特殊账户，准确地统筹了国民经济恢复与养老需要。

第二，监管体系完善。就行政监管体系来说，新加坡政府是通过人事任免及财务、重大事务报告制度对公积金日常运营进行监管的。新加坡人力资源部通过对公积金管理局董事会人员的任命及要求公积金管理局及时汇报重大事务与财务状况，对公积金管理局董事会及公积金管理局进行监管。国会再通过人力资源部的报告或由国会直接审查公积金管理局的财务报告，了解和掌握公积金的发展情况。通过这种宏观管理，公积金的发展始终处于国家的宏观掌控之下，但政府又不直接干预和插手公积金管理局事务，有利于公积金制度的独立健康发展。就其他监管而言，新加坡政府实行"阳光政策"，一项政策出台前必须通过各种媒体向公众公布，欢迎公众参与讨论并提出建议，并将反馈意见告知于众。新加坡公积金政策的制订也有广大民众参与，公积金管理局的整个运行都处在广大民众的监督之下，公积金管理局必须时刻注意自己的行动，更好地为民众服务，以保持自己的形象。正是"阳光政策"这一民主机制使政府公积金决策更贴近民意，并使公众对政府事务产生主人翁责任感和信任感，从而有利于减少诉讼和实施成本，提高公积金政策实施效率。此外，专职的审计部门也会及时对公积金进行审计监督，以保证公积金的健康发展。

## 二 完善我国住房公积金外部监管体系的方式

在我国住房公积金的外部监管体系中，中央政策制定缓慢，宏观调控能力不足，与住房公积金管理中心有直接隶属关系的市级政府在住房公积金管理中的权责较弱，审计监管与民众监管还不充分。明确合理地划分中央、省、市三级政权在住房公积金管理中的责权，进一步加强审计监管与民众监管，有利于保证住房公积金的正常发展。基于我国实际，结合新加坡经验，具体来说，我们应从以下一些方面进行住房公积金外部监管体系的完善。

### （一）应加强中央政府对住房公积金的立法与调控

首先，加强中央对住房公积金的立法。就立法工作来说，当前，我国既缺乏住房保障立法，也缺乏住房公积金立法，这对我国住房公积金及住房保障事业的发展非常不利。国务院和全国人大应尽快制订《住房公积金法》，使住房公积金的发展有法可依。如由法律明确规定住房公积金的工资性质与统一缴费比例，明确规定住房公积金宏观调控权属与调控方式。上升到立法高度后，住房公积金制度的发展才有足够的强制性和确定性。有了足够的强制性，住房公积金制度才可能强制覆盖所有应覆盖人群，住房公积金缴费率才可能逐步实现全国统一，从而为住房公积金宏观调控提供基础。同时，有了足够的强制性后，有关住房公积金的骗提骗贷、贪污挪用、渎职、做假账、乱开账户等违规违法行为才能得到有效遏制和惩处。有了足够的确定性，住房公积金政策的制订才有法可依，才有利于住房公积金政策的稳定，有利于住房公积金政策的及时制订。

其次，加强中央对住房公积金的调控。当前，我国住房公积金缴费比例全国不统一，这不仅不利于国民获得同等的住房保障权利，也不利于企业公平负担、平等竞争。根据新加坡经验，由中央统一掌握住房公积金缴费比例，可以及时根据国内外经济发展状况灵活调整缴费比例，增加工资的灵活性，增强国家宏观调控能力，促进经济持续稳定发展，促进就业。因此，我国也应统一全国住房公积金缴费率，并建立中央领导的统一的住房公积金缴费比例调控机制，由中央主导住房公积金缴费的调整，从而加强中央对宏观经济的调控能力和对国民收入差距的调控能力。

### （二）应加强省级部门对住房公积金的行政监管及协调管理

我国以（设区）市为单位建立住房公积金管理中心，省级部门是各（设区）市住房公积金制度建设的委托者，所以省级部门应在不干预具体事务的前提下，加强对市级政府住房公积金管理工作的行政监管与指导，及时掌握省内外住房公积金发展动态，进行必要的省内外统筹与协调管理。

首先，明确省级部门对住房公积金的行政监管权责。省级部门对市级政府住房公积金管理工作的行政监管与指导主要包括对国家有关住房公积金政策理解与执行的指导与监督，对财务工作的监督与指导等方面。省级部门对市级部门的行政监管与指导有利于（设区）市更准确地把握国家政策，更科学、更健康地领导住房公积金业务的发展。

其次，明确省级部门对住房公积金的协调管理。省内外统筹与协调管理是建立在及时掌握省内外住房公积金发展动态基础上的管理，统筹与协调主要包括异地贷款可行性和异地贷款方案的协调处理，基金余缺的统筹调剂等。省级部门对省内外住房公积金业务的统筹与协调有利于提高各地住房公积金的利用效率，也有利于提高各地住房公积金的管理效率。

**（三）应加强（设区）市级政府部门对住房公积金的政策制定和监管**

住房公积金是我国各（设区）市政府辖区内人民的积累基金，各市人民是住房公积金的所有者和受益者。受市辖区内人民的财产管理委托和上级政府的行政委托，市政府相关部门主导建立住房公积金制度。然后，市政府相关部门把住房公积金委托给住房公积金管理中心进行管理。根据委托—代理理论，市政府相关部门是住房公积金的直接委托人，因此市政府相关部门应对住房公积金管理承担直接的主要的指导与监管责任，我们应加强（设区）市级政府相关部门对住房公积金的外部监管权。

首先，加强（设区）市级政府部门对住房公积金的政策制定。我国疆域辽阔，各地住房市场发展程度不一。在住房公积金由各（设区）市统筹的情况下，我们应加强各（设区）市根据《住房公积金法》制定政策的权力。如果各（设区）市级政府政策制定权加强，那么，各地方政府可根据本地的实际情况及时决策，灵活地运用住房公积金，从而可提高住房公积金的使用效率。

其次，加强（设区）市级政府部门对住房公积金的监管。市级政府应该对住房公积金管理委员会的工作进行指导，监督住房公积金管理委员会依法成立，监督住房公积金管理委员会依法公正地开展工作。市级政府对住房公积金管理中心的监管主要是金融方面的监管。当前，我国住房公积金委托商业银行设立专用账户进行资金托管。为了便于监管，保证资金安全，住房公积金必须实行单一账户制度。市级政府负责对单一账户制度进行监督，从而保证住房公积金的安全。

**（四）应加强审计部门和民众对住房公积金的监管**

审计部门是专职监管部门，有责任依法对住房公积金进行审计监督。住房公积金是人民大众的基金，必须接受人民大众的监督。民众监督必须建立在住房公积金管理运营信息公开透明的基础上，因此我们应建立住房公积金运营管理信息定期公开制度。住房公积金信息公开包括重大决策公开、定期财务公开等内容。信息公开只是民众的决策与监督的第一步，要真正让民众参与决策与监督，我们还需要给他们提供决策与监督的渠道。如新加坡经常开展的邀请民众参加的检查运动等，我们也可仿效开展类似活动，或以网络方式参与，使住房公积金决策与管理更贴近民意，监管更深入人心。

## 本章小结

本章主要介绍了新加坡中央公积金管理体系的结构及其优点，提出了一些完善我国住房公积金管理体系、提高住房公积金管理效率、促进住房公积金安全发展的建议。

我国住房公积金管理体系应从两个方面进行完善：一是建立具有约束和激励机制的住房公积金内部决策执行体系，促进住房公积金安全。具体来说，我们应完善住房公积金管理委员会的结构和功能，增设住房公积金管理委员会常务机构和内部审计机构，实行较大额资金使用的住房公积金管理委员会审批制度；应完善住房公积金管理中心的财务制度及管理评价奖惩机制，明确代理银行的委托—代理责任。二是完善住房公积金外部监管体系，提高住房公积金管理效率，促进住房公积金安全。具体来说，我们应加强中央对住房公积金的立法与调控，明确省级部门对住房公积金的行政监管及协调管理责任，加强（设区）市级政府部门对住房公积金的政策制定和监督，加强审计部门和大众对住房公积金的监管。

# 第八章
# 改善影响我国住房公积金制度的外部环境

住房公积金功能的充分发挥除了需要完善住房公积金自身的建设与管理，还离不开外部环境的密切配合。影响我国住房公积金制度的外部环境主要有住房供应环境、财税和人事环境以及金融与社会环境等。我国住房公积金制度作用的充分发挥离不开住房供应、财税和人事、金融与社会等外部环境的支持。当前，这些外部环境都不十分完善，不利于住房公积金制度作用的充分发挥。借鉴境外的相关经验，改善我国住房公积金制度所需要的外部环境，将更有利于住房保障目标的实现。

## 第一节 影响我国住房公积金制度的外部环境

### 一 住房供应环境

房地产市场是一个不同于普通商品的特殊市场。我国住房供应与住房潜在需求失衡，房价过高，房地产市场存在泡沫，影响了居民住房潜在需求向有效需求的转化，从而影响了住房公积金的运用，同时它们也影响到了住房公积金贷款的安全。

（一）住房供求的特殊性

一般来说，需求是指有效需求，即既有购买欲望又有购买能力的需求，缺少这两个条件中任何一个都不能算作有效需求，而只是潜在需求。一种商品的需求数量是由商品的价格、消费者的收入水平、相关商品的价格、消费者的偏好和消费者对该商品的价格预期等许多因素决定的。供给是指生产者在一定时期内,在各种可能的价格下愿意而且能够提供出售的商品数量。一种商品的供给数量是由商品的价格、生产的成本、生产的技术水平、相关商品的价格和生产者对该商品的价格预期等许多因素决定的。但某些特殊商品如土地、文物等,由于受各种条件限制,其供给量是固定的,无论价格如何上升,其供给量也无法增加。

影响需求弹性的因素主要有:一是商品的种类,生活必需品缺乏弹性;二是商品的替代性,易被其他商品所替代的商品富有弹性;三是商品的消费支出占消费者预算总支出的比重,占消费者总支出比重越大的商品,弹性越大。此外,时间长短也是影响需求弹性的因素。影响供给弹性的因素主要有:一是生产的难易程度,容易生产且生产周期短的商品供给弹性大;二是生产要素的供给弹性,生产要素供给弹性大的商品,商品的供给弹性也大;三是生产采用的技术类型,资本或技术密集型的商品,增加供给较难,商品的供给弹性较小。此外,商品保管难易程度也是影响供给弹性的因素。

住房供求市场是一个不同于其他商品的特殊市场。就住房需求市场来说,住房是生活必需品,且没有替代品可言,需求弹性小。但住房支出是大额支出,占消费支出比重大,因而其相对价格来说需求弹性又很大。就住房供应市场来说,住房生产的核心要素——土地是特殊商品,没有弹性。住房生产是资本密集型生产,进入门槛高,生产周期长,供应弹性也不大。而且,住房是不可流动商品,住房商品的同质性较差,因此,住房供应市场只能形成局部性市场,且住房市场的竞争难以充分展开。

对于这种需求弹性小,供给弹性也小且竞争不充分的商品,如果完全由市场定价,则市场均衡价格往往可能变成卖方垄断价格,导致住房价格过高。如果住房价格超过一般社会大众经济承受能力,那么普通居民的居住性住房需求弹性会迅速增大,大量的住房有效需求将转变为潜在需求,百姓的居住与生活将受到影响。而对于有钱的投资者或投机者来说,房价大幅升值正是他们投资或投机的机会,因此,当房价迅速上升时,住房投资或投机需求反而可能增加。

**(二)我国的住房供应环境及其对住房公积金制度的影响**

当前,我国住房供应与住房潜在需求失衡,住房价格上涨过快,房地产市场存在泡沫,大部分民众购买住房存在困难,这不仅影响到住房公积金贷款的安全,也影响到住房公积金的充分运用。

首先，我国住房供应与潜在需求严重失衡，不利于民众购房和运用住房公积金。2000 年我国共有家庭 3.4 亿多户，其中城镇家庭 1.3 亿户。[①] 如表 8-1 所示，2000 年以前我国城镇共有住宅约 1256 万套。统计显示，2000~2007 年我国共建成住宅 2633 万多套。[②] 那么截至 2007 年底，我国城镇住房合计为 3889 万多套。如果按 1.3 亿户城镇家庭（2007 年我国城镇家庭应超过 1.3 亿户）计算，我国城镇住房套数还不及城镇家庭户数的 1/3，这还不包括大量流动人口对城镇住房的需求。由此可见，按城镇居民户均一套住房计算，我国城镇住房供应缺口达 2/3 以上，住房供求严重失衡。由于住房供应与潜在需求严重失衡，导致卖方住房市场的存在，容易造成住房价格垄断，不利于民众购房，从而影响到公积金住房保障功能的发挥与住房保障目标的实现。

表 8-1 2000 年省、自治区、直辖市城镇家庭户按住房来源分的户数

单位：户

| 地区别 | 合计 | 自建住房 | 购买商品房 | 购买经济适用房 | 购买原公有住房 | 租用公有住房 | 租用商品房 | 其他 |
| --- | --- | --- | --- | --- | --- | --- | --- | --- |
| 城市 | 8154917 | 2184290 | 751224 | 533396 | 2401075 | 1331890 | 561724 | 391318 |
| 镇 | 4405331 | 2301173 | 368679 | 215016 | 551793 | 478735 | 208316 | 281619 |

资料来源：第五次人口普查数据（2000），国家统计局网站：http：//www.stats.gov.cn/tjsj/ndsj/renkoupucha/2000pucha/pucha.htm。

其次，我国住房价格上涨过快，不利于民众购房和运用住房公积金。住房价格是制约住房有效需求的关键因素。自 2003 年以来，我国住房价格一路迅速上涨，远远超过了民众的价格承受能力。如图 8-1 所示，自 2003 年至 2007 年的短短三年间，我国商品房价格从 4000 多元/平方米迅速上升至 7000 多元/平方米；经济适用房的售价也从 1300 多元/平方米迅速上涨至 1700 多元/平方米。房价的迅速飙升大大超出了我国绝大部分民众的经济承受能力，大量有购房需求的民众买不起房，没有机会运用住房公积金。中国社科院 2010 年《经济蓝皮书》指出，中国 85% 的家庭无能力买房。这就是

---

① 第五次人口普查数据（2000），国家统计局网站：http：//www.stats.gov.cn/tjsj/ndsj/renkoupucha/2000pucha/pucha.htm。

② 第五次人口普查数据（2000），国家统计局网站：http：//www.stats.gov.cn/tjsj/ndsj/renkoupucha/2000pucha/pucha.htm。

说，只有少数收入较高的民众把潜在住房需求变为了现实住房需求，即购房。真正享受到甚至超额享受住房公积金贷款权利的也只有这一小部分职工，这就造成了住房公积金互助贷款享受结果不公。而且，大多数人购不起房，不能使用住房公积金，这也影响到公积金住房保障功能的充分发挥与住房保障目标的实现。

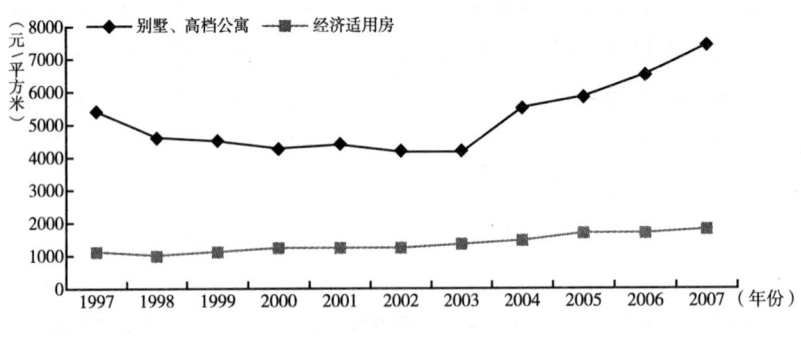

图 8-1　住房销售价格变化形势图

资料来源：根据国家统计局网站提供的数据制作，国家统计局网站：http://www.stats.gov.cn/tjsj/ndsj/2008/indexch.htm。

最后，我国房地产市场存在泡沫，影响住房公积金贷款的安全。我国自2003年以来的住房价格快速上涨已开始超出正常增长范围。社会普遍认为，我国房地产市场存在泡沫。房地产泡沫的存在加剧了住房公积金贷款风险。根据中国香港、日本和美国的房地产发展经验，一旦泡沫破灭，房价可能急剧下跌，住房贷款者极有可能出现"负资产"，住房公积金贷款将面临严重的安全性问题。

## 二　财税与人事环境

### （一）我国的财税制度及其对住房公积金制度的影响

当前，我国实行分税制财政管理体制，但这一体制还没有实现各级政权在事权与财权上的一致，而且有些税制的设计还存在一些不太合理的地方，这些容易导致地方政府的土地财政和经济适用房建设不足，容易导致住房投资和投机盛行，不利于房价稳定和民众购房，从而影响住房公积金的使用。

首先，地方财力不足影响经济适用房建设，不利于民众购房和运用住房公积金。地方财力不足一是直接影响对经济适用房的投入，二是间接影响经济适用房的发展。就直接影响对经济适用房的投入而言，1994年，我国实行中央政府与地方政府之间的分税制改革。改革后，中央与地方的财权和事权出现了严重不对称。如图8-2所示。

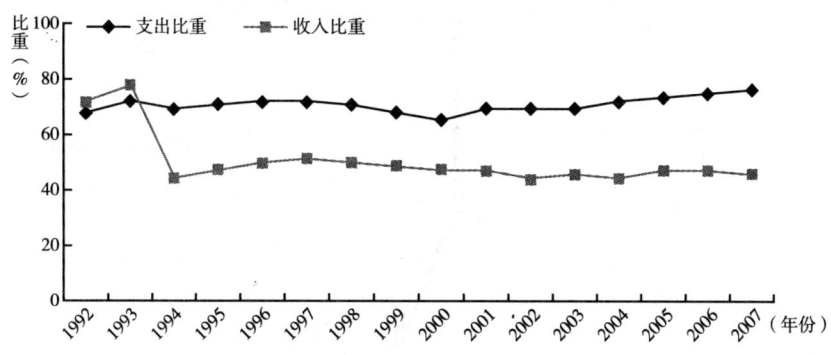

图8-2　地方财政收支（占全国财政收支）比重图

资料来源：根据国家统计局网站提供的数据制作，国家统计局网站：http://www.stats.gov.cn/tjsj/ndsj/2008/indexch.htm。

1994年以前，在全国财政收支中，地方财政收入一般占60%~80%，地方财政支出一般占50%~70%。与收入相比，地方支出相对较轻，地方财政宽裕。1994年以后，在全国财政收支中，地方财政收入比重迅速下降到50%以下，地方财政支出却长期维持在70%以上。与收入相比，地方支出相对偏重，地方财政入不敷出，收支缺口约达30%。由于财力不足，因此，在保障日常的公共支出后，地方政府往往难以有财力实现对保障性住房建设的投入，保障性住房发展严重不足。2009年，我国保障性住房建设共计划投入1676亿元。但由于地方财力不够，保障性住房发展政策难以落实。截至2009年8月底，中央保障性住房建设资金下达471亿元，已完成预算投入的95.5%；地方保障性住房建设完成投资394.9亿元，完成率仅为23.6%。显然，地方财力不足是造成保障性住房发展不足的主要原因。

就间接影响经济适用房的发展来说，主要是指地方政府由于财力不足，为了扩充财力，不得不压缩经济适用房的建设规模。根据1994年分税制管理体制，除了企业所得税和个人所得税由中央和地方共享外，其余税种收入均归地方政府所有。在地方的税收收入中，房地产税费收入不仅种类多，收入量也大。如图8-3所示。

154　住房公积金问题研究

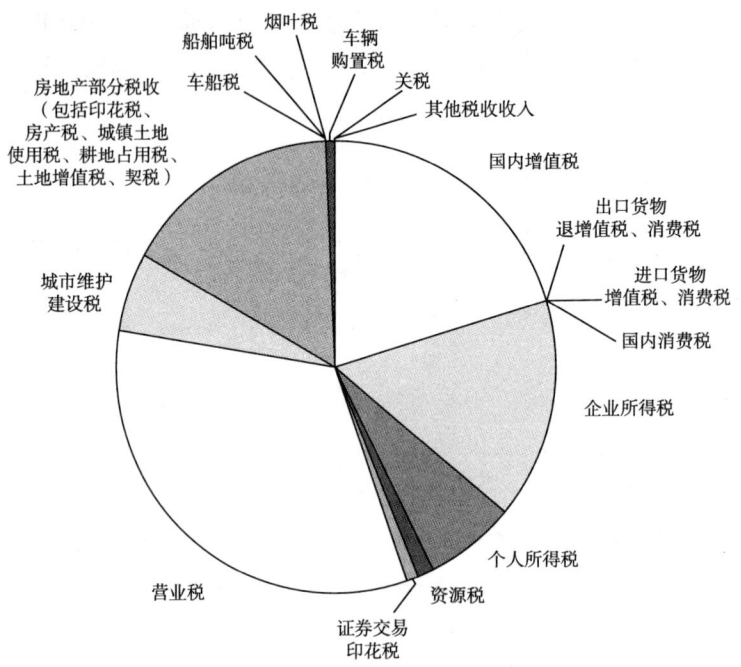

**图 8-3　2007 年地方税收收入结构图**

资料来源：根据国家统计局网站提供的数据制作，国家统计局网站：http://www.stats.gov.cn/tjsj/ndsj/2008/indexch.htm。

目前我国房地产业链条中，从土地使用权出让到房地产开发、转让、保有等环节中，共涉有营业税、城建税、教育费附加、企业所得税、个人所得税、土地增值税、城镇土地使用税、房产税、印花税、耕地占用税和契税等11 个税种。当前，我国地方财政预算内收入的 40% 为房地产税费收入，房地产税费收入是地方财政收入的主要来源。但经济适用房建设却妨碍了地方房地产税费收入的实现。我国 1994 年《关于深化城镇住房制度改革的决定》(国发〔1994〕43 号) 规定，"经济适用住房建设用地，经批准原则上采取行政划拨方式供应"。1998 年《关于进一步深化城镇住房制度改革加快住房建设的通知》(国发〔1998〕23 号) 规定"经济适用住房的成本包括征地和拆迁补偿费、勘察设计和前期工程费、建安工程费、住宅小区基础设施建设费 (含小区非营业性配套公建费)、管理费、贷款利息和税金等 7 项因素，利润控制在 3% 以下"。由此可见，地方政府进行经济适用住房建设将得不到房地产税费收入中与房地产开发相关的企业所得税、个人所得税、土地增值税、城镇土地使用税、耕地占用税等多种税费收入。而开发商对大户型、高档型住房开发的追求也于地方政府有利,因为地方政府可由此抬高土地拍卖价格,获得更多土地拍卖收入,也可获得更多的房产交易税、营业税、企业所得税、印花税等税费收入。因此,在利益的驱使下,地方政府容易消极对待经济适用房的发展,大力支持商品房的发展。经济适用房发展不足使得房价不断上涨,使大多数老百姓买不起房,住房公积金难有充分发挥作用的机会。

其次,房地产税制不合理推动了房价上涨,不利于民众购房和运用住房公积金。如表8-2所示。

表8-2 我国现行房地产税费征收情况表

| 征收环节 | 税费类别 | 备注 |
| --- | --- | --- |
| 土地转让环节 | 耕地占用税 | 一次性征收 |
|  | 土地出让金 |  |
|  | 土地开发费 |  |
|  | 契税 |  |
| 房产交易环节 | 营业税 |  |
|  | 契税 |  |
|  | 印花税 |  |
|  | 教育费附加 |  |
|  | 土地增值税 |  |
|  | 城市维护建设税 |  |
|  | 企业或个人所得税 |  |
| 房产保有环节 | 房产税 | 目前基本未征收 |
|  | 城镇土地使用税 |  |

当前,我国房地产税费获得的第一个环节为农业用地转为非农用地和城镇土地使用权出让,涉及契税、耕地占用税、土地开发费和土地出让金。房地产税费获得的第二个环节为房地产交易环节,销售方涉及营业税、契税、城市维护建设税、企业所得税或个人所得税、土地增值税、印花税以及教育费附加等7个相关税费,购买方涉及印花税和契税2个税种。房地产税费获得的第三个环节为房地产保有环节,涉及房产税和城镇土地使用税。在这三个环节的征税活动中,第一、二个环节为即时性征税,第三个环节为按年、按实际价值进行的持续性征税。当前,我国房地产税费主要来自第一、二个

环节，第三个环节的税费处于零税负状态，基本上都没有征收，房地产税费成了完全的即时性税费。而且，按照国际房地产税费设置经验，本应在第三个环节的耕地占用税和土地增值税等税费，我国却放在第一、二个环节征收。因此，在当前大量即时性房地产税费政策的刺激下，地方政府有以卖地、发展房地产，大肆获取即时税费的冲动，从而推动了房价的上涨。同时，第三个环节不征税减轻了房产者的房产保有负担，有利于房产投资、投机，也推高了房价。这些都不利于老百姓购房和运用住房公积金。

（二）我国的人事制度及其对住房公积金制度的影响

当前，我国人事制度中还存在官员政绩评价机制不合理和任用机制不透明等问题，影响了保障性住房市场的发展和住房公积金的运用，也影响到住房公积金的安全。

首先，地方官员政绩评价机制不合理导致经济适用房发展缓慢，不利于民众购房和运用住房公积金。除财税体制外，地方官员政绩评价机制不合理也是导致经济适用房发展缓慢的重要原因。当前，我国地方官员政绩衡量的主要标准是 GDP，有关解决民生问题的标准很少纳入，所以地方官员较少关注民生问题。房地产业，尤其是商品性房地产业价值量大，产业带动能力强，GDP 升值快，因此各地方政府官员纷纷大力推动商品性房地产业的发展，以此作为仕途升迁的资本。显然，不合理的地方官员政绩评价机制，是保障性住房政策在各地贯彻不力的主要原因，这会影响到百姓购房和住房公积金的运用。

其次，官员任用机制不透明给住房公积金腐败提供了机会，不利于住房公积金安全。我国住房公积金管理中心属事业单位，官员实行上级行政任命。当前我国官员任用机制的公开性透明性不够，容易产生权力寻租。从目前已经发生的案件来看，与住房公积金有关的权力寻租有上级直接以权力干预住房公积金管理中心官员任命，最后形成上下级勾结。1998 年李树彪调任郴州市住房公积金管理中心主任时，是一个驾驶员，毫无专业背景，对住房公积金管理不甚了解。2002 年年底，郴州市住房公积金管理中心进行升级，住房公积金管理中心主任从副科级升至副处级，并进行重新申报任命。李树彪在申报晋升副处级干部时，在郴州市委常委会议上第一次遭到全票否决，第二次则全票通过。如此重大的戏剧性的人事更迭，正是分管城建的副市长雷渊利从中运作的结果。虽然到目前为止尚不清楚其中是否存在钱权交易，但后来的事实证明，李树彪升官后，与雷渊利之间长期上下互相勾结，存在权权交易甚至金钱关系。① 也有通过第三方贿赂收买上级获取住房公积金管理中心管理职位,最后形成官商勾结的情况。在商人马志杰的运作下,2003年一位厅级领导支持马士虎当上了新疆克拉玛依市独山子区住房公积金管理中心副主任。此后,马士虎就把马志杰视为自己的"恩人"。为了报恩,马士虎多次帮马志杰违规获取住房公积金贷款,甚至为了他贪污挪用住房公积金。② 显然,不透明的官员任用机制是住房公积金管理中心官员腐败的重要原因,这对住房公积金安全发展不利。

### 三 金融与社会环境

#### (一) 我国的金融环境及其对住房公积金制度的影响

当前,我国金融从业还不十分规范,金融管理还不够严格,债券市场也不十分完善,不利于住房公积金的健康和顺利运营。

首先,金融从业不规范,金融市场管理不严,不利于住房公积金的健康运营。一是金融从业不规范、金融监管不严格。这主要表现在金融机构经营不规范,存在账外账、阴阳合同和非法集资等违规现象,且监管部门不能及时有效地对这些行为进行监督管理。2004年1月,乌鲁木齐市金新信托公司与克拉玛依市独山子区住房公积金管理中心副主任马士虎单独签署3000万元住房公积金购买国债信托合同。在利益勾结下,双方同意签署阴阳合同。当天,金新信托公司就从账外账中支付了马士虎个人补充收益90.3万元。正是这种非法账外账的存在和阴阳合同的签署,才使住房公积金贪污得以成功。同时,金新信托公司涉及非法集资,也危及住房公积金投资安全。二是金融市场管理不严。这主要表现在非法中介大量存在,伪造合同骗提骗贷住房公积金的现象时有发生。如2004年8月,南京的李秦(化名)在非法中介的帮助下,以假"完税票"等手续去银行提取了住房公积金。③ 2009年1~5月,东莞共收到申请住房公积金贷款的广州等外地购房合同40多份,结果39份是虚假合同,④ 住房公积金被骗贷。我国金融从业不规范、金融监管不严格,使得很

---

① 《雷渊利"双规"前后》,腾讯网:http://news.QQ.com。
② 《新疆男子花百万助他人当上公积金中心官员》,新浪网:http://www.sina.com.cn。
③ 戴敦峰:《骗取住房公积金无"法"可治》,光明网:http://www.gmw.cn/01wzb/2005-08/18/content_291391.htm。
④ 高志全、冯志刚等:《东莞住房公积金骗贷案:合同作假高达99%》,住房焦点网:http://house.focus.cn/newshtml/690715.html。

多与住房公积金有关的案件得以发生，不利于住房公积金安全。

其次，债券市场不完善，不利于住房公积金的顺利投资。一是债券发行主体不完善、债券种类不齐全。目前我国市场上的债券种类主要是国家债券和金融债券，公司债券和机构债券不发达。同时，我国地方政府缺乏发行债券的权力。由于机构债券不发达，地方政府也不能发行债券，因此，住房公积金不能通过地方政府债券或机构债券的方式融资。而且，新中国成立以来，我国一直存在重建设、轻消费的倾向，发行的债券多为建设债券等信用型债券，用于消费的抵押型债券市场没有建立起来，因此，我国住房公积金抵押贷款债券化缺乏实施条件。这些都不利于住房公积金拓展资金来源，弥补住房公积金贷款资金的不足。二是国债市场短期债券种类不多，债券回购机制也不完善。国债市场短期债券种类不多和债券回购机制不完善不利于住房公积金流动资金进行短期投资，容易造成大量住房公积金流动资金闲置浪费，不利于住房公积金保值。

（二）我国的社会环境及其对住房公积金制度的影响

当前，我国社会经营环境不佳，法制和执法环境不完善，社会保障体系不健全，非正式制度不完善，不利于住房公积金的专款专用，不利于住房公积金的安全。

首先，市场经营环境不佳，不利于住房公积金的安全。一是广告准入机制缺失、非法广告四处传播。由于广告准入机制缺失，报社对广告发布内容的合法性疏于审查，使得不法分子利用公众对报纸的信任四处传播非法广告，诱使个人骗提骗贷住房公积金。契税制作防伪措施不强，使得不法分子能轻易伪造出完税凭证以骗提骗贷，客观上降低了犯罪的成本与难度。2004年8月，南京的李秦（化名）就是在看到报纸上刊登的"住房公积金提现"广告后，才得以联系到非法中介，以制作假完税票方式骗提了住房公积金。二是部门分割、信息共享不畅。由于部门分割，住房公积金管理部门很难与房管部门、税务部门等进行信息共享，获取住房公积金提取和贷款者的真实购房信息，从而给伪造证件骗提骗贷住房公积金者以可乘之机，使其作案屡屡得手，危及住房公积金正常经营。2009年1~5月，东莞发放的住房公积金异地贷款中，大量被骗贷，这是造假中介利用东莞与广州等地的购房信息没有互通的缺陷帮助个人伪造虚假购房合同，骗取住房公积金贷款。在合同资源共享，堵上原有漏洞后，造假中介又利用房管部门与住房公积金管理中心信息不互通的弊病，通过把正在建筑的房屋过户到贷款者名下，等贷到款后，这套房屋又过户回造假中介名下的方式继续骗贷住房公积金，危及住房公积金安全。三是代理银行竞争不充分。我国住房公积金由代理银行托管，但目前我国商业银行之间的竞争并没有完全展开，托管佣金就是各银行统一定价。代理商业银行之间竞争不充分，不利于我国住房公积金委托管理成本的下降和经营效益的提高，也不利于代理银行代理服务质量和效率的提升。

其次，法制和执法环境不完善，不利于住房公积金的安全。当前，对于骗取住房公积金的行为，我国《住房公积金管理条例》并没有规定罚则，而它又不适用刑法，由于无法可依，被非法提走的住房公积金难以追回。同时，对于有明确法规规范的与住房公积金有关的违法行为，我国也打击不严。如对于住房公积金骗贷者，东莞市住房公积金管理中心的做法是"先礼后兵"，即对于那些已用假的购房合同和贷款合同骗取住房公积金的人员，如在规定时间内把以前拿假合同骗取的住房公积金退回来，住房公积金管理中心将不予追究；假如在规定时间内没有前来销案，住房公积金管理中心就通报单位，由单位进行处理；对于那些执迷不悟在通报单位后还不来承认错误的，住房公积金管理中心才交与法院起诉，对其进行15天以内的拘留和1000元以内的罚款。① 法规的不完善给非法行为以可乘之机，执法不严则不能起到威慑后来者的作用，容易催生新的案件，这些都不利于住房公积金的安全。

再次，社会保障体系不健全，不利于住房公积金的专款专用。当前，我国只建立了基本的社会保障制度，只能化解国民的基本养老、医疗、失业等一般风险，而分散大病重病、自然灾害等重大和突发性风险的商业保险不发达，教育救助与住房救助制度不健全，不能全面化解国民的重大风险与困难。然而，我国是一个自然灾害频发的国家，灾害风险非常普遍。同时，现代化造成的环境污染与现代一些不健康的生活习惯也使国人的大病重病风险日益增长。另外，随着高中教育、高等教育费用的急剧增加，国人的教育支出也日益不堪重负。在不健全的社会保障体制下，国人急需为这些大的风险和大的花费寻求资金支持。相对养老保险等社会保险基金而言，住房公积金有中途提取功能。且住房公积金相关法规没有明确规定住房公积金用于住房之外的其他个人用途需承担的法律责任，因此各地逐渐允许居民在遇到大的灾病或教育需要时提取住房公积金，有些地方甚至允许以住房公积金增值收

---

① 高志全、冯志刚等：《东莞住房公积金骗贷案：合同作假高达99%》，住房焦点网：http://house.focus.cn/newshtml/690715.html。

益为低收入住房公积金贷款者提供贷款利息补贴，住房公积金逐渐由住房保障专项基金变成了能提供各类保障的全能保障基金。

最后，非正式制度不完善，不利于住房公积金的安全。非正式制度是相对正式制度而言的。一般来说，非正式制度包括社会价值观、职业操守和社会舆论等方面的内容，它存在于风俗习惯和人们内心的信念之中，以口传、舆论的方式相互传递，世代相传。一个社会的制度是否健全，除了看它的正式制度是否完善之外，还要看它的非正式制度是否健康，非正式制度与正式制度是否耦合。① 随着改革开放的逐步深入，西方社会的拜金主义风气逐渐在我国盛行起来。在拜金主义风气的影响下，人们开始奉行为达目的、不择手段的处事方式，传统的廉耻观开始被实用主义所取代。同时，由于长期的封建专制统治，权力至上、权钱交易在中国仍大有市场。这些不良思想和风气不仅不能起到遏制违法行为和教化违法者的作用，反而为社会腐败和违法提供了合适的思想基础和社会氛围，助长了贪污挪用住房公积金和骗提骗贷住房公积金等违法行为的产生，影响了住房公积金安全。

## 第二节 住房供应环境的改善

住房供应环境直接影响居民住房潜在需求向有效需求的转变，住房潜在需求向有效需求成功转变与否则意味着个人能否运用住房公积金，让住房公积金发挥应有的作用。当前我国住房价格过高，住房结构不太合理，影响到居民住房潜在需求向有效需求的转变，影响到住房公积金作用的发挥。新加坡、德国、美国和中国香港等国家和地区有着丰富的住房供应经验与教训，学习它们的相关经验教训，改善我国的住房供应环境，将有利于公积金住房保障作用的充分发挥。

### 一 境外的住房供应环境状况

#### （一）境外的住房供应环境

1965年新加坡独立时，人均居住面积不到7平方米。为了解决国民的居住问题，新加坡于20世纪60年代陆续制定、修订并实施了《新加坡建屋与发展法》、《住房发展法》、《中央住房公积金法》和《土地征用法》等法

---

① 国彦兵编著《新制度经济学》，立信会计出版社，2006，第55页。

律，明确了政府发展公共住房的方针、目标，并依法于1960年设立住房发展专务机构——建屋发展局，负责建造和管理公共住房。建屋资金来源于政府支持下针对中央公积金发行的不可转让记名债券融资和直接由政府提供的低息贷款。由于有巨额公积金和可靠政府资金支持，新加坡与中低收入人口相称的保障性住房发展迅速，为中低收入者提供了充足的住房。为了保证中低收入者买得起房，新加坡公共住房的大小与结构根据居民的收入能力与实际需要设计建造，价格也根据居民的经济能力确定。同时，新加坡还给予居民大量购房补贴和充足的优惠贷款。由于组屋供应充裕，优惠贷款充足，公共住房供应与需求顺利衔接，新加坡购买政府组屋的人口迅速增加。1971年，35%以上的新加坡公民住上了组屋，到1975年这一比例达47%，1979年达66%，1987年为86%。2004年，新加坡居民家庭住宅拥有率达93%，其中80%以上的人口拥有的住宅为政府建造的组屋。

德国目前住房总数约4000万套，确保平均每个家庭一套住房的供应水平，为稳定房价奠定了基础。在此基础上，德国通过每年25万套新竣工公寓和政府手中拥有的约300万套公房来平抑房价，[①] 还通过《住宅建筑法》来规范住房市场，规定开发商应该为社会不同阶层提供住房，在面积大小、房屋设施和租金或购买能力等方面，满足不同阶层的需求。[②] 此外，联邦和地方政府还出台法规限制最高房价和房租，并利用税收机制，限制房产投资和投机。每年，德国政府和市场组织都会一起定期研究和公布每一个地区的市场最高住房出售价格限额。德国政府规定，自有自用的住宅不需要缴纳不动产税，只需要缴纳宅基地土地税，但用于出售的房地产首先要缴纳评估价值1%~1.5%的不动产税，房屋买卖还要缴纳3.5%的交易税，如果通过买卖获得盈利，还要缴纳15%的差价盈利税。最高房价限制和税收机制大大压缩了炒房者进行"低买高卖"的利润空间，同时也抑制了德国人的投资性买房需求。与房屋售价机制一样，德国市政部门、房东与房客协会、房屋租赁介绍所等机构会定期共同制定出各地区不同房屋类型"房租合理价格表"。如果房东的房租超过"合理房租"20%，就构成违法行为；超过50%就构成犯罪行为。如不及时更正，房东将面临高额罚款甚至牢狱之灾。[③]

---

[①] 邱志坚：《德国房价为何10年不涨》，《建筑工人》2008年第11期。
[②] 符轩：《稳定房地产市场——可以借鉴的德国模式》，《北京房地产》2008年第9期。
[③] 符轩：《稳定房地产市场——可以借鉴的德国模式》，《北京房地产》2008年第9期。

由于住房供应充足、住房政策严格，德国房地产炒作投机遭到了极大的打击与限制，从而使德国房地产供求与价格能始终保持稳定。据统计，在过去10年里，德国名义房价每年仅上涨1%。扣除物价上涨因素，德国房价涨幅很小，甚至还缩水。在从1977年至今的30多年里，德国平均房价仅上涨了60%，而同期德国个人名义收入却增长了3倍。① 由于房地产政策严格，德国房产投资价值不高，因此，德国老百姓购房基本上是出于居住需要而非从众或投资、投机心理，是理性贷款购房。德国住房互助储蓄银行就是适合这种房地产国情的产物，它通过不紧不慢的储蓄积累，帮助国民购房。

美国住房市场以商品房为主，住房市场所供应住房一般都面积较大，不符合低收入及偏低收入者的经济承受能力。自有房过大的一个原因是美国实行排外性区划法，它要求住房建造必须符合大面积的地块、最低住房尺寸和较高的地块分割标准，反对建造多户住宅和移动住宅。小面积廉价住房不足并没有影响美国自有房目标的推进。美国政府通过低首付甚至零首付政策来大力提高自有房率，联邦政府支持的房地美、房利美等二级市场住房抵押贷款机构纷纷推出与联邦政府意图一致的贷款政策，降低他们所购买贷款的首付比例要求，提高承借人月供和收入的最大比例。但美国的金融市场化与监管不严催生了针对低收入者、少数族裔的次级掠夺性住房贷款，加重了自有房者的负担，并最终导致了次贷危机。

为了帮助低收入者和中低收入者实现住房需求，20世纪50年代，香港制订《1954年房屋事务管理处法例》，出台《1964年寮屋管制、徙置及政府廉租屋宇政策检讨》，成立代表政府建造与管理保障性住房的房委会，有计划地发展保障性住房。20世纪70年代，香港又以十年建屋计划方式，加快政策性住房建设。1978年的"私人参建居屋计划"，政府以投标形式把土地卖给私人发展商，由发展商按政府规定的标准兴建楼宇，楼价与申请者资格按居屋计划执行。② 1987年香港出台《长远房屋策略说明书》，把房委会改组为自负盈亏的独立机构，以内部衍生收益和出售居屋来支持兴建公屋。不过，为了保障广大低收入者的利益，尽管房委会成为自负盈亏的独立机构，但政府仍履行对公屋的财政负担。在2006~

---

① 符轩：《稳定房地产市场——可以借鉴的德国模式》，《北京房地产》2008年第9期。
② 冯邦彦：《香港地产业百年》，东方出版中心，2007，第229页。

2007年度，政府公共房屋支出约158亿港元，占特区政府整体支出的6%。

在保障性住房市场之外，香港奉行自由市场经济，政府很少干预商品房市场，但如果房地产发展很不正常，政府也会进行适当干预。20世纪70年代后期和80年代中后期，香港经济过热，地价、楼价脱离当时香港市民的实际承受能力，香港政府就曾颁布多项打击炒楼活动的措施，如降低银行按揭贷款最高比例，通过加快房委会政策性住房的建设速度来平抑房价等。[①]当住房贷款资金来源不足日渐显现的时候，香港又及时推出按揭证券，拓宽住房贷款来源。21世纪初，香港房地产市场不景气。为了缓解房地产市场的压力，2003年香港政府宣布停止售卖保障性住房——居屋，即使建好的居屋也都暂时"冷藏"起来。直到经济逐渐好转，房委会才决议把剩余居屋单位推出发售。

（二）境外住房供应环境的特点

新加坡、德国、美国和中国香港等国家和地区都纷纷通过立法来规范住房的建设与发展，都重视对住房供应数量和价格的调控。总的来说，这些国家和地区的住房供应呈现以下特点。

首先，住房供应与各阶层实际需要大致相符。住房是生活必需品，家庭对住房的需求无弹性，但是，由于各个阶层的经济能力差异，一定价格下，各阶层所能承受的住房大小并不一样。而且，住房是大宗买卖，有保值甚至增值作用。一般来说，购房者愿意购买与自己家庭实际需要相符且负担得起的住房。因此，政府能否引导市场提供与居民收入层次和家庭人口状况相符的住房意味着民众能否较好地实现住房目标。新加坡、德国、中国香港等国家和地区都比较注意对住房供应数量、结构和价格的掌握和调控，较好地实现了住房目标，美国政府对住房供应结构引导不够，使住房目标实现遇到了困难。在住房结构与数量上，新加坡建屋发展局通过组屋需求电子登记系统及时统计全国不同单元住房的需求变化与发展趋势，及时建造与市场相适应且价格适中的住房，保证了中低收入者合适住房的充分供应。香港政府则在做住房发展计划时，把会影响未来住房需求的因素及时全面地考虑进来，如青年人结婚对住房的需求及租房和购房群体的变化等，及时调整住房供应对策，较好地实现了住房目标。在住房价格上，香港政府以

---

[①] 冯邦彦：《香港地产业百年》，东方出版中心，2007，第284页。

免费批地的方式大力建造公屋和居屋,既平抑了高涨的房价,也使中低收入者能以承担得起的价格获得合适住房。德国政府严格评估市场需求,使全国住房供应数量与家庭数量保持在平衡状态,并通过制定各地区房租价格表与房屋售价表,较好地调控了国民住房租住和购买的价格。美国由于实行排外性区划法,导致了小户型廉价住房供应不足,影响了自有房目标的实现。

其次,政府对房产投资和投机进行了限制和打击。房产大量投资和投机既影响住房供求平衡,容易促使房价上涨,产生房产泡沫,也不利于普通民众消费性住房的实现。同时,它还影响金融安全和经济健康发展。因此,在保护自由市场经济的同时,新加坡、德国、中国香港等国家和地区都对房产投资和投机进行了限制和打击,合理调控和稳定了住房价格,有利于住房目标的实现。新加坡政策性住房占主导,而且政府对政策性住房的流转也设置了严格的条件,严格控制了住房投机,房价发展平稳。德国政府一直严格管理房地产市场,限制房地产投资,打击房地产投机,稳定房地产市场供求与价格,房价发展也比较平稳。香港虽是自由市场经济,但政府也经常会根据实际需要调控住房供应,从而保证了香港金融的安全与经济稳定。美国政府一味追求自有房目标,忽略了对房产投资和投机的监管,结果酿成次贷危机的恶果。

最后,政府对住房建设进行了阶段性参与和多方式融资支持。政府阶段性地参与住房建设能灵活地解决不同时期不同国家和地区的住房问题。住房紧缺时,新加坡、德国、中国香港和美国等国家和地区多以政府直接建造、非营利机构建造和政府购入私人住房等方式加大住房供应。住房宽松后,政府及时退出,住房供应逐渐让位于市场,变为以市场建造为主。多方式融资能较有效地解决住房建造对资金的大量需求。新加坡通过政府低息贷款及发放针对性记名债券的方式融资建房,建房资金充裕,基本住房目标实现较快,有利于社会和谐。香港以免费拨地、政府直接注资和基金扶持等方式解决了住房建造的资金问题,德国也以政府资金和鼓励个人集资、鼓励私营企业参与的方式解决了住房建造的资金问题。美国除了少量公共住房由政府建造或由政府支持建造外,住房主要实行市场供应,政府主要从税收和贷款方面给予优惠与引导。但美国私人出租房会遇到政府补贴没有完全用于住房及廉价出租期限问题。如果市场供不应求,则私人房主会尽力将住房市场化,损害租房群体的利益。美国低收入者自有房主要以联邦组团基金和非营利机构建造方式供应，但非营利机构往往经验不够，导致项目效率不高。

## 二 改善我国住房供应环境的对策

结合我国住房供应实际状况与发展需要，借鉴新加坡等国家和地区的住房供应经验，我国应从住房政策确定等以下一些方面改善我国住房公积金发展的住房供应环境。

### （一）重新确立政策性住房为主的住房政策

实践证明，我国住房面积过大、房价过高与2003年住房发展政策转向有关。要控制房价过快上涨，要让更多百姓买得起房和运用得上住房公积金，我们就必须重新确立1994年、1998年的以政策性住房发展为主的住房政策。

按照1994年《关于深化城镇住房制度改革的决定》（国发〔1994〕43号）和1998年《关于进一步深化城镇住房制度改革加快住房建设的通知》（国发〔1998〕23号）的决策与思路，各地方政府应以建设经济适用住房为主，大力加强经济适用住房的政策扶持与开发建设，严格控制住房面积，严格控制住房价格，住房公积金则以政策性贷款的方式和商业性贷款一起对职工购房进行融资。也就是说，当时的城镇住房改革思路是，住房公积金从帮助实现有效需求角度，经济适用房从帮助实现有效供应角度，互相配合，一起解决中低收入者的住房问题。但是，为了促进市场经济的发展与繁荣，2003年，国务院下发《关于促进房地产市场持续健康发展的通知》（国发〔2003〕18号），要求"坚持住房市场化的基本方向，不断完善住房供应市场体系，更大程度地发挥市场在资源配置中的基础性作用"。从此，1994年、1998年确定的以经济适用住房为主的住房发展政策被商品房为主的住房政策所取代，商品房市场迅速发展，并开始成为住房市场的主导。

无论从住房开工面积、完成投资还是建成套数来看，我国2003年以来的住房发展都反映了商品房取代经济适用住房成为市场主导的趋势。图8-4显示我国住房开工面积。

自2003年开始，我国商品房开工面积迅速增长，大大超过经济适用住房的发展速度，住房市场建设日渐转向商品房建设为主。

住房完成投资也反映了同样的趋势。图8-5显示了我国住房完成投资情况。

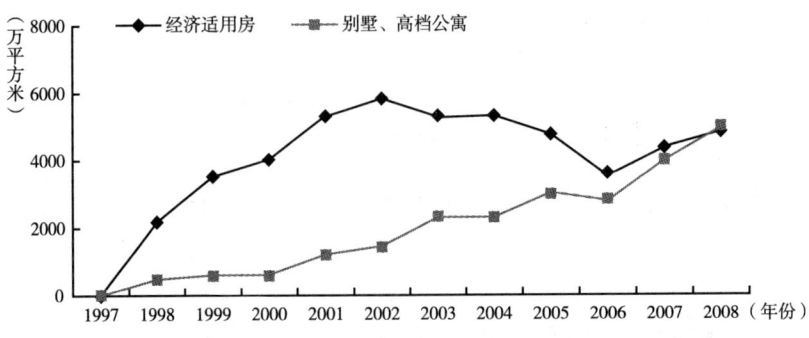

**图 8 - 4　我国住房开工面积形势图**

资料来源：根据国家统计局网站提供的数据制作，国家统计局网站：http://www.stats.gov.cn/tjsj/ndsj/2008/indexch.htm。

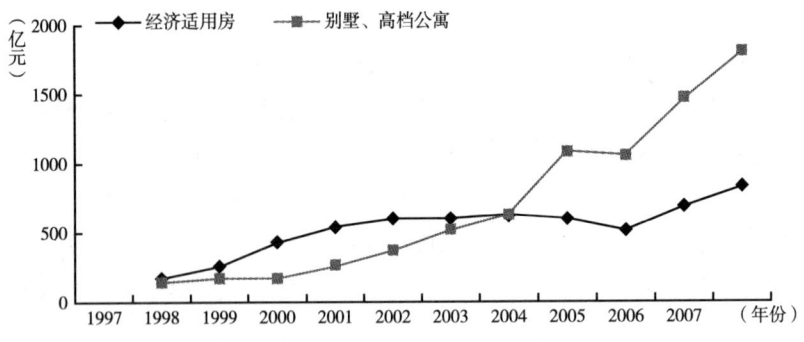

**图 8 - 5　我国住房完成投资情况图**

资料来源：根据国家统计局网站提供的数据制作，国家统计局网站：http://www.stats.gov.cn/tjsj/ndsj/2008/indexch.htm。

从图 8 - 5 可以看出，2003 年以前，我国经济适用住房年完成投资一直高于商品房；从 2003 年开始，情况发生急剧逆转，商品房年完成投资额开始超过经济适用房，并且超越幅度逐年增大。此后，经济适用房年完成投资额不升反降，直到 2006 年才稍有改观。

住房建成套数的发展情况也是如此。图 8 - 6 显示了我国住房竣工形势。

从图 8 - 6 可看出，自 2005 年到 2007 年，商品房建成套数从 13.5276 万套迅速增加至 15.9423 万套，两年间增速达 69.21%；同期，经济适用房从 29.5302 万套增加至 35.6021 万套，两年间增速仅 20.56%。经济适用房发展缓慢，而商品房迅速增长。

第八章　改善影响我国住房公积金制度的外部环境　167

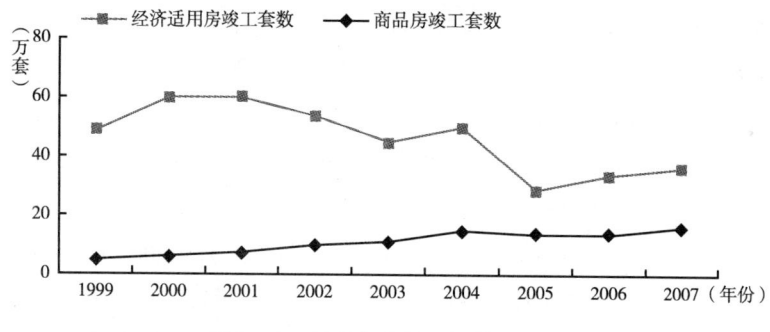

图 8-6　我国住房竣工数量形势图

资料来源：根据国家统计局网站提供的数据制作，国家统计局网站：http://www.stats.gov.cn/tjsj/ndsj/2008/indexch.htm。

经济适用房是政策性住房，按成本定价，对市场房价有控制和平抑作用。研究表明，经济适用房的供应每增加5%，就会迫使房价下降3%～4%。因此，1997～2003年，由于坚持经济适用房发展为主的政策，房价相对稳定，商品房价格逐渐回落。图8-7显示了我国住房销售价格趋势。

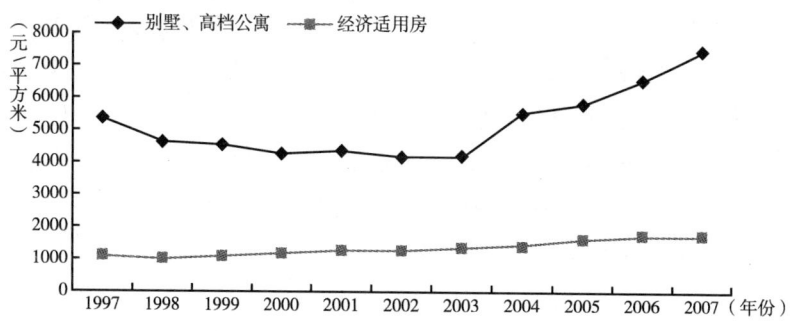

图 8-7　我国住房销售价格变化形势图

资料来源：根据国家统计局网站提供的数据制作，国家统计局网站：http://www.stats.gov.cn/tjsj/ndsj/2008/indexch.htm。

由图8-7可看到，1997年，我国商品房价格达5000多元/平方米，到2003年逐渐降至4000元/平方米；经济适用房价格则从1997年的1000元/平方米左右缓慢上升至2003年1300元/平方米左右，住房价格变化合理，房价平稳。但是，如果商品房市场过大，保障性住房市场过小，则经济适用房的平抑作用无法发挥。相反，在商品房价格的拉升下，经济适用房的价格也可能迅速上涨。2003年实行的住房政策转变恰好印证了这一点。自2003

年至 2007 年的短短的三年间，我国商品房价格从 4000 多元/平方米迅速上升至 7000 多元/平方米；经济适用房的售价也从 1300 多元/平方米迅速上涨至 1700 多元/平方米，住房价格急剧上升。

实践表明，1994 年和 1998 年国务院颁布的《关于推进城镇住房制度改革的决定》（国发〔1994〕18 号）、《关于进一步深化城镇住房制度改革加快住房建设的通知》（国发〔1998〕23 号）两个文件所确立的以经济适用住房建设为主的住房政策的推行，不仅平抑了市场房价，也稳定了房价，有利于社会平稳和谐发展。而 2003 年住房政策的转变促使房价飙升，广大普通民众难以解决住房问题，不利于住房公积金住房保障目标的实现。因此，如果要让我国住房供应市场价格平稳合理，让更多老百姓买得起房，让住房公积金能发挥作用，我们必须结束 2003 年以来的商品化为主的住房政策，回到 1994 年、1998 年作出的以经济适用住房等政策性住房建设为主的决策上来。

**（二）实行质优价廉的有计划性的保障性住房供应**

为了实现保障性住房的可持续发展，我们应吸取新加坡、中国香港和美国的经验教训，实行合理的保障性住房建造标准。与商品房相比，保障性住房的标准可以适当放低，但放低只是与豪华相对应的放低，而不是建成不具可持续发展要求的贫民窟。因此，我国的保障性住房不仅应注重本身的质量，还要注意基本配套设施的齐全与现代化，要与时代以及居民的实际需要相适应。同时，为了保持保障性住房的持久生命力，我们可对一定年限以上的保障性住房进行翻新改造。

我们除了需要保证保障性住房的建设质量，还应控制保障性住房的价格，让大部分老百姓买得起保障性住房。按照我国以往经验，保障性住房建造的土地实行政府免费划拨，同时政府还通过减免税费和限制利润等方式控制保障性住房价格，但这与新加坡、中国香港保障性住房按居民能力定价还有一定差距。今后，我国也可在财政日渐充裕的情况下，通过补贴建造商，逐步做到保障性住房根据居民经济承受能力定价。这样，暴涨的住房价格才可能较快地降至合理水平，广大中低收入的潜在住房需求者才有可能变为有效需求者。

当然，为了让保障性住房的供应与其购买对象之间实现较完美的匹配，我们还必须对保障性住房实行有计划的供应。要实行计划供应，就必须先了解各层次居民对住房户型、数量的需求及其发展趋势。由于住房供求市场的局部性，因此，我们应在各大小城市分别建立本城镇住房供求数据系统，及时了解本城镇居民对住房户型、数量的需求及其发展趋势，然后再针对性地发展与需求相适应的保障性住房。

### （三）多方式加强保障性住房建设

重新确立以保障性住房为主的住房发展政策后，我们还必须多方式加强保障性住房建设，一是住房建造机构可多样化，二是住房建造资金可多元化。

住房建造机构多样化即是说，我们可以像新加坡和中国香港一样，成立专门的保障性住房发展机构，主持保障性住房建设工作，也可以培养并引导非营利性住房发展机构建设保障性住房，还可邀请私营住房供应机构参与保障性住房开发。当前，我国即使想要成立专门的保障性住房发展机构和培养非营利性住房发展机构及建立和完善相应的监督机制都需要一定时间。在这些机构建立并能充分发挥作用之前，我们可以学习香港，通过以地换房和免费提供土地、限制住房结构等方式邀请私营住房供应机构参与保障性住房开发。这一方面顺应了私营房地产机构的发展需要，另一方面也加快了保障性住房的供应速度，有利于住房公积金早日充分发挥作用，也有利于更快地实现住房目标。

住房建造资金多元化即是说应加大中央对保障性住房的扶持力度，加大地方对保障性住房建造的补贴或税费减免，并吸引社会保险基金投资于保障性住房建设。在住房保障上，尤其是在基本居住问题比较严重时期，德国和美国等国家的中央政府都承担了主要责任，包括资金投入与政策引导。当前，我国的保障性住房发展责任主要在地方政府，中央责任偏小。因此，我们应明确中央和地方的基本住房责任，加大中央对各地保障性住房发展的投入与引导，加快保障性住房的发展。在要求中央加大对各地保障性住房建设投入的同时，我们应促使地方政府进一步减免保障性住房税费，并增加对保障性住房建造的补贴，尽早让保障性住房按居民能力定价成为可能。另外，我们还可以仿效新加坡让地方政府发行记名不可转让债券，让地方社会保险基金投资于地方保障性住房建设，以加速保障性住房的发展。

### （四）限制住房投资，打击住房投机

当前我国住房投资、投机都比较严重。住房投资虽然能活跃市场，但我国基本住房供求还不完全匹配，广大民众基本住房问题还远未解决，不应大

力提倡住房投资。住房投机扰乱市场，有害无利，应予以禁止。

对于商品房投资，我们可以适当放开，以活跃商品房市场。对于保障性住房投资，我们应该严格限制，因为保障性住房是政策性住房，具有福利性，不应该作为投资工具。为了限制保障性住房投资，我们应明确限定保障性住房的供应对象和供应条件。保障性住房虽不应该投资，但为了提高保障性住房的生命力，也为了让保障性住房购买者有机会改善居住条件，我们应允许保障性住房进行有条件的流转，即在居住满最低居住年限后，可以允许保障性住房在适合于享受保障性住房条件的人群中进行转让。这样才能确保保障性住房供应数量，稳定住房市场价格，才能解决更多中低收入家庭的基本住房需要。

对于住房投机，无论是保障性住房投机还是商品房投机，都应严格监控与禁止，以免其哄抬房价，扰乱市场。保障性住房投机多发于购买和流转环节，因此，我们应严格保障性住房购买和流转环节的资格审查与监管，以坚决杜绝保障性住房投机。对于商品房投机，则主要应从房地产税制和购房融资政策等角度进行控制。对保障性住房与商品房进行了明确的投资与投机限制后，我国住房价格才可能平稳发展，才可能有更多的职工实现购房和运用住房公积金，公积金住房保障目标才可能稳步实现。

## 第三节 财税与人事环境的改善

我国的人事机制民生导向性不足，财税制度也不完善，不利于支持和引导各级政府完成保障性住房建设等公共职责。新加坡和美国虽然实行不同的人事与财税制度，但两国都能比较有效地引导地方政府及官员关注民生，解决民生问题。学习借鉴新加坡和美国等国家在人事与财税制度方面的优点，改善我国人事与财税制度，激励地方政府恪尽职守，关注与解决民生问题，将有利于地方实现保障性住房目标，从而为住房公积金发挥作用创造条件。

### 一 境外的财税与人事环境状况

#### （一）境外财税与人事环境的基本情况

新加坡是一个都市国家，全国只有一级政权，财税集中于中央。为了支持公共住房建造，新加坡政府不仅每年给建屋发展局提供大量低息贷款，还给予大量财政补贴，使保障性住房建设资金充裕，保障性住房供应充足。新加坡实行人民行动党领导下的集权式精英政治,实行察举和聘用相结合的人事制度,这是基于政党廉洁基础上的人事制度。1959年脱离英国殖民统治后,新加坡的执政党人民行动党便通过对部长级人员的减薪、阁僚自愿加入新加坡净化运动和设立贪污调查局等方式,严惩公务员贪污,在国民面前树立了一个清廉政党的形象。① 人民行动党能长期执政,且能获得国民的压倒性支持,就在于国民相信,政府是清廉的、爱民的,政府要员绝不会损公肥私、中饱私囊。② 正因为有严格的制度保证官员是清廉的精英,能一心一意为国家、为人民谋福利,因此,新加坡住房问题得以较快较好地解决。

美国实行彻底的分税制财政管理体制,各级政权间的财权清楚,事权明确,财权与事权一致。美国联邦政府以所得税为主要财源,对公共住房负有主要责任;地方政府以财产税为主要财源,对本地公共住房负有配合协助责任。美国联邦政府对地方的公共住房资助额度明确,方法科学。美国联邦政府为了给中低收入人群提供合适的住房和合适的居住环境,对住房的直接财政资助方式有建立社区发展组团基金,并以竞争方式分配给州和地方政府,用于各地的住房发展。联邦政府根据一个地区占都市区总人口的比重、贫穷人口占都市总人口的比重和过度拥挤住房的比例来计算每一个地区应该获得的社区组团基金数额,其中,贫穷率的权重是其他两个因素的两倍。总人口和贫穷人口越多,居住条件越拥挤的地区,获得的配额越多。同时,美国还把1960年设为基准年,各地社区组团基金的获得还必须根据自己地区的贫穷程度、住房年纪和当前人口与假设它自1960年起按照都市区所有城市的平均速度发展时存在的差距进行分配,差距越大,获得的配额越多。③ 另外,联邦政府往往还以同意地方按人均限额发行免税债券的方式鼓励地方筹资发展出租房或廉价住房。

美国是联邦制政权,地方官员实行民选。民选制度有利于政府对选民负责,自觉贯彻和推行民生政策。不过,虽然是民选制度,但美国政治往往由利益集团把持。如美国的地方议会往往由代表中上层利益的乡村代表把持,不利于做出完全有利于低收入者的决定,禁止排外性区划法就由于触及乡村

---

① 〔日〕田村庆子:《超管理国家——新加坡》,东初国际股份有限公司(出版部),1993,第30页。
② 〔日〕田村庆子:《超管理国家——新加坡》,东初国际股份有限公司(出版部),1993,第33页。
③ 〔美〕阿列克斯·施瓦兹:《美国住房政策》,中信出版社,2008,第185页。

人士的利益而受阻，从而不利于廉价住房的供给。

## （二）境外财税与人事环境的特点

从新加坡和美国财税与人事制度的发展来看，它们具有如下几个方面的特点。

首先，各级政府的财权、事权明确并互相匹配。明确各级政府的财权和事权、实行与事权相匹配的财权是保证各级政府正常履行职责的前提。新加坡是一级政权国家，具有财权与事权的绝对匹配性，因此新加坡住房问题能较快得以解决。美国是三级政权国家，各级政权之间的财权划分非常清楚，各级政府的住房发展职责也非常明确，因此，各级政权在住房发展问题上不会互相推诿责任，基本住房问题基本能按既定目标发展。

其次，转移支付制度科学合理。科学的转移支付制度是有效的财政激励手段，能调动地方发展住房等民生事业的积极性。美国联邦政府规定地方可按人均限额和本地人口数量发行免税债券，体现了各地方政府获得联邦免税资助的公平性，这也可以说是联邦对地方进行了较为科学的间接转移支付。美国联邦社区发展组团基金则是一种科学的、透明的、动态的直接转移支付方式，它既照顾到了各地的现实差异，也顾及到了历史差异，并引入了竞争机制，有利于调动地方发展住房、解决住房问题的积极性，有利于消除各地的公共住房供应水平差异。正是因为有科学的转移支付制度，美国各地方政府能积极地参与住房发展，一起推动美国住房问题的解决。

最后，人事制度能激励当权者关注民生问题。从新加坡和美国的经验来看，无论是集权政治还是民选政治，只要建立了激励当权者关注民生的人事制度，都有可能推进民生工程建设。但是，二者都必须防范和去除各自制度的弊端。美国是实行民选政治的国家，民选政治由于是向下负责制，具有天然的激励机制，能引导当权者关注民生，有利于解决住房等民生问题。但是，如美国所示，民选政治也可能遭到利益集团把持，可能损害低层次选民的利益，使民生问题解决不彻底。新加坡实行精英式集权政治。在严格的政治纪律和监管机制约束下，新加坡当权者能以对人民高度负责的精神，集中国力解决民生问题。因此，集权制与民主制国家都能发展民生政治，但必须防范和去除各自的弊端。对实行集权政治的国家来说，严格政治纪律，建立民生导向的政绩评价机制与透明的官员任用机制，扩大地方民众的知情权、参与权、监督权，才能引导地方政府关注民生问题，解决民生问题。

## 二 改善我国财税与人事环境的措施

### (一) 完善我国财税制度

财权与事权相适应是各级政府正确行使公共管理和服务职能的前提。为了推动地方保障性住房的发展，就长远来说，我们应进一步推进分税制改革，确保地方各级政府有与事权相对应的稳定的税权与税源；就当前来说，我国应进一步完善转移支付制度，加大中央对地方转移支付力度，加强省级政府对市县级政府的转移支付，尤其必须加强对保障性住房建设的专项转移支付，以利于地方保障性住房的发展。

首先，应加速扁平化财政体制改革，促进各级政权财权与事权的统一。在集权制财政体制下，政府财政层级太多往往可能导致地方政府财力不足。建立扁平化的财政体制有利于提高国家财权分配效率，使财权在各级政权间更公平地分配。同时，扁平化的财政体制也有利于中央对财力的宏观统筹与调配，有利于中央监督和落实各级政府的财权与事权。2006 年我国就已开始进行乡财县管和省直管县等财政体制改革，变以往的五级财政体制为三级财政体制，但目前这些改革还没有全面完成。因此，我们应加速推进财政的乡财县管和省直管县改革，真正建立起从中央到地方的扁平化三级财政体系，让我国财政分配与管理更加公平高效。

在建立扁平化财政体系的同时，我们还应进一步推进分税制改革。除继续完善中央与地方的事权与财权划分外，还应进行地方各级政权之间的事权与财权划分，保证各级政权都有明确的事权和稳定的税权与税源。努力做到一级事权，一级财权，财权与事权相匹配。只有这样，中央和地方各级政府才有合适的财力尽职尽责地去完成属于本级政权应该完成的职责，保障性住房目标才有可能实现，住房公积金才可能有充分发挥作用的机会。同时，财权与事权匹配后，地方官员才能摆脱施政时财力不足的束缚，官员政绩评价才能有公平的环境，政绩评价才会更客观公正。

其次，应健全政府转移支付制度。转移支付制度是弥补各级政府之间或不同地区之间财力不均衡的有力工具，也是政府支持重点事业发展或激励下级政权加速发展地方事业的有效手段。当前，我国中央和地方之间、同级政权的不同地区之间经济发展程度不同，财力差异较大。但保障性住房建设是民生事业，是准公共产品，实现保障性住房等基本公共产品供应均等化是我国实现社会公平、促进社会和谐的最基本要求。因此，我们需要进一步健全和完善转移支付制度，以确保各地保障性住房建设等民生工程的同步发展。

美国的公式化转移支付方式为我们提供了很好的借鉴。效仿美国，我国也可以成立与社区发展组团基金性质相似的保障性住房建设专项基金，并进行公式化分配。分配公式也应根据一个城市人口占全国城市总人口的比例、贫穷人口占全国城市贫困总人口的比例和过度拥挤住房占全国城市过度拥挤住房的比例来计算，其中，贫穷率和住房拥挤率的权重应该大一些。同时，我们还可把改革开放的起始年即1978年设立为基期年，然后把一个地区当前的贫穷程度、住房年纪和人口与假设它自1978年起按照所有都市区平均速度发展时该地区的贫穷程度、住房年纪和人口比较的差距来辅助性地决定资金分配。如果我们能采用这种动态、客观的方式进行保障性住房资金的转移支付，那么，我国城市保障性住房的供应状况将得到改善，这将更有利于住房公积金作用的发挥。当然，除了借鉴成立专项基金这一直接转移支付方式外，我们还可学习美国的间接转移支付方式，如在适当的时候由中央推出地方免税债券政策，鼓励地方政府以发行免税债券的方式筹资，帮助老百姓实现基本居住目标，这样，住房公积金的运用机会将更多。

最后，应完善房地产税制。按照科学的房地产税制设置，房地产税应分为地产税目和房产税目两个税。[①] 如表8-3所示。

表8-3 我国理想的房地产税费征收情况表

| 征收环节 | 税费类别 | 备注 |
| --- | --- | --- |
| 土地转让环节 | 土地出让金 | 一次性征收 |
| 房产交易环节 | 营业税 | 一次性征收 |
|  | 印花税 |  |
|  | 契税 |  |
| 房产保有环节 | 物业税 | 逐年征收 |
|  | 城镇土地使用税（包括原城镇土地使用税、土地增值税） | 按级差逐年征收 |
|  | 耕地占用税 |  |

我国地产税目应主要针对农业用地转化为城镇非农用地的城镇土地增量部分以及城镇存量土地中需要重新规划开发的土地设置，可下设耕地占用税和城镇土地使用税两个税种。城镇土地使用税实际是由现有城镇土地使用权

---

① 胡渊：《土地税种的国际比较与借鉴》，《中国土地》2008年第3期。

的土地出让金、房产交易环节的土地增值税和保有环节的城镇土地使用税合并而成,该税实际是要体现城市存量土地资源的利用,必须按照级差地租在房产保有环节逐年征收。房产税目是在房产开发完成后的交易环节以及保有环节所应缴纳的税目。交易环节税种应有契税、营业税和印花税,保有环节税种为物业税。除了理顺房地产税制,我们还应尽快开征物业税作为地方政府的主要税源,并把在土地转让和交易环节的有关土地使用税转移至最后环节即保有环节进行开征。这样才能确保地方有稳定的财政收入而又不至于有卖地冲动,才能遏制房产投资和投机,从而帮助房地产市场回归正常,让更多老百姓买得起房,给住房公积金作用的发挥营造合适的市场环境。

### (二) 完善我国的人事制度

民主选举制度是引导官员关心民生和防止腐败的最佳方法。但在我们东方,由于历史传统的影响,一般实行察举式精英政治。我国也是实行察举式精英政治的国家,这种官员任用制度强调学历、经历,政绩尤其是考察选举的重要依据。科学公正的察举制也需要科学透明的制度来规范,因此,我们应完善人事机制,约束和引导民生精英政治在我国的发展,为住房公积金发展创造一个良好的政治环境。

首先,应规范和完善官员任用机制。新加坡是实行精英政治的国家。经过多年的发展,新加坡已建立起一套完善的公务员选拔与高级官员选拔制度,还建立了有民众参与的定期检查制度,保证了官员选拔的正当性。当前,我国已初步建立起公务员制度,但是官员的选拔任免还缺乏规范的制度和透明的操作程序,容易造成权力寻租与官员任用不当。因此,我们必须尽快建立公开透明的官员任免机制,避免权力寻租与暗箱操作,保证官员任免的纯洁性、公正性。有了完善的官员任用机制,那么我国住房公积金管理中心官员的任免也将更加透明规范,从而有利于减少住房公积金官员任免中形成的勾结与腐败,有利于住房公积金事业的健康发展。

其次,应建立以民生为主导的官员政绩评价机制。公开透明的官员任免制度建立后,我国还必须建立合理的官员考评机制,以约束和引导当权者的行为。在当前粗糙单一的GDP政绩评价机制引导下,我国地方官员大搞重复建设、面子工程,难以顾及真正的民生需求。打破单一的GDP评价机制,建立一个以包含保障性住房建设指标和市民住房满意度指标等民生指标为主的政绩评价体系,将有利于引导地方官员关心保障性住房建设,关心并努力改善百姓居住条件,从而为住房公积金作用的发挥和住房保障目标的实现创造有利条件。

## 第四节 金融与社会环境的改善

不完善的金融与社会环境不仅影响到住房公积金的正常经营,也影响到公积金住房保障功能的发挥。德国住房储金以银行的方式运营,受金融与社会环境的影响较少。美国不存在住房储金,因此不存在住房储金的发展问题。新加坡中央公积金是积累基金,且其发展受到金融与社会环境的较大制约和影响,因此,本节将主要学习和借鉴新加坡中央公积金发展的金融与社会环境经验,改善我国住房公积金发展的金融与社会环境。

### 一 境外的金融与社会环境状况

#### (一) 新加坡金融与社会环境的基本情况

新加坡金融市场化程度较高,各银行代理业务收费定价市场化。新加坡金融市场债券种类较为齐全,并建立了较为科学的发行方式与回购方式。新加坡政府债券分为可流通债券和不可流通债券。可流通的政府债券一般由政府部门发行,大多属于固定利率债券。不可流通的政府债券一般为记名浮动利率债券,直接面向中央公积金发行。由于不可流通债券定向发行、不可流通,因此它们在市场不报价,这些债券的利率变化通常随中央公积金的利率需要而变化,新加坡中央公积金存款的 90% 都投资于这种记名债券。新加坡政府债券还可分为长期债券和短期债券。长期债券的期限通常为 2 年、5 年、7 年、10 年和 15 年,短期债券主要有 1 年期国库券和 3 个月期国库券。3 个月期国库券每周举行一次拍卖,1 年期国库券年初和年中各举行一次拍卖。[1] 新加坡公积金少量投资于短期国债,以应付经营需要。

新加坡金融管理局通过公告形式来发行政府债券,即每年年末公布下一年的债券发行时间表,告知债券发行的日期、方式以及债券是新发还是增发等事项,发行数量则在发行日期的前两周确定。除了可以控制每周一次的 3 个月期国库券拍卖以外,回购市场也为投资者提供了管理流动性的另一种方式。新加坡回购协议的交易与多数发达国家的回购市场是接轨的,即债券回购市场参与者可以选择普通的间接回购协议,也可以选择特殊的回购协议如隔夜回购和期限回购等。而且,新加坡没有设置资本利得税种,凡是用于债

---

[1] 吴腾华:《东亚新兴债券市场发展比较》,《经济管理》2006 年第 20 期。

券交易的资本所获得的任何利得都是免税的。

新加坡以公积金三大基本保障功能的实现为前提，进一步完善了社会保障体系。在住房、养老、医疗三大基本保障功能的保障能力不断发展壮大的基础上，新加坡以建议或强制要求等方式，推出系列公积金计划，让会员用少量公积金购买商业保险，使公积金保障能力向纵深推进。在基本住房保障功能上，公积金家庭保障计划要求会员用少量普通账户资金购买商业性住房抵押贷款保险，彻底保障家庭对住房的拥有权；在基本养老保障功能上，公积金家属保护计划要求会员用少量特殊账户资金购买商业性人身意外保险，使家庭成员即使遇到大的意外风险，其基本生活也有了保障；在基本医疗保障功能上，商业性公积金健保双全计划建议会员用公积金为重病大病投保商业保险，使公积金会员及其家人不仅有了基本医疗保障，还有了进一步的重病大病保障，彻底化解了会员及其家人的疾病风险。

新加坡是法治国家，能在一定程度上遏制腐败，保证公积金安全。新加坡法律体系细致、完善，法律严明，个人或企业的违法成本很高。因此，新加坡的企业和个人一般都会自觉遵纪守法，这无疑有利于新加坡中央公积金制度的安全发展。同时，以法治为基础，新加坡形成了廉洁政治。廉洁政治把新加坡从一个涣散的东方传统社会转变成中西结合的法治、廉洁的现代社会，从而使得中央公积金发展中的贪污腐败行为也基本绝迹，有利于公积金的健康发展。

新加坡强调政府效率，不断提高公共服务水平，这在一定程度上带动了公积金服务水平的发展。1995年，新加坡政府提出"公共服务21世纪计划"，实行以减少政府成本为主要目标的改革。这一改革计划包括简化机构、建设高效和廉政的公务员队伍，从制度刚性上控制行政成本的增长；发动政府重组运动，引进市场机制，减轻政府财政负担；推行电子政务并创新行政程序和办事原则，减少政府运行成本。通过这次新公共管理运动，新加坡公共服务支出占财政支出的比例明显下降。改革初期的1996年、1997年，新加坡公共服务支出占财政支出的比例高达9.2%、16.2%。1998年后，改革成效逐步显现。1998年，新加坡公共服务支出占财政支出的比例下降至6.3%，1999年为7.5%，2000年为4.1%。[①] 中央公积金管理是新

---

[①] 刘嬛毅、陈虎、齐明山：《新加坡政府成本控制的主要途径及其启示》，《党政干部论坛》2007年第8期。

加坡公共服务管理的重要内容，新加坡公共服务整体水平的提高推动了中央公积金服务管理水平的提高。

新加坡发达的市场环境为公积金管理人才市场化提供了条件。市场招聘经理是新加坡实现公积金公司化治理的重要环节。新加坡市场经济发达，人才市场也同样发达，而且新加坡是国际化大都市，英语、华语都是官方语言，国民具有中西兼蓄的社会价值观。新加坡的国际化及发达的人才市场为公积金管理人员招聘提供了条件。通过国际化的公积金管理局经理招聘，国际上的先进管理经验和技术被带入新加坡，从而使新加坡的公积金管理与服务能够始终保持在国际领先水平。

### （二）新加坡金融与社会环境的特点

第一，金融市场完善。新加坡金融市场完善，金融市场化程度较高，债券种类齐全，销售方式先进，为公积金经营发展创造了良好的条件。新加坡金融市场竞争比较充分，银行的公积金代理服务定价市场化，给公积金管理局选择服务廉价的银行代办公积金缴款业务提供了机会，大大降低了公积金的运行成本，提高了公积金经营效益。公积金是社会保障基金，不同于一般的社会资金，具有绝对的安全和保值增值要求，同时对流动性要求也较高。建屋发展局记名不可流动浮动利率债券和短期国债满足了公积金的这一投资要求。同时，新加坡年前的债券发行通告、每周一次的三个月债券拍卖和先进的债券回购市场为公积金进行长期和短期债券投资提供了足够的统筹计划时间及购买与回购机会，既有利于公积金保值增值，又不影响公积金对流动性的要求，便利了公积金经营。

第二，社会保障体系完善。新加坡社会保障体系较为完善，它以中央公积金的住房保障为基础，横向发展出教育保障功能，且教育保障功能以借贷方式实现，保证了公积金的积累。同时，新加坡以公积金住房和医疗保障为基础，以公积金少量资金投保商业保险的方式纵向发展出家庭保障、家属保障和医疗补充保障，解决了意外风险对家庭住房、家庭成员生活造成的困扰，解决了重大疾病对家庭医疗支出造成的压力。新加坡公积金社会保障体系的完善是在确保公积金各账户资金充裕基础上的功能纵深推进，它不仅使新加坡住房、医疗和生活保障更加彻底，而且还不妨碍公积金基本功能的实现。

第三，法治与廉洁政治占主导。新加坡实行以法治国，法律严酷，执法严格，杜绝了企业和个人拒绝缴纳公积金的行为，确保了公积金的依法积累和使用。同时，独立后的新加坡大力推行廉洁政治，贪污腐败在新加坡几乎无处藏身。作为新加坡政府公共服务中的一环，新加坡公积金管理中的贪污挪用现象也基本绝迹，有利于公积金的安全。

第四，人才国际化程度较高。新加坡公积金服务水平和管理效率的不断提高与引进优秀人才和主动学习国外先进公共管理经验有关。新加坡公积金采用西方的公司式治理方式，并公开招聘国内外优秀人才为公积金管理局经理，以其先进经验与世界眼光专职管理公积金，从而使得新加坡公积金服务水平先进，管理效率高，赢得了国民对该制度的广泛支持。另外，新加坡及时地在整个公共服务领域实行改革，实行"公共服务21世纪计划"，主动积极地学习外国的先进公共管理经验，从而使得公共服务效率大幅提高。随着新加坡公共管理水平的提高，公积金管理水平也随之水涨船高。

## 二 改善我国金融与社会环境的方式

根据我国住房公积金发展的金融与社会环境现状，借鉴新加坡经验，我们可以从以下一些方面对我国住房公积金发展的金融与社会环境进行完善。

### （一）改善金融环境

首先，应推进金融市场化改革，放开住房公积金托管费用的定价权。托管费用放开能给住房公积金委托代理营造自由的发展环境，有利于促进银行间的代理竞争，提高住房公积金托管的服务水平，也有利于节省住房公积金管理成本，提高住房公积金管理效率。

其次，应进一步完善短期国债种类与国债发行回购制度。进一步完善我国短期国债种类与国债发行回购制度包括发行一个月期或更短期限的国债，实行每周一次的短期国债拍卖制度。我们应完善债券发行定期预告制度，在年前提前公布下一年度国债发行总额、类型和时间，以利于住房公积金管理者更有计划地实现对住房公积金的投资。同时，我们也应完善债券回购市场，以便住房公积金对流动性的管理。

最后，应适当丰富债券类型。一是应允许地方政府发行专门针对住房公积金和养老保险基金等社会保障基金的记名不可流通债券，使巨额住房公积金和养老保险基金等社会保障基金在实现安全投资的同时，促进保障性住房建设。二是可允许地方适量发行免税债券，为住房公积金贷款筹集资金，帮助住房公积金实现住房保障目标。此外，在市场逐步完善的时候，我们可在金融市场尝试推出优质住房公积金抵押贷款债券，支持住房公积金融资，从而加大住房公积金贷款力度，以更充分地支持公积金基本住房目标的实现。

## （二）健全财务环境

首先，应实行账户设立审批制度。多头账户给金融管理带来不便，给非法金融交易提供机会，因此，我们必须加强对金融机构和事业单位账户设立的管理。具体来说，我们应由专门机构如财政部门为金融机构和事业单位账户设立进行审批，禁止它们擅自设立账户。账户设立审批制度建立后，杜绝了金融机构和事业单位私设账户和设多头账户的机会，便利了财政部门等专职监管部门的监管，有利于住房公积金的安全。

其次，应加强金融监管。严格的账户设立审批制度只是为有效监管提供了条件，在此基础上，我们还应再进一步加强监管机构对账户的监管。如果监管加强了，与住房公积金贪污挪用有关的账外账和阴阳合同就难再有藏身之地，住房公积金就会更加安全。

## （三）加强法制与执法

账户审批、广告审查、违法惩处等都离不开法律法规的支持，因此，我们必须加强相关法制建设，明确相关行为的责任及惩处规则，并严格执法。

首先，必须加强有关账户审批的法制建设，并严格执法。我们必须以明确的法律法规规范单位账户的设立，实行金融机构及事业单位账户设立审批制度。对于擅自设立账户或违规审批，应明确规定单位、银行和账户审批机构等责任主体的责任与惩处法则，并严格执行。这样，我们才能减少对住房公积金的贪污挪用与非法投资，住房公积金才会更安全。

其次，必须加强对非法行为的立法与执法。黑中介通过打虚假广告、伪造文书等手段诱导住房公积金非法提取和非法贷款，扰乱了正常的金融环境，因此，我们除了直接加强对黑中介违法行为的立法与执法工作外，还必须加强广告审查与广告刊载播放立法，规范广告审查与刊载播放的责任与惩处规则。广告审查包括广告的真实性和合法性审查，我国应成立专门的广告审查机构，负责审查广告的真实性与合法性，并为审查结果负责。同时，应规定新闻媒体只能刊载或播放通过专门机构审查的合规的广告，否则也应承担相应法律责任。通过这些严格的立法与执法，可起到吓阻和震慑违法犯罪行为的作用，从而为住房公积金发展创造良好的社会环境。

## （四）完善社会保障制度

在建立健全基本社会保障制度的同时，我们还应进一步发展商业保险和社会救助制度，建立多层次的社会保障体系，进一步化解国民的医疗、教育、灾害、贫困等风险，让住房公积金能专职于住房保障目标。

首先，应完善社会救助制度。对于低保家庭，我们应把生活、教育、医疗等基本内容合计在一起，对其进行综合救助，增强社会对困难家庭的保障能力。对于自然灾害风险，我们应加大国家对灾害的直接救助力度，同时还应由国家扶持建立商业性灾害保险制度，进一步化解灾害风险。低保家庭的综合救助制度和突发的自然灾害救助制度建立起来后，我们才能减少或完全停止住房公积金的低保提取和灾害提取，使住房公积金更专注地为住房提供保障。

其次，可以个人医疗账户资金投保大病医疗保险。当前我国医疗账户资金只能自用，但年轻人病痛少，其个人医疗账户资金利用率低，造成大量资金闲置浪费。因此，我们可以引导或强制个人以自己医疗账户资金投保商业性大病医疗保险的方式，化解个人和家庭的大病风险，从而可取消住房公积金大病提取，让住房公积金更专注于住房保障。

最后，可以有选择地实行教育贷款。高等教育是投资性教育，对于贫困家庭的高等教育资金需求，我们可通过国家无息或低息教育贷款的方式解决。对于没有进行住房公积金提取或提取不多的家庭，可以实行住房公积金教育贷款，但毕业后需连本带息归还原账户。实行国家教育贷款和住房公积金教育贷款，避免了住房公积金的教育提取，保证了住房公积金账户的积累，有利于公积金住房保障目标的实现。

（五）加强非正式制度建设

对于危害住房公积金安全的金融机构人员、住房公积金工作人员、住房公积金成员及其他非法中介人员等，我们除了建立和完善正式制度对他们进行监管与惩处外，还应该有意识地引导非正式制度的发展，来端正他们的思想，提高他们的觉悟，约束他们的行为，从而为住房公积金发展创造良好的社会环境。

首先，应该引导社会建立正确的社会价值观和职业操守。正确的社会价值观和职业操守能让人们正确认识自己的工作职责，端正人们对金钱的认识，引导人们抵制权钱诱惑，从而避免住房公积金管理者走上权钱交易与贪污腐败歧途，有利于住房公积金的安全发展。不过，正确社会价值观的建立是一个长期的过程，它必须通过职业道德教育、行业自律、典型示范与职业道德评比等多种方式逐渐引导才可能逐步建立起来。

其次，应培育和营造良好的社会舆论氛围。良好的社会舆论氛围能遏制人的贪念歪念，减少与住房公积金有关的一些非法行为，有利于住房公积金的安全运营与发展。良好社会舆论氛围的营造建立在正确社会价值观的基础上，而且，良好社会舆论氛围的营造也是一个渐进过程，需要通过媒体宣传等途径慢慢引导和培育。

## 本章小结

本章主要阐述了影响我国住房公积金制度所需的住房供应、财税与人事、金融与社会等外部环境，并在借鉴新加坡、美国、中国香港和德国等国家和地区相关经验的基础上，提出了一些改善住房公积金制度外部环境的意见与建议。

具体来说，在改善住房供应、财税与人事环境方面，我们应回到1998年制定的以经济适用房等保障性住房建设为主的住房政策上来，应加速财权与事权在各级政权间更合理地分配，成立保障性住房建设专项基金并进行科学的转移支付，优化房地产税制，进一步完善民生导向的官员政绩评价机制，以促进各地保障性住房的建设，平抑和稳定房价，让更多的人买得起房并用得上住房公积金。在改善金融与社会环境方面，我们应放开住房公积金托管费用的定价权，进一步完善短期国债种类及其发行回购制度，允许地方政府适度发行公共债券，加强金融法制建设及金融监管，完善社会保障制度，加强非正式制度建设，促进住房公积金的安全运营与发展。

# 结 论

本文运用马克思主义以及现代西方经济学的相关理论,采用定性分析和定量分析相结合、实证研究与规范研究相统一等方法,并在对新加坡、德国、中国香港和美国等国家和地区住房资金积累与住房融资经验进行学习和借鉴的基础上,对目前我国住房公积金制度中所存在的主要问题进行了研究,提出了完善我国住房公积金制度及其外部发展环境的一系列对策与措施。具体来说,本文主要获得了如下一些结论:

## 一 目前我国住房公积金制度中存在诸多问题,而影响住房公积金发展的外部环境也不尽完善

我国住房公积金制度中存在的主要问题包括:基金来源的属性及使用方式不明确,基金及其收益产权残缺,基金功能发展不协调,贷款管理的风险意识和人本意识不强,贷款标准设置不够科学,管理体系复杂,管理效率不高等。这些问题影响了住房公积金的制度效率,不利于住房公积金制度的健康发展及住房保障目标的实现。而目前住房供应、财税与人事、金融与社会等外部环境也阻碍了住房公积金制度的健康发展。

## 二 应明确我国住房公积金的性质和目标,并完善其产权

应明确我国住房公积金的自助和互助双重性质,明确与维护住房公积金及其收益的个人所有权,建立"居者有其屋"住房发展总目标和"住有所居"住房发展阶段性目标。明确的住房公积金性质、产权及目标,有利于住房公积金的合理使用,有利于维护成员的利益,有利于住房公积金制度的健康发展。

### 三　应从内外两方面优化我国住房公积金的功能

从外部来说，我国住房公积金应该与养老保险基金进行统筹管理，利用二者的互补性提高基金效率，即在二者总缴费率不变的前提下，降低养老保险缴费比重，增加住房公积金缴费比重，加速住房保障目标的实现。同时，允许个人以住房公积金账户余额填补自己的养老保险账户，允许以房产抵补自己养老保险账户资金，实现住房保障和养老保障的优化。从内部来说，应要求职工对住房公积金进行有限提取和按个人缴存贡献贷款，应改住房公积金直接贷款支持保障性住房建设为住房公积金购买保障性住房建设债券，使有限的住房公积金能较充分合理地发挥作用。应取消住房公积金收益的利息补贴功能、低保提取功能和大病大灾提取功能，可实行住房公积金高等教育贷款等，使住房公积金功能创新不致影响其基本的住房保障功能。可在统一全国住房公积金缴费率的基础上，发挥住房公积金的宏观调控功能。

### 四　应建立合适的住房公积金贷款标准，提高住房公积金贷款管理的风险意识

根据权责对等、普遍贷款和住房公积金充分利用三大原则建立的住房公积金贷款模型，能让所有条件相同的住房公积金成员获得的住房公积金贷款额度相等，让住房公积金贷款标准走向稳定合理，从而避免各地住房公积金贷款标准随意变化导致的不公。通过严格贷款条件、适量发行住房公积金抵押贷款债券、建立住房公积金还贷处理平台和实行固定利差的阶段性利率调整等手段，能提前防范和及时化解我国住房公积金贷款在未来可能会面临的诸多还贷风险，从而保证住房公积金安全。

### 五　应拓宽我国住房公积金的融资渠道，提高住房公积金运用率

我们可通过由地方政府提供财政资金或发行专项免税债券，建立住房公积金住房抵押贷款二级市场，统筹养老保险与住房公积金缴费比例和改变住房公积金退休提取等方式，拓展住房公积金的资金来源，使住房公积金贷款资金更为充裕，从而更好地实现住房目标。我们可通过发展二手房贷款和异地贷款、实行更为灵活优惠的利率政策和提升住房公积金贷款服务质量等方式，使住房公积金贷款更具吸引力，从而拓展住房公积金贷款业务。可通过

发行地方保障性住房债券和完善短期国债品种与回购机制等，促进住房公积金沉淀资金的投资。

### 六 应完善我国住房公积金的管理体系

就内部决策执行体系来说，我们应适当压缩住房公积金管理委员会的规模，并适当增加专业人士代表，让住房公积金决策更民主更科学。我们可增设住房公积金管理委员会常务机构和内部审计机构，增强委员会的日常监管职能。我们应建立对住房公积金管理中心的管理评价机制，应明确代理银行所代理业务应负的责任，从而提高管理中心与代理银行的工作效率，促进住房公积金的安全。就外部监管体系来说，我们应加强中央级政府相关部门对住房公积金的立法与调控，明确省级政府相关部门的监管与协调责任，加强（设区）市级政府相关部门的政策制定和管理责任，提高住房公积金政策制定时效和监管效率，促进住房公积金的安全。

### 七 应改善我国住房公积金制度的外部环境

就住房供应环境、财税与人事环境来说，我们应该回到1998年作出的以经济适用住房建设为主的正确决策上来，必须加速财权与事权在各级政权间更合理地分配，必须进一步完善民生指标为主的政绩评价体系，成立中央保障性住房建设专项基金并进行科学的转移支付，改善房地产税制，以加快各地保障性住房的建设，让更多老百姓买得起房和有机会运用住房公积金。就金融与社会环境来说，我们应实行贫困者综合救助制度，由国家扶持建立灾害保险制度，加强非正式制度建设，让住房公积金有一个专心于住房基金积累和安全运营的环境。

# 参考文献

## 一 中文著作

《马克思恩格斯选集》，人民出版社，1995。
《马克思恩格斯全集》，人民出版社，1995。
《毛泽东选集》（1~4卷），人民出版社，1991。
《邓小平文选》（第2卷），人民出版社，1994。
江泽民：《论有中国特色的社会主义》，中央文献出版社，2002。
胡锦涛：《高举中国特色社会主义伟大旗帜，为夺取全面建设小康社会新胜利而奋斗》，人民出版社，1995。
全国干部培训教材编审指导委员会：《科学发展观》，人民出版社，2006。
陈征：《〈资本论〉解说（1~3卷）》，福建人民出版社，1997。
陈征：《劳动与劳动价值论的运用与发展》，高等教育出版社，2005。
吴宣恭等：《产权理论比较——马克思主义与西方产权学派》，经济科学出版社，2000。
胡培兆：《经济学本质论：三论三别》，经济科学出版社，2006。
邓子基、陈少晖：《国有资本财政研究》，中国财政经济出版社，2006。
陈祖洲：《新加坡》，四川人民出版社，2001。
卢正涛：《新加坡威权政治研究》，南京大学出版社，2007。
鲁虎：《新加坡》，社会科学文献出版社，2004。

〔日〕田村庆子:《超管理国家——新加坡》,东初国际股份有限公司(出版部),1993。

冯邦彦:《香港地产业百年》,东方出版中心,2007。

库少雄、〔美〕Hobart A. Burch:《社会福利政策分析与选择》,华中科技大学出版社,2006。

〔英〕安东尼·哈尔、〔美〕詹姆斯·梅志里:《发展型社会政策》,社会科学文献出版社,2006。

〔美〕道格拉斯·诺思:《经济史上的结构和变革》,商务印书馆,1999。

〔美〕威廉姆森:《资本主义经济制度》,商务印书馆,2002。

〔美〕缪勒:《公共选择理论》,中国社会科学出版社,1999。

〔英〕斯密德:《财产、权力和公共选择》,上海三联书店,2006。

〔美〕斯蒂格利茨:《社会主义向何处去——经济体制转型的理论与证据》,吉林人民出版社,1998。

〔美〕斯蒂格利茨:《经济学(第二版)》,中国人民大学出版社,2000。

〔英〕亚当·斯密:《国民财富的性质和原因的研究》,商务印书馆,1974。

〔英〕亚当·斯密:《道德情操论》,商务印书馆,1999。

〔英〕大卫·李嘉图:《政治经济学及赋税原理》,华夏出版社,2005。

〔德〕柯武刚、史漫飞:《制度经济学》,商务印书馆,2000。

〔美〕西蒙:《现代决策理论的基石》,北京经济学院出版社,1991。

〔英〕哈耶克:《自由秩序原理》,中国社会科学出版社,1999。

〔美〕科斯、阿尔钦、德姆塞茨:《财产权利与制度变迁》,上海三联书店,1995。

〔南〕斯韦托扎尔·平乔维奇:《产权经济学》,经济科学出版社,2000。

〔美〕约拉姆·巴泽尔:《产权的经济分析》,上海三联书店,1997。

〔美〕阿列克斯·施瓦兹:《美国住房政策》,中信出版社,2008。

〔美〕约翰·罗尔斯:《正义论》,中国社会科学出版社,1988。

〔英〕哈耶克:《通往奴役之路》,中国社会科学出版社,1997。

丛诚:《中国住房和公积金制度发展大纲》,上海辞书出版社,2008。

姚洋:《制度与效率:与诺斯对话》,四川人民出版社,2002。

易宪容：《现代合约经济学导论》，中国社会科学出版社，1997。

辛鸣：《制度论》，人民出版社，2005。

孙宽平：《转轨、规制与制度选择》，社会科学文献出版社，2004。

郭建波：《世界住房干预理论与实践》，中国电力出版社，2007。

应红：《中国住房金融制度研究》，中国财经出版社，2007。

王重润：《房地产金融》，北京大学出版社，2004。

胡清波等：《住房公积金管理与房地产管理实务》，中国致公出版社，2001。

上海住房公积金管理中心：《上海住房公积金运营和管理》，上海科学普及出版社，1996。

唐海洲等：《住房公积金管理与房地产行政管理实务全书》，中国致公出版社，2001。

刘清华：《中国住房公积金制度研究》，四川人民出版社，2003。

苏振芳：《社会保障制度国别研究》，人民日报出版社，2004。

邓大松、林毓铭、谢圣远：《社会保障理论与实践发展研究》，人民出版社，2007。

曾国安：《住房金融：理论、实务与政策》，中国金融出版社，2004。

## 二　中文论文

林子华、张华荣：《产权一体化新探》，《福建师范大学学报》（哲社版）2009年第1期。

梁晓、张幸仔：《新加坡住房保障体系》，《中国税务》2009年第1期。

阎祖美：《私营企业公积金归集探讨》，《科技情报开发与经济》2008年第14期。

陈和智、罗佳意：《住房公积金归集业务若干问题及其对策》，《西南金融》2008年第5期。

林丽：《公积金贷款利率之我见》，《财经界》2008年1月下期。

姚东旭：《住房公积金将融资与配贷理性化》，《城市开发》2007年第9期。

吴学安：《公积金房贷"急刹车"伤着了谁？》，《城市开发》2007年第8期。

周义兴：《将"公积金收益用于廉租房"无可厚非?》，《观察与思考》2008年第7期。

卢飞：《住房公积金增值收益分配与运营模式分析》，《集团经济研究》2007年第2月下期。

叶卫东：《住房公积金制度安排及运行的低效率研究》，《经济论坛》2008年第4期。

周道群：《现行住房公积金管理体制的问题及建议》，《西部金融》2007年第12期。

丁平、周志梁：《我国住房公积金管理制度金融化问题探究》，《武汉金融》2008年第7期。

张春芳、孙文：《理顺住房公积金财务管理体制》，《科技咨询导刊》2007年第6期。

陈璐：《完善住房公积金贷款财务管理的几点建议》，《山东房地产》2005年第5期。

张蓓、王靖：《住房公积金业务管理环境分析》，《现代商业》2007年第1期。

赵俊华、佟广军：《住房公积金行政执法的几点思考》，《当代经济》2009年第3期。

陈瑛姝、蒲晓红：《我国住房公积金纳入社保个人账户的可行性》，《经济导刊》2008年第7期。

代东凯：《住房公积金纳入基本社保制度的分析与建议》，《保险职业学院学报》2007年第4期。

徐宏毅、赵迎红：《住房公积金制度效率理论框架研究》，《科技创业》2008年第1期。

中国建设银行住房抵押贷款证券化课题组：《赴美国、加拿大、香港考察住房抵押贷款证券化的报告》，《中国房地产金融》2000年第1期。

杨伟、吕元礼：《新加坡中央公积金制度改革分析》，《东南亚纵横》2008年第8期。

初建宇：《借鉴新加坡经验加强我国经济适用房的社会保障作用》，《河北理工大学学报》（社科版）2007年第4期。

陈小英、董家丰：《论住房救助向住房保险转化——住房公积金制度和经济适用房制度的互补与替代初探》，《当代经理人》2006年第3期。

阮青松、周隆斌：《住房抵押贷款证券化的障碍分析》，《中外房地产导报》2003 年第 17 期。

袁庆明：《制度效率的决定与制度效率递减》，《湖南大学学报》（社科版）2003 年第 1 期。

庄礼伟：《"新加坡式的社会主义"》，《南风窗》2005 年第 8 期下。

钟大能：《公平与效率：我国房地产税制的功能取向与税种设置改革研究》，《改革与战略》2008 年第 8 期。

周勤、李家平：《什么是好的管制者？》，《产业经济研究》2007 年第 1 期。

徐笑虹：《我国住房公积金监管问题研究》，《时代金融》2007 年第 6 期。

张志华：《简析住房公积金贷款的制度效率问题》，《城市开发》2005 年第 8 期。

蔡颖：《完善非公企业的住房公积金制度》，《发展研究》2008 年第 5 期。

董建斌：《住房公积金财务运作模式之创新》，《中国房地产》2009 年第 4 期。

周作翰：《产权残缺、利益博弈与社会冲突》，《湖南科技大学学报》2006 年第 5 期。

陈杰：《中外住房公积金制度之比较》，《上海房地》2010 年第 9 期。

汪利娜：《对经济适用住房政策的反思》，《中国房地信息》2005 年第 9 期。

汪利娜：《美国次级抵押贷款危机的警示》，《中国房地产金融》2007 年第 12 期。

龚玉霞、张臻竹、张丽：《中德银行住房储蓄贷款分析》，《生产力研究》2007 年第 19 期。

汪利娜：《德国住房储蓄与我国住房公积金的比较研究》，《中国房地产金融》2000 年第 6 期。

孙天琦：《美国〈社区再投资法〉三十年变革的争论及启示》，《广东金融学院学报》2009 年第 5 期。

杜金锋、冯长春：《香港"夹心阶层住屋计划"经验借鉴》，《城市发展研究》2010 年第 3 期。

顾云昌：《英德两国住房市场调控及保障制度》，《建筑监督检测与造价》2008年第1期。

宋春兰：《其他国家和地区中低收入家庭住房供应模式及启示》，《中国集体经济》2009年第4期。

苏多永：《新加坡住房保障制度及其启示》，《中国房地产》2010年第10期。

牛艳：《借鉴国外经验防范住房公积金贷款风险》，《商业经济》2010年第13期。

郭晓霞：《论利率管制下住房公积金的公平性》，《建筑经济》2010年第4期。

陈道富：《美国金融危机对我国的影响及应对思考》，《内蒙古金融研究》2008年第11期。

赵惠娟：《金融监管视角下华尔街金融风暴的产生》，《开发研究》2009年第S1期。

黄小华：《个人住房公积金贷款如何实行标准化管理》，《中国房地产》2005年第11期。

井深：《浅议住房公积金最高贷款额度的确定》，《中国房地产金融》2006年第5期。

沈海兵：《如何走出房地产融资困局》，《中国房地产金融》2009年第8期。

陈杰：《住房公积金的流动性危机》，《中国房地产》2010年第2期。

汪涵、尹中立：《从多角度审视住房公积金贷款的风险》，《中国金融》2010年第16期。

## 三 英文文献

James M. Buchanan. *Method and Morals in Constitutional Economics* [M]. Springer, Berlin. 2001.

Carlo A. Faveor. *Applied Macoreconomics* [M]. New York: Oxford University Press. 2001.

Adam Smith. *Inquiry into Nature and Causes of the Wealth of Nations* [M]. London: Dant. co. 1995.

G. Cassel *Theory of Purchasing Power Parity* [M]. New York: Telidon Press. 1997.

David Emrus Lawrence. *Measuring and Managing Derivative Market Risk* [M]. 1st ed. Boston: International Thomson Business Press. 1996.

Mattias Burell. China Housing Provident Fund: Its Success and Limitations [M]. *Housing Finance International*, 2006.

Peter E. Kennedy. *Macroeconomic Essentials: Understanding Economics in the News* [M]. 2nd ed. Mass: MIT Press. 2000.

G. Soros. *The New Paradigm for Financial Markets: The Credit Crisis of 2008* [M]. Public Affairs Press, 2008.

Lau Siu-kai. *The first Tung Chee-hwa Administration* [M]. 香港中文大学出版社, 2004.

Tony Tan Keng Joo. Tai-Chee Wong. *Public Housing in Singapore: A Sustainable Housing Form and Development* [M]. Springer Netherlands, 2008.

Luci Ellis. "The Housing Meltdown: Why Did It Happen in the United States?" [J]. BIS Working Papers, No. 259, September 2008.

Robert M. Buckley. "Housing Finance in Developing Countries-A transaction Cost Approach" [J]. The World Bank working paper, 1989.

Baumol William. *Economics: Principles and Policy* [M]. 8th ed. Fort Worth. Dryden Press. 2000.

Patrick Bond and Angela Tait. "The Failure of Housing Policy in Post-apartheid South Africa" [J]. *Urban Forum*, Volume 8, Number 1, 1997.

Nadezhda B. Kosareva and Raymond J. Struyk. "Long-term Housing Finance from Scratch: The Russian Case" [J]. *Journal of Housing and the Built Environment*, Volume 12, Number 4, 1997.

Jie Chen, Qianjin Hao & Bengt Turner. "Housing Finance, Economic Development and Housing Affordability in China: A Case Study of Shanghai" [J]. Paper for SSE – LSE – CCER Joint Conference in Stockholm, Nov. 2006.

Eatwell J. and Persaud A. "Freddie Mac and Fannie Mae: Damned by a Faustian Bargain" [J]. *Financial Times*, 2008 (7).

Persaud A. and Saurina J. "Will Basel II Help Prevent Crises or Worsen Them?" [J]. *Point of View, Finance & development*, IMF, June. 2008.

S. Vasoo, James Le. Singapore: Social Development, Housing and the Central Provident Fund [J]. *International Social Welfare*, 2001 (10).

David C. Lindeman. Provident Fund in Asia: Some Lessons for Pensioner Formers [J]. *International Social Security Review*, 2002 (4).

Chak Kwan Chan. "Protecting the Aging Poor or Strengthening the Market Economy: the Case of the Hong Kong Mandatory Provident Fund" [J]. *International Social Welfare*, 2003 (12).

Douglas C. North. "Institutionsand Economic Theory" [J]. *American Economist*, 1992 (1).

Wong S. K., Yiu C. Y., Tse M. K. S. "Do the Forward Sales of Real Estate Stabilize Spot Price?" [J]. *Journal of Real Estate Finance and Economics*, 2005 (3).

Michael S. Barr. "Credit Where it Counts: The Community Reinvestment Act and Its Critics" [J]. *New York University Law Review*, Vol. 75, No. 600, 2005.

Randall S. Kroszner. "The Community Reinvestment Act and the Recent Mortgage Crisis" [OL], presented at the Confronting Concentrated Poverty Policy Forum, Board of Governors of the Federal Reserve System, Washington, D. C., December 3, 2008, available at http://www.federalreserve.gov/newsevents/speech/kroszner2a.htm.

Alicia H. Munnell, Geoffrey M. B. Tootell, Lynn E. Browne and James McEneaney. "Mortgage Lending in Boston: Interpreting HMDA Data" [J]. *The Amercian Economic Review*, Vol. 86, No. 1, 1996.

Gunther. "Should CRA Stand for Community Redundancy Act?" [J], *Regulations*, Vol. 23, No. 3, 2000.

Tim Westrich. "Setting the Record Straight: Blame Conservatives, not CRA, for Subprime Mortgage Mess" [OL]. http://www.americanprogress.org/issues/2008/09/cra.html.

Robert B. Avery, Paul S. Calem, and Glenn B. Canner. "The Effects of the Community Reinvestment Act on Local Communities, Board of Governors of the Federal Reserve System," *Division of Research and Statistics*, March 20, 2003.

Ren S. Essene, and William Apgar. *Understanding Mortgage Market Behavior:*

*Creating Good Mortgage Options for All Americans*, Cambridge, MA: Joint Center for Housing Studies, Harvard University, April 25, 2007.

Peter Boelhouwer. "International comparison of social housing management in Western Europe" [J]. *Journal of Housing and the Built Environment*, Volume 14, Number 3, 1999.

Bentson. "It's Time to Repeal the Community Reinvestment Act" [OL], Cato Institute, Washington, D.C., 1999, available at http://www.cato.org/pub_ display. php? pub_ id = 4976.

Stan Liebowitz. "Mortgage Lending to Minorities: Where's the Bias?" [J]. *Economic Inquiry*, Vol. 36, No. 1, 2008.

Russell Roberts. "New Small Business Data Show Loans Going To Higher-Income Neighborhoods in Chicago Area" [J]. *Reinvestment Alert* (Woodstock Institute), No. 11. 2008.

Piyush Tiwari, Edwin Deutsch and Yoko Moriizumi. "Housing Finance Arrangements, Wealth Positioning and Housing Consumption in Japan: An Analysis of Built-for-sale Homeowners" [J]. *The Journal of Real Estate Finance and Economics*, Volume 34, Number 3, 2007.

Kwame Addae-Dapaah, Grace Khei Mie Wong. "Housing and the Elderly in Singapore-financial and Quality of Life Implications of Aging in Place" [J]. *Journal of Housing and the Built Environment*, 2001 (5).

# 附录1
# 住房公积金管理条例

（1999年4月3日中华人民共和国国务院令第262号发布，2002年3月24日《国务院关于修改〈住房公积金管理条例〉的决定》修订）

## 第一章　总则

**第一条**　为了加强对住房公积金的管理，维护住房公积金所有者的合法权益，促进城镇住房建设，提高城镇居民的居住水平，制定本条例。

**第二条**　本条例适用于中华人民共和国境内住房公积金的缴存、提取、使用、管理和监督。

本条例所称住房公积金，是指国家机关、国有企业、城镇集体企业、外商投资企业、城镇私营企业及其他城镇企业、事业单位、民办非企业单位、社会团体（以下统称单位）及其在职职工缴存的长期住房储金。

**第三条**　职工个人缴存的住房公积金和职工所在单位为职工缴存的住房公积金，属于职工个人所有。

**第四条**　住房公积金的管理实行住房公积金管理委员会决策、住房公积金管理中心运作、银行专户存储、财政监督的原则。

**第五条**　住房公积金应当用于职工购买、建造、翻建、大修自住住房，任何单位和个人不得挪作他用。

**第六条**　住房公积金的存、贷利率由中国人民银行提出，经征求国务院建设行政主管部门的意见后，报国务院批准。

**第七条**　国务院建设行政主管部门会同国务院财政部门、中国人民银行拟定住房公积金政策,并监督执行。

省、自治区人民政府建设行政主管部门会同同级财政部门以及中国人民银行分支机构,负责本行政区域内住房公积金管理法规、政策执行情况的监督。

## 第二章　机构及其职责

**第八条**　直辖市和省、自治区人民政府所在地的市以及其他设区的市(地、州、盟),应当设立住房公积金管理委员会,作为住房公积金管理的决策机构。住房公积金管理委员会的成员中,人民政府负责人和建设、财政、人民银行等有关部门负责人以及有关专家占1/3,工会代表和职工代表占1/3,单位代表占1/3。

住房公积金管理委员会主任应当由具有社会公信力的人士担任。

**第九条**　住房公积金管理委员会在住房公积金管理方面履行下列职责:

(一) 依据有关法律、法规和政策,制定和调整住房公积金的具体管理措施,并监督实施;

(二) 根据本条例第十八条的规定,拟订住房公积金的具体缴存比例;

(三) 确定住房公积金的最高贷款额度;

(四) 审批住房公积金归集、使用计划;

(五) 审议住房公积金增值收益分配方案;

(六) 审批住房公积金归集、使用计划执行情况的报告。

**第十条**　直辖市和省、自治区人民政府所在地的市以及其他设区的市(地、州、盟)应当按照精简、效能的原则,设立一个住房公积金管理中心,负责住房公积金的管理运作。县(市)不设立住房公积金管理中心。

前款规定的住房公积金管理中心可以在有条件的县(市)设立分支机构。住房公积金管理中心与其分支机构应当实行统一的规章制度,进行统一核算。

住房公积金管理中心是直属城市人民政府的不以营利为目的的独立的事业单位。

**第十一条**　住房公积金管理中心履行下列职责:

(一) 编制、执行住房公积金的归集、使用计划;

(二) 负责记载职工住房公积金的缴存、提取、使用等情况;

（三）负责住房公积金的核算；

（四）审批住房公积金的提取、使用；

（五）负责住房公积金的保值和归还；

（六）编制住房公积金归集、使用计划执行情况的报告；

（七）承办住房公积金管理委员会决定的其他事项。

**第十二条** 住房公积金管理委员会应当按照中国人民银行的有关规定，指定受委托办理住房公积金金融业务的商业银行（以下简称受委托银行）；住房公积金管理中心应当委托受委托银行办理住房公积金贷款、结算等金融业务和住房公积金账户的设立、缴存、归还等手续。

住房公积金管理中心应当与受委托银行签订委托合同。

## 第三章 缴存

**第十三条** 住房公积金管理中心应当在受委托银行设立住房公积金专户。

单位应当到住房公积金管理中心办理住房公积金缴存登记，经住房公积金管理中心审核后，到受委托银行为本单位职工办理住房公积金账户设立手续。每个职工只能有一个住房公积金账户。

住房公积金管理中心应当建立职工住房公积金明细账，记载职工个人住房公积金的缴存、提取等情况。

**第十四条** 新设立的单位应当自设立之日起 30 日内到住房公积金管理中心办理住房公积金缴存登记，并自登记之日起 20 日内持住房公积金管理中心的审核文件，到受委托银行为本单位职工办理住房公积金账户设立手续。

单位合并、分立、撤销、解散或者破产的，应当自发生上述情况之日起 30 日内由原单位或者清算组织到住房公积金管理中心办理变更登记或者注销登记，并自办妥变更登记或者注销登记之日起 20 日内持住房公积金管理中心的审核文件，到受委托银行为本单位职工办理住房公积金账户转移或者封存手续。

**第十五条** 单位录用职工的，应当自录用之日起 30 日内到住房公积金管理中心办理缴存登记，并持住房公积金管理中心的审核文件，到受委托银行办理职工住房公积金账户的设立或者转移手续。

单位与职工终止劳动关系的，单位应当自劳动关系终止之日起 30 日内到住房公积金管理中心办理变更登记，并持住房公积金管理中心的审核文件，到受委托银行办理职工住房公积金账户转移或者封存手续。

第十六条 职工住房公积金的月缴存额为职工本人上一年度月平均工资乘以职工住房公积金缴存比例。

单位为职工缴存的住房公积金的月缴存额为职工本人上一年度月平均工资乘以单位住房公积金缴存比例。

第十七条 新参加工作的职工从参加工作的第二个月开始缴存住房公积金，月缴存额为职工本人当月工资乘以职工住房公积金缴存比例。

单位新调入的职工从调入单位发放工资之日起缴存住房公积金，月缴存额为职工本人当月工资乘以职工住房公积金缴存比例。

第十八条 职工和单位住房公积金的缴存比例均不得低于职工上一年度月平均工资的 5%；有条件的城市，可以适当提高缴存比例。具体缴存比例由住房公积金管理委员会拟订，经本级人民政府审核后，报省、自治区、直辖市人民政府批准。

第十九条 职工个人缴存的住房公积金，由所在单位每月从其工资中代扣代缴。

单位应当于每月发放职工工资之日起 5 日内将单位缴存的和为职工代缴的住房公积金汇缴到住房公积金专户内，由受委托银行计入职工住房公积金账户。

第二十条 单位应当按时、足额缴存住房公积金，不得逾期缴存或者少缴。

对缴存住房公积金确有困难的单位，经本单位职工代表大会或者工会讨论通过，并经住房公积金管理中心审核，报住房公积金管理委员会批准后，可以降低缴存比例或者缓缴；待单位经济效益好转后，再提高缴存比例或者补缴缓缴。

第二十一条 住房公积金自存入职工住房公积金账户之日起按照国家规定的利率计息。

第二十二条 住房公积金管理中心应当为缴存住房公积金的职工发放缴存住房公积金的有效凭证。

第二十三条 单位为职工缴存的住房公积金，按照下列规定列支：

（一）机关在预算中列支；

（二）事业单位由财政部门核定收支后，在预算或者费用中列支；

（三）企业在成本中列支。

## 第四章　提取和使用

**第二十四条**　职工有下列情形之一的，可以提取职工住房公积金账户内的存储余额：

（一）购买、建造、翻建、大修自住住房的；

（二）离休、退休的；

（三）完全丧失劳动能力，并与单位终止劳动关系的；

（四）出境定居的；

（五）偿还购房贷款本息的；

（六）房租超出家庭工资收入的规定比例的。

依照前款第（二）、（三）、（四）项规定，提取职工住房公积金的，应当同时注销职工住房公积金账户。

职工死亡或者被宣告死亡的，职工的继承人、受遗赠人可以提取职工住房公积金账户内的存储余额；无继承人也无受遗赠人的，职工住房公积金账户内的存储余额纳入住房公积金的增值收益。

**第二十五条**　职工提取住房公积金账户内的存储余额的，所在单位应当予以核实，并出具提取证明。

职工应当持提取证明向住房公积金管理中心申请提取住房公积金。住房公积金管理中心应当自受理申请之日起3日内作出准予提取或者不准提取的决定，并通知申请人；准予提取的，由受委托银行办理支付手续。

**第二十六条**　缴存住房公积金的职工，在购买、建造、翻建、大修自住住房时，可以向住房公积金管理中心申请住房公积金贷款。

住房公积金管理中心应当自受理申请之日起15日内作出准予贷款或者不准贷款的决定，并通知申请人；准予贷款的，由受委托银行办理贷款手续。

住房公积金贷款的风险，由住房公积金管理中心承担。

**第二十七条**　申请人申请住房公积金贷款的，应当提供担保。

**第二十八条**　住房公积金管理中心在保证住房公积金提取和贷款的前提下，经住房公积金管理委员会批准，可以将住房公积金用于购买国债。

住房公积金管理中心不得向他人提供担保。

**第二十九条** 住房公积金的增值收益应当存入住房公积金管理中心在受委托银行开立的住房公积金增值收益专户，用于建立住房公积金贷款风险准备金、住房公积金管理中心的管理费用和建设城市廉租住房的补充资金。

**第三十条** 住房公积金管理中心的管理费用，由住房公积金管理中心按照规定的标准编制全年预算支出总额，报本级人民政府财政部门批准后，从住房公积金增值收益中上交本级财政，由本级财政拨付。

住房公积金管理中心的管理费用标准，由省、自治区、直辖市人民政府建设行政主管部门会同同级财政部门按照略高于国家规定的事业单位费用标准制定。

## 第五章 监督

**第三十一条** 地方有关人民政府财政部门应当加强对本行政区域内住房公积金归集、提取和使用情况的监督，并向本级人民政府的住房公积金管理委员会通报。

住房公积金管理中心在编制住房公积金归集、使用计划时，应当征求财政部门的意见。

住房公积金管理委员会在审批住房公积金归集、使用计划和计划执行情况的报告时，必须有财政部门参加。

**第三十二条** 住房公积金管理中心编制的住房公积金年度预算、决算，应当经财政部门审核后，提交住房公积金管理委员会审议。

住房公积金管理中心应当每年定期向财政部门和住房公积金管理委员会报送财务报告，并将财务报告向社会公布。

**第三十三条** 住房公积金管理中心应当依法接受审计部门的审计监督。

**第三十四条** 住房公积金管理中心和职工有权督促单位按时履行下列义务：

（一）住房公积金的缴存登记或者变更、注销登记；

（二）住房公积金账户的设立、转移或者封存；

（三）足额缴存住房公积金。

**第三十五条** 住房公积金管理中心应当督促受委托银行及时办理委托合同约定的业务。

受委托银行应当按照委托合同的约定，定期向住房公积金管理中心提供有关的业务资料。

**第三十六条** 职工、单位有权查询本人、本单位住房公积金的缴存、提取情况，住房公积金管理中心、受委托银行不得拒绝。

职工、单位对住房公积金账户内的存储余额有异议的，可以申请受委托银行复核；对复核结果有异议的，可以申请住房公积金管理中心重新复核。受委托银行、住房公积金管理中心应当自收到申请之日起5日内给予书面答复。

职工有权揭发、检举、控告挪用住房公积金的行为。

## 第六章 罚则

**第三十七条** 违反本条例的规定，单位不办理住房公积金缴存登记或者不为本单位职工办理住房公积金账户设立手续的，由住房公积金管理中心责令限期办理；逾期不办理的，处1万元以上5万元以下的罚款。

**第三十八条** 违反本条例的规定，单位逾期不缴或者少缴住房公积金的，由住房公积金管理中心责令限期缴存；逾期仍不缴存的，可以申请人民法院强制执行。

**第三十九条** 住房公积金管理委员会违反本条例规定审批住房公积金使用计划的，由国务院建设行政主管部门会同国务院财政部门或者由省、自治区人民政府建设行政主管部门会同同级财政部门，依据管理职权责令限期改正。

**第四十条** 住房公积金管理中心违反本条例规定，有下列行为之一的，由国务院建设行政主管部门或者省、自治区人民政府建设行政主管部门依据管理职权，责令限期改正；对负有责任的主管人员和其他直接责任人员，依法给予行政处分：

（一）未按照规定设立住房公积金专户的；

（二）未按照规定审批职工提取、使用住房公积金的；

（三）未按照规定使用住房公积金增值收益的；

（四）委托住房公积金管理委员会指定的银行以外的机构办理住房公积金金融业务的；

（五）未建立职工住房公积金明细账的；

（六）未为缴存住房公积金的职工发放缴存住房公积金的有效凭证的；

（七）未按照规定用住房公积金购买国债的。

**第四十一条** 违反本条例规定，挪用住房公积金的，由国务院建设行政主管部门或者省、自治区人民政府建设行政主管部门依据管理职权，追回挪用的住房公积金，没收违法所得；对挪用或者批准挪用住房公积金的人民政府负责人和政府有关部门负责人以及住房公积金管理中心负有责任的主管人员和其他直接责任人员，依照刑法关于挪用公款罪或者其他罪的规定，依法追究刑事责任；尚不够刑事处罚的，给予降级或者撤职的行政处分。

**第四十二条** 住房公积金管理中心违反财政法规的，由财政部门依法给予行政处罚。

**第四十三条** 违反本条例规定，住房公积金管理中心向他人提供担保的，对直接负责的主管人员和其他直接责任人员依法给予行政处分。

**第四十四条** 国家机关工作人员在住房公积金监督管理工作中滥用职权、玩忽职守、徇私舞弊，构成犯罪的，依法追究刑事责任；尚不构成犯罪的，依法给予行政处分。

# 第七章　附则

**第四十五条** 住房公积金财务管理和会计核算的办法，由国务院财政部门商国务院建设行政主管部门制定。

**第四十六条** 本条例施行前尚未办理住房公积金缴存登记和职工住房公积金账户设立手续的单位，应当自本条例施行之日起60日内到住房公积金管理中心办理缴存登记，并到受委托银行办理职工住房公积金账户设立手续。

**第四十七条** 本条例自发布之日起施行。

# 附录2
# 国务院关于进一步深化城镇住房制度改革加快住房建设的通知

(国发〔1998〕23号)

各省、自治区、直辖市人民政府,国务院各部委、各直属机构:

为贯彻党的十五大精神,进一步深化城镇住房制度改革,加快住房建设,现就有关问题通知如下:

## 一、指导思想、目标和基本原则

(一)深化城镇住房制度改革的指导思想是:稳步推进住房商品化、社会化,逐步建立适应社会主义市场经济体制和我国国情的城镇住房新制度;加快住房建设,促使住宅业成为新的经济增长点,不断满足城镇居民日益增长的住房需求。

(二)深化城镇住房制度改革的目标是:停止住房实物分配,逐步实行住房分配货币化;建立和完善以经济适用住房为主的多层次城镇住房供应体系;发展住房金融,培育和规范住房交易市场。

(三)深化城镇住房制度改革工作的基本原则是:坚持在国家统一政策目标指导下,地方分别决策,因地制宜,量力而行;坚持国家、单位和个人合理负担;坚持"新房新制度、老房老办法",平稳过渡,综合配套。

## 二、停止住房实物分配,逐步实行住房分配货币化

(四)1998年下半年开始停止住房实物分配,逐步实行住房分配货币

化，具体时间、步骤由各省、自治区、直辖市人民政府根据本地实际确定。停止住房实物分配后，新建经济适用住房原则上只售不租。职工购房资金来源主要有：职工工资，住房公积金，个人住房贷款，以及有的地方由财政、单位原有住房建设资金转化的住房补贴等。

（五）全面推行和不断完善住房公积金制度。到1999年底，职工个人和单位住房公积金的缴交率应不低于5%，有条件的地区可适当提高。要建立健全职工个人住房公积金账户，进一步提高住房公积金的归集率，继续按照"房委会决策，中心运作，银行专户，财政监督"的原则，加强住房公积金管理工作。

（六）停止住房实物分配后，房价收入比（即本地区一套建筑面积为60平方米的经济适用住房的平均价格与双职工家庭年平均工资之比）在4倍以上，且财政、单位原有住房建设资金可转化为住房补贴的地区，可以对无房和住房面积未达到规定标准的职工实行住房补贴。住房补贴的具体办法，由市（县）人民政府根据本地实际情况制订，报省、自治区、直辖市人民政府批准后执行。

## 三、建立和完善以经济适用住房为主的住房供应体系

（七）对不同收入家庭实行不同的住房供应政策。最低收入家庭租赁由政府或单位提供的廉租住房；中低收入家庭购买经济适用住房；其他收入高的家庭购买、租赁市场价商品住房。住房供应政策具体办法，由市（县）人民政府制定。

（八）调整住房投资结构，重点发展经济适用住房（安居工程），加快解决城镇住房困难居民的住房问题。新建的经济适用住房出售价格实行政府指导价，按保本微利原则确定。其中经济适用住房的成本包括征地和拆迁补偿费、勘察设计和前期工程费、建安工程费、住宅小区基础设施建设费（含小区非营业性配套公建费）、管理费、贷款利息和税金等7项因素，利润控制在3%以下。要采取有效措施，取消各种不合理收费，特别是降低征地和拆迁补偿费，切实降低经济适用住房建设成本，使经济适用住房价格与中低收入家庭的承受能力相适应，促进居民购买住房。

（九）廉租住房可以从腾退的旧公有住房中调剂解决，也可以由政府或单位出资兴建。廉租住房的租金实行政府定价。具体标准由市（县）人民

政府制定。

（十）购买经济适用住房和承租廉租住房实行申请、审批制度。具体办法由市（县）人民政府制定。

## 四、继续推进现有公有住房改革，<br>培育和规范住房交易市场

（十一）按照《国务院关于深化城镇住房制度改革的决定》（国发〔1994〕43号，以下简称《决定》）规定，继续推进租金改革。租金改革要考虑职工的承受能力，与提高职工工资相结合。租金提高后，对家庭确有困难的离退休职工、民政部门确定的社会救济对象和非在职的优抚对象等，各地可根据实际情况制定减、免政策。

（十二）按照《决定》规定，进一步搞好现有公有住房出售工作，规范出售价格。从1998年下半年起，出售现有公有住房，原则上实行成本价，并与经济适用住房房价相衔接。要保留足够的公有住房供最低收入家庭廉价租赁。校园内不能分割及封闭管理的住房不能出售，教师公寓等周转用房不得出售。具体办法按教育部、建设部有关规定执行。

（十三）要在对城镇职工家庭住房状况进行认真普查，清查和纠正住房制度改革过程中的违纪违规行为，建立个人住房档案，制定办法，先行试点的基础上，并经省、自治区、直辖市人民政府批准，稳步开放已购公有住房和经济适用住房的交易市场。已购公有住房和经济适用住房上市交易实行准入制度，具体办法由建设部会同有关部门制定。

## 五、采取扶持政策，加快经济适用住房建设

（十四）经济适用住房建设应符合土地利用总体规划和城市总体规划，坚持合理利用土地、节约用地的原则。经济适用住房建设用地应在建设用地年度计划中统筹安排，并采取行政划拨方式供应。

（十五）各地可以从本地实际出发，制定对经济适用住房建设的扶持政策。要控制经济适用住房设计和建设标准，大力降低征地拆迁费用，理顺城市建设配套资金来源，控制开发建设利润。停止征收商业网点建设费，不再无偿划拨经营性公建设施。

（十六）经济适用住房的开发建设应实行招标投标制度，用竞争方式确定开发建设单位。要严格限制工程环节的不合理转包，加强对开发建设企业的成本管理和监控。

（十七）在符合城市总体规划和坚持节约用地的前提下，可以继续发展集资建房和合作建房，多渠道加快经济适用住房建设。

（十八）完善住宅小区的竣工验收制度，推行住房质量保证书制度、住房和设备及部件的质量赔偿制度和质量保险制度，提高住房工程质量。

（十九）经济适用住房建设要注重节约能源，节约原材料。应加快住宅产业现代化的步伐，大力推广性能好、价格合理的新材料和住宅部件，逐步建立标准化、集约化、系列化的住宅部件、配件生产供应方式。

## 六、发展住房金融

（二十）扩大个人住房贷款的发放范围，所有商业银行在所有城镇均可发放个人住房贷款。取消对个人住房贷款的规模限制，适当放宽个人住房贷款的贷款期限。

（二十一）对经济适用住房开发建设贷款，实行指导性计划管理。商业银行在资产负债比例管理要求内，优先发放经济适用住房开发建设贷款。

（二十二）完善住房产权抵押登记制度，发展住房贷款保险，防范贷款风险，保证贷款安全。

（二十三）调整住房公积金贷款方向，主要用于职工个人购买、建造、大修理自住住房贷款。

（二十四）发展住房公积金贷款与商业银行贷款相结合的组合住房贷款业务。住房资金管理机构和商业银行要简化手续，提高服务效率。

## 七、加强住房物业管理

（二十五）加快改革现行的住房维修、管理体制，建立业主自治与物业管理企业专业管理相结合的社会化、专业化、市场化的物业管理体制。

（二十六）加强住房售后的维修管理，建立住房共用部位、设备和小区公共设施专项维修资金，并健全业主对专项维修资金管理和使用的监督制度。

（二十七）物业管理企业要加强内部管理，努力提高服务质量，向用户提供质价相符的服务，不得只收费不服务或多收费少服务，切实减轻住户负担。物业管理要引入竞争机制，促进管理水平的提高。有关主管部门要加强对物业管理企业的监管。

## 八、加强领导，统筹安排，保证改革的顺利实施

（二十八）各级地方人民政府要切实加强对城镇住房制度改革工作的领导。各地可根据本通知精神，结合本地区实际制定具体的实施方案，报经省、自治区、直辖市人民政府批准后实施。建设部要会同有关部门根据本通知要求抓紧制定配套政策，并加强对地方工作的指导和监督。

（二十九）加强舆论引导，做好宣传工作，转变城镇居民住房观念，保证城镇住房制度改革的顺利实施。

（三十）严肃纪律，加强监督检查。对违反《决定》和本通知精神，继续实行无偿实物分配住房，低价出售公有住房，变相增加住房补贴，用成本价或低于成本价超标出售、购买公有住房，公房私租牟取暴利等行为，各级监察部门要认真查处，从严处理。国务院责成建设部会同监察部等有关部门监督检查本通知的贯彻执行情况。

本通知自发布之日起实行。原有的有关政策和规定，凡与本通知不一致的，一律以本通知为准。

国务院

一九九八年七月三日

# 后 记

秋高气爽，晴空万里，闽水悠悠，丹桂飘香。在本书即将付梓之际，如此美好的环境不禁让人心神怡然。

然而，更令人高兴的是，关系老百姓安居的房地产调控政策正在逐步实施并初见成效。由于重新认识到保障性住房对于国泰民安的重要作用，此时，我国已一改2003年以来的以市场化为主的住房政策，正开始逐步加大保障性住房的建设力度。而且，保障性住房建设成绩也正逐步上升为地方政府官员政绩考核的重要指标。同时，我国房产税试点范围也正逐步扩大。通过对房地产市场的积极调控，我国急剧攀升的房价终于基本稳定下来。

保障性住房供应问题、房产税问题、地方官员政绩考核问题和房价问题是关系到住房公积金制度能否顺利发展的外部环境问题。虽然，我们当前尚未见到住房公积金制度内部出现有关改革迹象，但能见到关系住房公积金制度发展的外部环境出现了如此可喜的变化也是倍感欣慰的。

今天，公平观念已成为我们普世的价值观，效率观念已成为我们改革和发展的方向，人本精神已深入世人心中，精细化管理则成为世界潮流。本人在研究我国的住房公积金问题时，一直希望能把公平效率观念、人本观念和精细化管理手段融入本研究中，以帮助国民较系统较公正地认识我国住房公积金制度的发展成就及发展中存在的问题，以帮助决策者和管理者更合理、更高效地管理和运营住房公积金，从而让住房公积金更公平、更高效地帮助城镇居民实现基本住房保障目标。如果城镇居民都能公平、高效地实现基本住房保障目标，则国民安居，社会也将更为和谐！如能如此，则国人幸甚！本人也将为能尽绵薄之力而深感荣幸！

最后，感谢为本书的完成和出版做出了帮助和贡献的专家和学者们——厦门大学的吴宜恭教授、胡培兆教授，福建师范大学的吴有根教授、李建平教授、刘义圣教授和黄正华教授等，谢谢你们的支持与指导！

朱 婷
谨识于和园
2012 年 10 月 6 日

图书在版编目（CIP）数据

住房公积金问题研究/朱婷著．—北京：社会科学文献出版社，2012.12（2013.2 重印）
（马克思主义理论与现实研究文库）
ISBN 978 - 7 - 5097 - 4235 - 8

Ⅰ.①住… Ⅱ.①朱… Ⅲ.①住宅 - 公积金制度 - 研究 - 中国 Ⅳ.①F299.233.1

中国版本图书馆 CIP 数据核字（2013）第 014800 号

·马克思主义理论与现实研究文库·
**住房公积金问题研究**

著　者／朱　婷

出 版 人／谢寿光
出 版 者／社会科学文献出版社
地　　址／北京市西城区北三环中路甲29号院3号楼华龙大厦
邮政编码／100029

责任部门／社会政法分社 （010）59367156　　责任编辑／黄金平　关晶焱
电子信箱／shekebu@ ssap.cn　　　　　　　　责任校对／李　红
项目统筹／王　绯　　　　　　　　　　　　　责任印制／岳　阳
经　　销／社会科学文献出版社市场营销中心 （010）59367081　59367089
读者服务／读者服务中心 （010）59367028

印　装／三河市尚艺印装有限公司
开　本／787mm×1092mm　1/16　　印　张／14.25
版　次／2012年12月第1版　　　　　字　数／232千字
印　次／2013年2月第2次印刷
书　号／ISBN 978 - 7 - 5097 - 4235 - 8
定　价／48.00元

本书如有破损、缺页、装订错误，请与本社读者服务中心联系更换
▲ 版权所有　翻印必究